'일본'의 발명과 근대

'일본'의 발명과 근대

윤상인·박규태 엮음

이산

'일본'의 발명과 근대

2006년 7월 20일 초판 1쇄 발행
2007년 7월 31일 초판 2쇄 발행
엮은이 윤상인·박규태
펴낸이 강인황·문현숙
도서출판 이산
서울특별시 마포구 솔내5길 14(서교동 399-11)
Tel : 334-2847/Fax : 334-2849
E-mail : yeesan@yeesan.co.kr
등록 1996년 8월 8일 제2-2233호

편집 문현숙
인쇄 한영문화사/제본 한영제책

ISBN 89-87608-54-9 93330
KDC 330(일본사회)

가격은 뒤표지에 있습니다.

www.yeesan.co.kr

차례

일본의 근대학문과 내셔널리즘

윤상인*

"이탈리아는 만들었다. 이제는 이탈리아인을 만들어야 할 차례이다." 1860년대 이탈리아 통일운동기의 온건파 정치가 마시모 다첼리오가 남긴 이 유명한 말은 마르크스주의 역사학자 에릭 홉스봄이 『만들어진 전통』에서 인용하면서 더욱 널리 알려졌다. 홉스봄은 이 책의 마지막 장에서 1870년에서 1914년까지의 45년간에 걸친 유럽 각국의 국민국가 형성기에 동질적 집단으로서의 '국민'을 만들기 위해 국가권력이 개입하여 '만들어진 전통'의 실상을 해부했다. 그런데 홉스봄이 고찰하는 분석시기가 일본의 국민국가 형성기에 해당하는 메이지 시대(1868~1912)와 거의 겹치는 점은 매우 흥미롭다. 실제로 독일이나 이탈리아 같은 나라가 근대국가를 형성한 것은 메이지 일본보다 불과 10여 년 빠를 뿐이다. 서구보다 뒤늦게 근대화의 길에 들어선 일본이지만 국민/국가 만들기(Nation-building)에 있어서는 그다지 뒤처지지 않고 서구의 경험을 참조함으로써 조숙한 근대국민국가를 건설할 수 있었던 것이다.

메이지 유신 이후 일본정부가 내건 구호는 '부국강병'이었고, 이

* 1955년 전북 군산에서 태어났다. 서강대학교 국문과를 졸업하고 도쿄대학 비교문학과에서 석사 및 박사학위를 받았다. 현재 한양대학교 일본언어문화학부 교수이다. 저서로 『世紀末と漱石』 (1994)가 있고, 번역서로 『그 후』(2003)가 있다.

목표에 이르기 위해 시급히 필요했던 것은 서양근대과학의 수용과 보급이었다. 이로써 유신 이후 본격적으로 도입된 서양학문은 일본의 근대화를 추진하는 기본 동력이 되었다. 물론 여기에는 18세기부터 이어져 온 '난학'(蘭學)의 자산이 있었다. 나가사키(長崎)에 입항하는 네덜란드 선박을 통해 의학을 비롯하여 수학·천문학·병학·화학 등의 서양과학이 전래되었고, 이를 전문적으로 학습하는 난학자가 등장했다.

막부 말기에 이르러 서양학문에 대한 인식에 변화가 일어나면서 난학에 대신하는 호칭으로 '양학'(洋學)이 일반화되었다. 난학이 서양에 대한 호기심과 정보 습득에 대한 기대를 충족시켜주는 역할에 머물렀다면, 양학에는 국가의 독립과 부국강병의 성취라는 범국가적 의의가 부여되었다. 이런 점에서 보면 서양근대과학이 일본에 뿌리를 내린 것은 국가의식(내셔널리즘)의 토양이라고 말할 수 있다.

"일본인의 지혜와 서양인의 지혜를 비교하면 문학·기술·상업·공업의 모든 분야를 훑어보아도 어느 것 하나 서양인들보다 나은 것이 없다. (……) 지금 우리나라에 시급하게 요구되는 것은 지혜가 아니고 무엇이겠는가. 학자들은 명심해야 한다." 후쿠자와 유키치(福澤諭吉)의 『문명론의 개략』(1875)에 나오는 이 기술은 메이지 유신 전후 일본 지식인들의 세계관을 대변한다고 볼 수 있다. 후쿠자와는 서양 문명은 도덕이 아닌 지혜의 문명이며, 서양의 지혜는 발달된 학문에서 유래하는 것이기에 일본의 미래는 서양학문에 종사하는 학자들에게 달려 있다고 역설했다. 이 점에서는 후쿠자와와 함께 메이로쿠샤(明六社)를 결성하여 서양학문을 바탕으로 민중계몽에 나섰던 니시 아마네(西周), 가토 히로유키(加藤弘之), 쓰다 마미치(津田眞道), 나카무라 마사나오(中村正直) 등 유학파 지식인들 역시 마찬가지였다. 그러나 근대학문의 제도화에 결정적 역할을 한 것은 대학의 설립이었다.

막부 말기부터 존속해온 개성학교와 도쿄의학교를 모태로 1887년에 설립된 도쿄대학은 서양근대학문의 거점이 되었다. 법학·이학·문학·의학의 네 개 학부로 구성하여, 난학 이후 소홀히 했던 사회과학과 인문과학의 연구도 제도적으로 정비했다. 도쿄대학은 1886년 제국대학으로 재편되면서 보다 공리적 성격을 강하게 띠게 된다. "제국대학은 국가의 필요에 부응하는 학술과 기예를 교수함과 동시에 그 오의(奧義)를 탐구함을 목적으로 한다"라는 제국대학령 제1조는 학문의 자기목적성을 부정하고 학문의 존재의의를 국가적 이익에 한정하고자 하는 메이지 정부의 학문관을 대변하는 것이었다. 메이로쿠샤 출신으로 초대 문부대신으로 취임한 모리 아리노리(森有礼)도 학문과 신앙의 자유를 강조했던 당초의 태도를 버리고 "학문과 신앙의 자유도 국가권력의 제한 안에서 성립하며 학문이 존중받는 것은 국가의 발전에 기여하기 때문이다"라는 국체(國體)주의적 입장으로 선회했다.

마루야마 마사오(丸山眞男)와 가토 슈이치(加藤周一)는 『번역과 일본의 근대』에서 메이지 초기에 가장 많이 번역된 서양서적으로는 병학·역사·지리·화학·의학 관련 서적이라고 지적한 바 있거니와, 그 중에서 역사서를 제외하고는 부국강병이라는 당면 목표를 실현 가능케 하는 학문분야를 메이지 정부가 우선적으로 받아들였음을 알 수 있다.

그러나 영토나 군사력, 주권의 확보만으로 근대적 국가가 이루어지는 것은 아니다. 국가의 정치적 기본단위를 이루는 국민의 형성이야말로 근대 국민국가가 되기 위한 필수조건이기 때문이다. 후쿠자와는 메이지 유신으로부터 5년 후에 출판한 『학문의 권장』(1872)에서 다음과 같이 말했다. "일본에는 오로지 정부만 있고 아직 국민은 없다고 말할 수 있다. 따라서 인민의 기풍을 일신해서 문명을 진보시키기 위해서는 현재의 양학자들에게 기대지 않을 수 없다."(제4편) 즉 일본인이 정부권력에 종속적인 존재로서의 '인민'이 아니라 주체적 국가 구성원으로서의 '국민'으로 거듭나야만 유럽과 같은 국민국가를 이룰 수 있다는 것인데, 여기서 주목해야 할 부분은 인민을 국민으로 바꾸기 위한 하나의 수단으로 양학을 언급하고 있는 점이다. 후쿠자와가 인민을 '국민'으로 바꾸기 위해 구체적으로 어떤 서양학문을 상정했는지는 명확하지 않지만, 발언의 맥락으로 미루어볼 때 문화정책을 통해 국민통합을 이룬 서구 근대의 경험을 염두에 두고 있었던 것은 두말할 나위가 없다.

개인을 혈연과 지연으로 얽힌 좁은 공동체 밖으로 이끌어내서 국민이라는 추상적인 이미지 속으로 편입시키기 위한 대표적인 장치로는 학교제도나 신문잡지와 같은 대중활자매체 등이 있다. 그러나 보다 효과적이면서 지속적으로 국민을 창출하는 것은 문명문화를 재료로 삼은 공동체의 이야기다. 예컨대 신화나 역사, 종교, 전통문화와 같은 공동체의 이야기야말로 일상적인 직접 경험의 울타리에 갇혀온 개개인을 서로 이어주고 통합하는 강력한 문화장치인 것이다.

이러한 공동체의 이야기를 만드는 과정에서 중심적인 역할을 수행한 것은 정신·문화·역사에 관한 인문학적 담론과, 문학·미술·음악 등의 예술표현이었다. "모든 국민국가는 국가와 국민의 독자성과 우월함을 나타낼 신화를 필요로 한다. 국민국가 시대에 탄생한 모든 학문은 그 어느 것 할 것 없이 이 신화 형성에 이바지하는 것이었다"는 니시카와 나가오(西川長夫)의 발언에서도 알 수 있듯이, 공동체의 이야기는 국가와 국민적 아이덴티티의 연속성을 보장할 뿐만 아니라 대외적으로 공동체의 우월함을 확보해주는 장치이기도 했다.

바람직한 공동체의 모습에 스스로를 투영했을 때 개인은 비로소

국민의 이야기를 공유하게 되고 기억공동체의 일원으로 편입된다. 언어학에서 문학연구, 역사학, 철학, 민속학에 이르기까지 메이지 유신 이후 서양으로부터 도입한 근대정신과학은 공동체의 '바람직한 모습'의 창출을 위한 중심적인 역할을 수행했다. 역사적 연속성, 민족적 순수성, 전통문화의 고유성은 공동체 이야기의 중심 플롯을 이루는 가치였다. 개개인으로 하여금 스스로의 언어나 풍속, 도덕 및 문화유산에 대해 주술적 숭배를 갖게 하기 위해 학자 및 지식인들은 실제와 상상을 혼합한 지적 조작(홉스봄의 표현에 의하면 '발명')에 가담했다. 홉스봄은 국민으로서의 자기동일성을 유지시켜주는 전통이나 역사적 기억이 근대 국민국가형성기에 '발명'된 것이라고 설파한 바 있다.

　그런 점에서 근대일본도 예외가 아니었다. 메이지 유신 직후의 일본은 지역적 단위의 공동체밖에 존재하지 않았다. 이와 같이 지역으로 쪼개진 할거상태를 국가단위로 통합하는 것이야말로 근대국가 건설을 서둘러야 했던 메이지 시대 지배 엘리트들의 최우선 과제였다. 이러한 국가통합 이데올로기의 수립이라는 전략적 동기에서 추진된 것이 관 주도의 문화정책이었다. '국민'을 창출함에 있어서 문화가 가장 중요한 역할을 수행한 것은 당연하다. 본디 국민이란 개념이 동일한 언어, 동일한 관습, 동일한 사회체계를 공유하는 문화적 단위로 상정되었기 때문이다.

　일본열도 각지에 흩어져 사는 민중을 균질한 공동체로 편입시키기 위해서는 무엇보다도 공적 문화(official culture)의 확립이 시급했는데, 서구에 유학하여 근대학문을 연마한 인문학자들이 그 중추적인 역할을 담당했다. 학문의 골격을 갖추고 문화·문명 담론이 본격적으로 전개된 것은 1880년대 후반부터 1890년대에 걸쳐서이다. 문학사의 경우 미카미 산지(三上參次), 다카쓰 구와사부로(高津鍬三

郎)의 『일본문학사』(1890)가 처음 나온 이후 불과 10년 사이에 10여 권의 문학사가 잇달아 출판되었으며, 국사서의 경우에도 1880년대 후반부터 1890년대에 걸쳐 대량 출판되었다. 1880~1890년대의 주요 장르였던 정치소설 및 모험소설, 1890년대 중반부터 대거 그려진 역사화(歷史畵)는 근대국민국가 혹은 근대천황제 이데올로기의 강화에 기여했다.

후쿠자와를 비롯하여 메이지 시대의 많은 지식인들은 근대학문을 '경세제민(經世濟民)의 학'으로 인식했다. 일본민속학의 학문적 정립을 주도한 야나기타 구니오(柳田國男)도 그 중 한 사람이었다. "세상을 이롭게 하고 국은(國恩)에 보답하는 것"을 학문의 목적으로 삼았던 야나기타에게 있어서 민속학은 "국민국가의 내발적인 형성에 대한 지향"에 다름 아니었다. 아울러 일본 인문학의 주류를 이룬 가족국가론은 부권적 근대천황제의 정착에 봉사하는 것이었다.

이른바 문·사·철에서 고고학에 이르기까지 일본이 서양으로부터 도입한 인문과학이 가장 주력한 것은 '전통의 발명'이었다. 전통은 개개인이 스스로를 균질한 역사적 연속성의 체계 안에서 파악하게 함과 동시에, 타자를 향해 자기정의할 수 있는 특권적인 장치이기 때문이다. 다시 말해서 전통과 문화는 개인을 '우리들' 속으로 편입시킴과 동시에 '그들'과 구별하게 하는 이데올로기적 토대인 것이다.

에드워드 사이드에 의하면 무릇 문화와 지적 체계에는 타자에 대한 지배 의지가 내재되어 있다. 그가 『문화와 제국주의』에서 "국민국가적인 것으로 규정되는 문화에는 예외 없이 주권과 지배와 통치를 추구하는 야망이 존재한다. 이 점에서는 프랑스 문화도 영국문화도 일본문화도 마찬가지다"라고 정확하게 지적했듯이, 메이지 시대 인문학과 예술표현을 통해 구축된 국민문화는 서세동점의 국제정세에 대한 자구적 대응임과 동시에 아시아의 타자에 대한 지배·통치의 권리 표현이기도 했다. 예를 들어 '일본미술'이나 '국문학'의 창출은 문명국 혹은 일등국으로 자리매김하기 위한 문화전략이었고, 나아가 피지배상태를 회피하거나 타자를 지배하기 위한 토대로 전용되었다.

특히 일본이 동아시아 지역에서 한 발 먼저 근대학문을 소화하여 학문적 자립기반 구축에 성공한 것은 전통적 화이(華夷)관을 극복함과 동시에 역전된 형태의 화이질서를 내면화하는 계기가 되었다. 후쿠자와 유키치와 함께 문명개화기 논단의 쌍벽을 이룬 후쿠치 오치(福地櫻痴)는 1885년 『도쿄니치니치 신문』에 기고한 논설에서 "한 나라의 문명 수준이 다른 나라에 비해 더 낫고 못하고를 판별하는 기준은 무엇보다도 학술의 진보 여부이다"라고 명언했다. 이는 앞에서 보았듯이 "우리나라에 시급하게 요구되는 것은 지혜"라고 역설한 후쿠자와와 마찬가지로 학술지식의 축적 여부는 국가적 역량의 척도로 간주되었고, 나아가 이러한 학문적 우열인식은 당연히 대외관계의 패권주의로 이어졌다. 이 사실은 서구열강 제국주의에 대한 대응으로 제국주의의 길을 걸었던 일본근대사의 노정과 닮은꼴이라고 하지 않을 수 없다.

근세사상사 연구자 고야스 노부쿠니(子安宣邦)는 『일본근대사상 비판』에서 "자국문화의 고유형에 대한 해석학적 독해는 문화적 타자를 한쪽에 구성하면서 행해진다. 와쓰지 데쓰로(和辻哲郎) 등에게 있어서 타자란 근대 유럽의 개인주의 문화였다. 그로부터 1930년대에 있어서 일본문화 고유형의 해석학은 '근대의 초극'적 지향을 나타내게 된다"고 지적한다. 고야스의 이와 같은 견해는 일본의 지식인들이 서구의 근대로부터 도입한 학문방법을 통해 서구를 문화적 타자로 구성해온 역설적 역사를 보여주는 것이다. 실제로 독일 유학시절 민족종교론을 배운 뒤 귀국하여 신도를 민족종교로 격상시키고 그리스도교 윤리에 견주는 일본적 윤리규범으로서 '무사도'를 재정립한 니토베 이나조(新渡戶稻造), 영문학을 전공했지만 '자기(=일본)본위'로 서양문명을 대해야 한다고 강조한 나쓰메 소세키(夏目漱石)와 같은 지식인은 그 대표적인 예이다.

그러나 근대일본의 학술·예술 담론이 일본문화의 정체성을 확보하기 위해 필요로 했던 문화적 타자에는 아시아가 빠질 수 없다. 메이지 시대 이후 일본의 지적 엘리트들에 의해 생산된 '동양학'은 일본문화가 유럽은 물론 주변의 중국·한국 등과도 다르다는 점을 부각시킴으로써 서양문명으로부터는 독립적임과 동시에 아시아에 대해 지적·문화적으로 우월한 아이덴티티를 창출하는 데 기여했다. 이런 점에서 근대일본의 학술·예술 담론은 일본판 오리엔탈리즘의 주요 거점이기도 했다.

일본의 대표적 전쟁신사인 야스쿠니 신사 참배에 대한 주변국의 비판에 대해 고이즈미 준이치로 일본총리가 자신의 참배행위는 일본 고유의 '전통'과 '문화'에 입각한 것이라고 항변한 사실은 이러한 개념들이 타자에 대해 배타적이면서 패권적인 속성을 지니고 있음을 드러낸 사례라 할 수 있다. 메이지 유신 직후 근대국가를 건설해야 했던 지배 엘리트들은 전통을 필요로 했고, 발명된 전통은 내셔널리즘을 강화했다. 즉 전통과 내셔널리즘은 상호보완적 관계에 있는 것이다. 일본의 근대학문과 내셔널리즘의 유착관계를 들여다보는 이 기획은 근대일본을 심층적으로 고찰함에 있어 유효한 시점을 제공해 줄 것으로 믿는다.

이 책은 한양대학교 일본언어문화학부 소속 교수들이 참여한 BK21핵심사업 과제(근대일본의 국민국가 형성과 인문학의 역할)를 토대로 기획되었다. 그러나 당초의 기획의도에 충실하면서 책의 완성도를 보다 높이기 위해서는 국내외에서 돋보이는 활약을 하고 있는 전문연구자들의 참여가 절실했다. 그런 절실함이 있어서였을까, 오늘날 한국의 일본학 연구수준을 가늠해볼 수도 있는 필진과 함께 이 책을 펴낼 수 있게 된 것은 크나큰 행운이 아닐 수 없다. 끝으로 이 책에서 논의된 것들이 근대일본의 내셔널리즘과 제국주의에 대한 비판적 검토로만 한정적으로 읽혀지기보다는 근대라는 시대에 대한 세계사적 인식의 확보, 나아가 일본제국주의의 대항논리로 태어난 한국 민족주의에 대한 내적 성찰의 참조항으로도 활용된다면 망외의 기쁨이 될 것이다.

기억간의 전쟁: 내셔널리즘의 충돌

허우성[*]

1. 인간은 이기적 행위자이면서 아견(我見)의 소지자다

무궁화와 국화(菊花)가 무궁하지 않듯이 국가와 민족 역시 영원·절대의 존재가 아니다. 세상에 존재하는 모든 것—인간이 이름 지어 부르는 일체—은 인연에 따라 생기고 없어지기 때문이다. 들녘에 피는 풀꽃은 주로 자연의 힘으로 피어나지만, 특정 국가와 민족은 집단의 공동기억과 형성력을 토대로 하여 생성되고 유지된다. 국가와 민족을 형성하는 힘, 그리고 그 생명을 유지하려는 욕망은 자연적·본능적·생리적·습관적인 것으로 본성에 가깝다고 할 수 있다. 일본인과 한국인은 각기 국가와 민족을 역동적으로 형성해 가면서 고대와 근대라는 역사를 비롯하여 문학·철학·음악·미술도 만들고, 국화와 무궁화, 후지산과 백두산, 일본해와 동해, 다케시마와 독도 등 가지가지 이름(名)으로 국토도 만들어간다. 그리고 국가나 민족이 살아 있는 한 그 형성력은 자기 추동적인 것이고 언제나 현재 진행형이다.

* 1953년 경남 마산에서 태어났다. 서울대학교 철학과를 졸업하고 같은 대학 대학원에서 석사학위를 받았으며 미국 하와이 대학에서 철학박사학위를 받았다. 현재 경희대학교 철학과 교수이다. 저서로 『근대일본의 두 얼굴: 니시다 철학』(2000)이 있고, 번역서로 『인도인의 길』(2003), 『문명/정치/종교(상) 마하뜨마 간디의 도덕-정치사상 1』(2004) 등 다수가 있다.

특정 국가와 민족이 기억을 공유하고 형성력을 발휘하는 것이 본성에 가깝다면, 기억을 공유하여 국가와 민족을 형성하고 독자적인 국사를 기록하는 행위가 왜 문제가 될까? 그 행위는 기본적으로 그리고 철저하게 이기적인 것이기 때문에, 즉 그 행위의 중심에 '나'와 '우리'의 심신(心身)이 가로 놓여 있기 때문에 문제가 되며, 그 문제는 중대하다. 그 이기성 때문에 사람은 자아를 찬미하고, 자아를 위해 타자를 이용하려 하고, 때로는 공격·침략·억압·유린하려 하는 것이 아닌가.

불교는 깨닫지 못한 중생의 행위에 욕망과 분노(欲瞋, 곧 이기성과 공격성)가 잔뜩 배어 있고, 이것이야말로 인간사회의 온갖 고통과 불행의 원인으로 본다. 그리고 근대 국민국가들은 항상 경쟁했고 경쟁이 심해지면 침략과 전쟁을 낳았다. 국가와 민족을 형성하고 그 과정에서 형성되는 자아를 국민이라고 하면, 국민은 대체로 중생의 지경을 벗어나지 못한다. 그런데도 대다수의 국민-중생이 내셔널리즘의 집단적 이기주의를 깨닫지 못하는 이유는, 내셔널리즘의 최초 움직임이 아주 미세하고 움직이는 장소 역시 우리의 심층심리라는 점, 그리고 집단이기주의가 집단 내부에서는 공동기억의 형식을 취하면서 현실적·자연적인 것으로 간주되고 스스로 자기 반복하기 때문이다. 때때로 내셔널리즘의 형성력과 욕망은 아주 광포해져서, 내부의 일원이 자기 반복을 거부하거나 그 반복을 비판하는 자가 있다면 그를 비국민(非國民)이라는 이름하에 가차없이 처단하기도 한다.

인간사회에 엄존하는 집단적 이기성은 근대에 국민국가의 출현과 더불어 시작된 것은 아니다. 그 훨씬 이전부터 인간 개개인과 집단 속에 거의 언제나 존재해 왔다. 불교심리학에 따르면, 이기성은 주관과 객관 분리 이후에 생기는 것이 아니라, 주관과 객관의 분리 이전 또는 그 아래에 이미 원초적 성향—객관을 인지하고 이용하려는 원초적 성향—으로 존재한다.[1] 타자를 욕망과 분노의 대상으로 삼는 원초적 성향은 우리가 대상을 만나기 전에 이미 잠재해 있었던 것이다. 이기성과 공격성이 깃든 심층 심리를 유식불교(唯識佛敎)[2]에서는 장식(藏識 또는 아라야식[阿賴耶識])이라고 부른다. 이 장식은 우리의 현의식(現意識)과 기억의 저장고로서 몸·입·뜻(身口意)에 의한 모든 행위의 원천이고 힘이지만, 그것의 진상이 우리의 일상적인 현의식에는 대부분 은폐되어 있다는 의미에서 무의식이나 하(下)의 식으로 부를 수 있다.

대승경전의 하나인 『대승기신론』(大乘起信論)[3]과 거기에 주석을 단 신라의 원효(元曉, 617~686)에 따르면, 장식에는 세 가지 특성이 있다. 무명업상(無明業相), 능견상(能見相), 경계상(境界相)이 바로 그것이다. 무명업상이란 무명(또는 不覺)에 의해 생겨난 업상이란 뜻이다.[4] 원효는 업상의 대표적인 사례로 욕망과 분노(欲瞋)를 들고 있다.[5] 무명은 원인이고 업상은 결과이지만 이 원인과 결과가 동시에 존재하므로 무명업상이라고 한다. 달리 말해 우리에게 타자에 대한 욕망과 분노가 존재한다는 사실 자체가 바로 무명의 존재증명이다. 능견상이란 주관의 의미이고, 경계상은 대상을 말한다. 무명에서 욕망과 분노라는 최초의 움직임이 나왔고, 그것들이 결국 주관을 세우고 그 주관에 의지하여 경계상[대상][6]이 생긴다. 장식(藏識), 곧 제팔식(第八識)이 가지고 있는 세 가지 모습은 아주 미세하므로 삼세상(三細相)이라고 부른다.

장식의 능견상과 경계상은 일종의 가능태이다. 장식이 대상을 실제로 만나 생겨나는 의식과 행위의 전개과정은 모두 삼세상에서 나온 움직임이란 뜻으로, 불각(不覺)의 거친 모습(麤相)이라고 불렀다. 추상에는 여섯 종류(六種相)가 있다. 육종상에 대해 『대승기신론』은 다음과 같이 설명하고 있다. 첫째가 칠식(七識)이라는 지상(智相)인데, 지상은 보통 "지성(知性)의 분별하는 모습"의 뜻으로, 삼세상을 갖춘 팔식이 경계상을 애(愛)와 불애(不愛)로 분별하는 것이 바로 지상이다. 그러니까 중생이 대상을 만나서 행하는 최초의 분별은 애·불애의 분별이라는 칠식이다. 둘째는 상속상(相續相)인데 애의 대상에 대해서는 낙(樂)을, 불애의 대상에 대해서는 고(苦)를 일으키고, 낙이다, 고다 하는 생각을 지속·반복하므로 상속상이라 한다. 셋째는 집취상(執取相)인데 앞의 고와 낙에 머물러 대상에 집착하는 것이다. 넷째는 계명자상(計名字相)으로 계는 분별한다는 뜻이다. 낙의 대상에 대해서는 집착을 일으키고, 고의 대상에 대해서는 혐오를 일으키고, 이들 대상에 대해 거짓된 이름과 언설의 모습으로써 분별하기 때문에 계명자상이라고 한다. '명자'(名字)란 곧 언어행위이고, "거짓된 이름과 언설(假名字)"이라고 한 것은 이름과 언설이 집착과 혐오에 근거하기 때문이다. 다섯째 기업상(起業相)인데, 거짓된 이름을 찾고 그것에 집착하면서 여러 행위를 하기 때문이다. 여섯째는 업계고상(業繫苦相)인데, 업이 주는 과보를 받아서 자재하지 못하기 때문이다.[7] 예를 들어 한·일간의 축구시합에서 우리 국민이 '대~한민국'이라고 외치면서 몸짓을 한다고 해보자. 그런데 그 외침과 몸짓에 한국에 대한 집착과 일본에 대한 혐오가 들어 있다면, '대~한민국'이라는 이름은 이미 거짓된 것이 되고 만다. 그것이 거짓된 것이라면 '대~한민국'이라고 외치는 바로 그 순간 우리는 부자유의 업을 하나 더 쌓는 셈이다.

원효는 「기신론소」에서 지상(智相)에 대해 애·불애(愛不愛) 대신 '아·진(我塵) 분별'[8]이란 용어를 사용하고 있다. 아(我)는 자아, 진(塵)은 주로 대상을 가리키는데, 대상이 사람이면 타자로 부를 수 있다. 아진 분별을 애·불애와 연결하면, 자아는 사랑의 대상, 타자는 불애의 대상이 된다. 원효는 「기신론소」의 다른 부분에서 아진 분별은

아치·아견·아애·아만(我癡我見我愛我慢)이라는 네 가지 모습(四相)
으로 나타난다고 한다. 아진 분별의 핵심에 자기사랑(我愛)과 자만
(我慢)이 있고, 자아에 대한 판단은 모두 아견이며, 아견과 아진 분별
은 모두 자아에 대한 무지(我癡)에서 나온 것이라는 뜻이다. 우리가
대상을 인지하고 그것에 대해 말할 때는 이미 아진 분별이 작동하고
난 다음이다. 우리가 중생으로 남아 있는 한 자아와 대상에 대한 모
든 견해는 아견에서 벗어날 수 없다. 그래서 자기 견해를 갖는 것은
본성은 아니라고 해도 본성에 아주 가까운 것이다.

　자타 분별이 거짓의 이름과 언설(假名字)이라고 했을 때의 '거짓'
(假)이라는 말은 중생 스스로 자신들의 자타 분별을 거짓으로 이해
하고 있다는 의미는 결코 아니다. 국민-중생의 입장에서는 자타 분
별은 보통 아주 자연스럽고 현실적인 것이며 때로는 생존과 생육에
필수적인 것으로 간주된다. 그리고 중생이 만드는 애·불애의 이분법
은 단순히 관념적인 구분, 즉 상부구조적인 구분이 아니라, 생존과
생육을 뒷받침하는 물적 토대에까지 내려가는 것으로 이해되어야 한
다.[9] 아진 분별은 처음부터 차별을 내재하고 있으므로, 이 분별은 곧
차별이다. 국민-중생은 이 차별을 지키기 위해 종종 목숨을 걸어 왔
다. 그것이 전쟁인 것이다.

　애·불애의 대상에 내 나라와 남의 나라를 각각 대입해보자. 우리
국민-중생은 내셔널리즘의 형성과 그 과정에서 고와 낙이 이어진다
는 상속상, 고와 낙의 대상에 집착한다는 집취상에 빠지고, '대～한
민국'이라는 가명(假名)을 거쳐 갖가지 애국적인 행위를 하게 되고,
그 과보로 부자유, 심하면 전쟁이라는 고통을 받게 된다. 불교의 입
장에서 보면, 열렬한 애국심을 지닌 국민-중생은 하릴없는 중생이고
부처로부터는 한없이 떨어져 있는 존재다.

2. 내셔널리즘은 아진 분별의 집단적 표출

내셔널리즘은 개인의식에 아주 깊이 내재해 있는 아진 분별이 근대
국가의 차원에서 집단적으로 표출된 것이라고 볼 수 있다. 사학자들
은 내셔널리즘이 자기 민족을 인식과 실천의 주체로 놓는 태도라고
도 하고,[10] 자신의 민족이나 국가를 형성함에 있어서 대립항을 설정
하고 자기 우월성을 추구하는 태도라고도 했다.[11]

　국민국가와 내셔널리즘은 어떻게 형성되는가? 일본의 과거와 현
재에 대해 치열하게 반성하고 있는 니시카와 나가오(西川長夫, 1934
~　)에 따르면, 근대국가는 모두 국민국가(nation state)이고, 다섯 가
지 특성이 있다고 한다. 그것들은 ①명확한 국경의 존재, ②국가주
권, ③국민 개념의 형성과 국민 통합 이데올로기의 지배(내셔널리즘),
④국가 장치와 제도, ⑤국제관계이다. 국민국가는 언제나 복수로 존
재한다.[12] 니시카와는 국민 통합과 국민화의 과정을 거쳐 내셔널리
즘과 국민이 탄생하는 과정을 상세히 그리고 있다.[13] 이 과정에서 사
람들은 시장·식민지·헌법·경찰·군대·학교·국기·국가(國歌)·국
어·문학·예술·종교·전통을 만들고, 좀 추상적인 표현이지만 공간·
시간·습속·신체·언어·사고를 만든다고 한다. 이 모든 형성의 총체
적인 결과가 내셔널리즘이고 국민이다.[14] 그리고 "국민국가는 항상
잠재적인 전쟁상태에 있는 국가"라고 덧붙였다.[15]

　니시카와는 "사람은 ~에 의해 국가로 회수된다"는 구절을 반복해
서 사용하고 있다. 사람은 문화·문학·예술을 통해, 그래서 문화국
가·국민문학·국민문화 등을 통해 국가로 회수된다. 사람은 역사에
의해 회수된다. 이 역사에는 권력자의 역사, 민중의 역사, 문화사, 종
교사, 과학사 등 모든 역사가 다 포함된다. 사람은 또 가족, 학교, 교
육, 과학(인문과학·사회과학·자연과학 모두), 즉 학문 일반에 의해서

도 회수된다. 학문도 일종의 내셔널리즘이다. 종교는 어떤가? 니시카와에 따르면 종교는 때로 강렬한 반국가성을 나타내기도 하지만, 대개의 경우 사람을 국가로 회수하는 회로를 갖추고 있다.[16] 그리고 니시카와는 "사람은 '국민'과 '민족'과 '대중'의 개념을 통해 국가로 회수된다" 하고 그 극단적인 예로 나치즘과 파시즘을 들고 있다.[17] 그리고 국민국가 형성과 함께 탄생한 '국민'조차 괴물(Leviathan)로 불렸다.[18] 결국 "사람이 국가로 회수된다" 함은 "사람이 국민과 내셔널리즘을 형성하고 그 과정에서 국민으로 형성된다"는 말과 일맥상통하는 것으로 보인다.

국가와 국민의 형성에 반드시 수반되는 국사(國史)는 아견(我見), 곧 아애와 아만의 기록, 다시 말해 특정 국민의, 특정 국민에 의한, 특정 국민을 위한 기록이다. 국사는 속성상 자아 중심의 '가명자상'을 지닌 것이다. 한국사의 내용에 있어서 '우리'와 '저들'간의 분별이 엄존하는 한 한국인과 일본인, 한국인과 중국인이 이견 없이 합의할 수 있는 한국사 서술은 애당초 존재할 수 없다. 국사가 자타 분별 위에서만 성립되는 기록이라면, 자만과 자기 사랑에서 나온 기록이라면, 미화가 아니고 왜곡이 아닌 국사가 어떻게 존재하겠는가? 이런 국사에 '진실'과 '왜곡'을 가르는 기준은 존재할 수 없다. 아진 분별에 질적인 변화가 있기 전에는 한국인과 일본인이 합의할 수 있는 역사교과서는 영원히 불가능할 것이다.

서양제국주의란 인간심리 내부의 이기성과 공격성이 복합적인 정치적·경제적 조건에서, 그리고 무엇보다도 물리력을 동원하여 세계적 차원에서 일어난 것이며, 이에 필사적으로 대응했던 일본은 동아시아 내부의 타자를 식민지로 보고 또 하나의 제국주의적 민족주의가 되고 말았다. 이에 대항했던 한국의 저항적 민족주의는 독립과 자유를 명분으로 내걸었지만 그 밑바닥에 아진 분별이 아직도 역동적으로 움직이고 있다는 점은 부인할 수 없다.

　국민국가의 형성기에 말과 글로 먹고 사는 동아시아의 인문학자들은 어떻게 해왔는가? 그들은 단일 '국가'로 회수되는 길을 피해 인류, 아니 동아시아가 하나라는 이상을 꿈꿀 수 있었을까? 근대 일본의 교토(京都) 학파의 태두 니시다 기타로(西田幾多郎, 1870～1945)를 보자.

3. 니시다의 역사·정치 철학은 철학적 내셔널리즘이다

공동기억과 전통의 핵심에 교육칙어가 있었다[19]

동시대의 국민은 대체로 공동의 기억과 전통으로 살아간다. 메이지유신 이래 니시다와 그의 동시대인이 공유하고 있던 역사적 기억의 중심에 가장 선명하고 확고하게 자리 잡고 있었던 것은 천황과 국가였을 것이다. 그리고 이런 공동기억의 기원은 니시다의 참선수행이나 서양철학서 읽기가 아니라 역사적 환경이었다. 역사철학시기의 니시다의 말을 빌리면, "우리들의 기억은 역사적 세계의 기억이고, 우리들의 습관은 역사적 세계의 습관"이었던 것이다.(11 : 370)[20] 여기서 말하는 기억과 습관이란 메이지 일본정부와 그 지도자들이 천황제 국가주의를 확립하는 과정에서, 그리고 과거의 전통을 되살려 현재의 상황에 대처하는 과정에서, 정리와 확대재생산을 통해 형성되고 축적된 것이다. 역사적 기억은 일본 그리고 일본인의 생존과 생육에 깊이 관련되어 있었으므로 당연히 생물학적이기도 하다.

　이와 같은 기억과 습관은 일본국민을 하나의 집단으로 묶어주고 서세동점에 대하여 거국적으로 대응하는 데 결정적인 역할을 담당했을 것이다. 실제 천황 정권 성립 당시에 일본인민 대다수는 천황이 무엇인지를 몰랐다고 한다. 정부와 메이지 시대의 지도자들은 정신적 지배와 의무교육 제도를 통하여 천황을 정점으로 공동의 가치를 형성해갈 필요가 있다고 보았다. 천황·국가·국체(國體)는 점차 일본인이라면 누구라도 피하기 어려운 운명적 환경으로 여기게 되었다. 가령 "전국 인민들의 뇌리 속에 국가(國)라는 생각을 갖도록 만든다"[21]는 것을 절실한 과제로 삼았던 사상가와 행동가들의 노력으로, 천황과 국가 관념이 니시다 개인에게도 점차 운명처럼 각인되었을 것이다.

공동의 기억과 습관의 핵심에는 교육칙어가 자리 잡고 있었다. 칙어의 내용은 메이지·다이쇼·쇼와의 시기를 살아갔던 일본인이라면 대부분 배워 익혔을 것이고, 1890년 반포 이후 1945년 종전에 이르기까지 근대일본의 교육이념을 담은 것으로 일본인의 정신에 지대한 영향력을 행사했다. 칙어의 반포는 니시다가 열아홉 살 때의 일이었는데, 내용은 다음과 같다.

교육에 관한 칙어

짐[메이지 천황]이 생각건대, 우리 황조(皇祖) 황종(皇宗) 국(國)을 시작한 일, 넓고 멀고, 덕을 세움에 깊고 두텁다. 우리 신민(臣民) 지극한 충에 지극한 효로써 억조심(億兆心)을 하나로 하여, 세세(世世) 진력을 다(厥)하는 아름다움을 보였다. 그것 우리 국체(國體)의 정화(精華)고, 교육의 연원(淵源) 역시 여기에 있다. 오 그대 신민이여 부모에게 효하고, 형제에게 우애 있으며, 부부 서로 화합하고, 붕우 서로 믿고, 스스로는 삼가고 검소하며(恭儉), 무리에게 박애를 미치게 하고, 학을 닦고 업을 연습함으로써 지능을 계발(啓發)하고 도덕의 능력(德器)을 성취하시오. 나아가 공익(公益)을 넓히고 사회를 위한 일(世務)을 진작시키고, 언제나 국헌(國憲)을 중시하고 국법을 지키고, 일단 국가의 일대사가 있다면, 의롭게 용감하게 공

(公)에 바치고(奉), 그리하여 천지처럼 무궁한(天壤無窮) 황제의 운을 도와야 한다. 이리하여 그대들 충량(忠良)의 신민이 될 뿐 아니라 그대들의 조선(祖先)의 유풍(遺風)을 드러내야 할 것이다. 이 길(道)은 실로 우리 황조 황종의 유훈이고, 자손 신민 함께 존수해야 할바, 이것은 고금(古今)을 통해서 잘못 없고, 그것을 중외(中外)에 베풀어 어긋남이 없다. 짐은 그대 신민과 함께 그것을 늘 마음에 간직하여 정성스럽게 지켜서, 우리 모두 그 덕을 하나로 하는 일을 원하도다.(메이지 23년 10월)

1890년 이래 모든 방면에서 국민교육의 근간이 된 교육칙어는 주로 신도(神道)적이고 유교적인 원리에 근거를 두면서 가족과 국가에 대한 충효를 강조하고 있다. 억조의 마음이 지극한 충효로써 황조(皇祖) 황종(皇宗) 국(國)을 위하여 진력을 다하는 일, 즉 황조를 중심으로 모든 국민을 하나로 묶는 일, 충효를 세세 이어가며 온 힘을 다하는 일, 그것이 국체의 정화이며 교육의 연원이라는 내용이다. 뿐만 아니라 칙어는 화합·검소·박애의 덕목을 권장하고 학을 닦고 업을 연습하기를 권유하고 있다. 신민이라면 공익을 넓혀야 하고 국헌과 국법을 준수해야 한다. 하지만 국가가 위기에 처하면 마땅히 멸사봉공의 정신으로 천지처럼 무궁한 황제의 운을 도와야 한다. 그렇게 함으로써 충성스럽고 선량한 신민이 되고, 조상의 유풍을 잇기도 한다. 그 길은 예로부터 오늘에 이르기까지 무오류의 길이다. 이른바 황민화 교육에 의해서 충군애국의 정신을 국민에게 철저하게 심어주려는 당시 메이지 정부 담당자의 의도를 잘 요약하여 반영하고 있다.

'국'과 '황실'이란 말은 칙어를 비롯한 국민교육의 각종 수단을 통하여 국민 한 사람 한 사람의 기억에 깊이 뿌리내리게 된다. 초기의 니시다는 이것과 어느 정도 거리를 유지하고 있었지만, 역사철학시

기의 니시다는 천황을 경애하고 천황과 국체를 모두 철학적으로 옹
호하게 된다.

순수경험이나 자각의 철학에서 역사·정치 철학으로

15년 전쟁시기에 니시다는 철학자로서 자신의 초기 순수경험의 철
학을, 달라진 환경에 맞춰 창조적으로 변화시켜 역사·정치 철학을
형성했다.[22] 철학자 니시다는 1910년 이래 교토 제국 대학 교수로
재직했다. 역사적·정치적 사건에 대한 그의 관심은 일기에 부단히
이어지다가, 후기로 갈수록 그의 일기에서 중요한 자리를 차지하게
된다. 니시다는 1905년 1월 초 일기에 러일전쟁 중 일본군이 러시아
의 여순항을 함락시킨 사실을 적고 있다.

> 1월 2일(월) 맑음 ……오후 3시 반경 뤼순 항 함락. 스테셀 항복의
> 호외 도착하다. 유쾌 스스로 금할 수 없다. 북국 남자 충용의 공이
> 다. 전 도시 종치고 북을 두들겨 이를 축하하다. 밤에는 좀 열심히
> 일하다.(17 : 129)

> 1월 5일(목) 비·맑음 오전 타좌(打坐). 어제 저녁 이래 나의 마음 심
> 히 의심한다. 나는 자기를 알지 못하고, 헛되이 대망을 품는다. 그러
> 나 지금은 내가 선택한 길을 맹진(猛進)할 수밖에 없다. 물러나기에
> 는 나는 너무 늦었다. 오후 타좌. 정오, 공원에서 여순 함락 축하회
> 있다. 만세소리 들린다. 오늘 저녁은 축하의 제등(提燈)행렬을 한다
> 고 하지만, 기다(幾多)의 희생과 전도의 요원함도 생각지 않고, 이
> 렇게 야단법석을 떠는 것은, 인심이 부박(浮薄)한 것이다. 밤 타
> 좌.……(17 : 130)

2월 7일(화) ……밤 타좌. 잡념, 잡언(雜言), 간식 가장 유해. 최대의 용기는 자기를 이기는 데 있고, 최대의 사업은 자기의 개량에 있고, 이 대사업은 만주 경영보다 더 나은 것임에 틀림없다. 나의 사업은 도(道)와 학(學)…….(17: 134)

이 일기는 니시다가 역사적 생명이란 개념을 사용하기 훨씬 이전의 기록이다. 1월 2일자 일기에서 니시다는 여순항 함락이 남자 충용의 공이라고 생각하여 유쾌함을 금할 수 없다고 했다가, 1월 5일자 일기에는 승전축하를 위한 제등행렬을 야단법석의 '부박'이라고 불렀다.

위에 인용한 일기에서 니시다는 러일전쟁의 승리에 대해 이중적이고 애매한 태도를 보이고 있다. 근대일본사에서 기념비적인 사건인 러일전쟁 승리에 대해서조차 확정적인 태도를 보이지 않았던 것은, 니시다가 순수경험과 절대무(絶對無)의 자각(自覺)을 중심으로 철학을 전개하던 시기에 역사적 사건, 즉 공적(公的) 세계에 대하여 취했던 태도의 특징적인 일면이었다. 역사적 사건과 국가사업은 애매한 일이었고 도와 학의 사업은 분명하고도 확실한 일이었다.

니시다는 본격적으로 역사·정치 철학을 전개하기 전 순수경험과 자각의 철학을 먼저 전개했다. 인생의 비애와 좌절 그리고 덧없는 세상(浮世)을 뛰어넘어 저 마음속 깊은 곳에 있다는 참된 자기로 향하려고 했던 니시다의 욕구가 초기 철학의 성격을 크게 규정한다. 순수경험과 자각의 철학이 그 핵심 개념이었다. 이 자각은 "자기가 자기 안에서 자기를 보는 행위"이고 "자기가 자기 안에 머물러 있으면서 빛나는 행위"로 말할 수 있고, 우리의 경험 중 가장 내밀한 부분이고 모든 의식운동의 출발점이며 생명의 원천이다. 이때 니시다는 내적 인간을 참된 자기로 보고 역사를 초월한 곳에 두었다.[23] 그런데 1930년대부터 내적 자기와 역사적 세계—곧 내적 생명과 역사적 생명—

를 나누면서 내적 자기를 역사적 세계 안에 있다고 보게 된다. 결과
적으로 내적 자기와 외적 자기, 사적인 영역과 공적인 영역의 구분이
없어지게 되었다. 따라서 니시다 철학에서 국가를 초월하여 존재할
수 있는―니시카와의 말을 빌린다면 국가로 회수되지 않는―개
(個)의 자리가 거의 사라지게 되었다.[24]

　니시다는 나라 사랑에도 구원의 길이 있다고 여겼다. 역사적 생명
의 구현은 내적 생명의 한 순간이 변화하고 응용되어 나타났다. 이
변화 또는 응용으로 인하여 초기 철학의 주요 용어들이 역사적인 것
으로 변한다. 자각은 역사적 자각으로, 개인은 역사적 개인으로, 행
위는 역사적 행위로, 장소는 역사적 또는 공공의 장소로, 그리고 표
현의 들(野)로 바뀌게 된다. 이런 방식으로 역사와 시대는 신성화되
고 마침내 절대무의 자각 및 내적 생명이 누릴 수 있었던 최정상에
도달하게 된다. 그리고 시대를 비롯하여 민족·국가·천황 같은 역사
적·정치적 개념이 절대화된다. 바로 여기서 니시다의 역사·정치 철
학이 탄생한다. 이 철학은 초기의 내적 생명의 철학과는 상당히 다른
의미를 지니게 되므로 필자는 전회(轉回)라고 불러보았다.

　그런데 전회의 배경에는 무엇이 있었던가? 철학자 니시다는 메이
지와 쇼와기에 형성되어 가는 내셔널리즘과 국민의 형성과정에서 주
어진 것을 받아들일 수밖에 없었다는 의미에서, 그리고 국가로 점점
회수되었다는 의미에서, 피동적으로 움직였다는 것도 사실이겠지만,
그가 초기의 내적 생명의 철학을 떠나 역사적 생명의 철학을 형성해
간 데는 상당한 정도의 능동성과 자발성을 발휘했을 것이다. 1919년
1월 10일자 일기 상단에 있는 구절―"작은 인간은 역사 가운데 태어
나지만, 큰 인간은 역사를 만드는 자다. Amor fati."(17 : 361～62)―
에 영웅사관과 위인사관이 보인다. 천황을 비롯하여 역사의 무대 위
에서 크게 활동하고 있던 일제의 지도자들, 일본군 그리고 니시다 자

신도 여기 '큰 인간'에 포함될 수 있을 것이다. 모두 역사 형성의 일익을 담당한 창조자였기 때문이다.[25] 이제부터는 그의 후기 역사철학에서 가장 중요한 주제였던 국체·황실·국가에 대한 주장을 검토해보자.

니시다의 종교적 국가론—국가 지상주의

니시다는 유럽 민족의 제국주의에 저항하여 동아시아에 특수세계를 하나 세워야 한다 하고, 유구하고 심원한 전통을 가진 일본만이 그와 같은 세계사적 사명을 수행할 수 있다고 보았다. 그 전통의 기초에 황실을 두었다. 대략 이와 같은 내용이 천황론 또는 황실론의 골격이다. 니시다는 1940년대에 쓴 여러 논문에서 확고한 국가철학을 개진하게 되며, 1943년에는 히로히토 천황에게 어전 강의를 하고 훈장을 받기도 한다.

니시다에게 황실론과 국가론은 불가분의 관계에 있다. 그의 국가론은 천황 중심의 종교적 국가론이라고 할 수 있다. 논문「국가 이유의 문제」(1941)에 나오는 다음 1절에서 그는 역사세계·국체·국가·국민·민족·황실·제정일치·팔굉일우에 대하여 철학적으로 적극 옹호하고 있다.

> 역사적 세계는 여러 가지 전통을 가진 여러 민족의 자기 형성에서 시작한다. 즉 역사적·종적(種的) 형성에서 시작한다. 그러나 이렇게 주체와 환경이 상호 형성함으로써, 특히 하나의 환경에서 많은 주체가 상호 한정함으로써 주체적으로 즉 세계적으로 자각하고, 여러 국가가 형성되는 것이다. 각 민족이 하나의 개성적 세계를 형성한다. 국체란 이런 개성적 세계를 의미하는 것이리라. 여러 역사적 지반으로부터 여러 가지 국체가 형성된다. ……그러나 현실의 국가

로서는 제각기 개성을 갖춘 것이어야만 한다. 랑케가 말하듯이 국가
는 하나의 생명이고 개체여야만 한다. 마찬가지로 민주주의적 국가
라고 해도 전체주의적 국가라고 해도 유(類)의 종(種)이란 것은 아
니다. 내가 「일본문화의 문제」에서 말했듯이 전체적 일(一)과 개체
적 다(多)와의 모순적 자기 동일로서 주체적으로 즉 세계적으로 형
성된 아국의 국체란 것은, 절대자의 표현적 자기 형성으로서 승의
(勝義)에서의 국가라고 불러야 하리라. 황실은 과거·미래를 포함하
는 절대 현재로서, 우리는 여기서 태어나고 여기서 활동하며 여기서
죽어가는 것이다. 때문에 아국에서는 제정일치라고 말하듯이 주권
은 곧 종교적 성질을 갖는 것이다. ……아(我)국체는 조국(肇國)의
신화로서 시작하고, 수많은 사회적 변천을 경과하면서도, 그것을 근
저로 삼고 금일까지 발전해온 것이다. 아국체(我國體)에서는 종교
적인 것이 시작이고 끝이다. 거기에 아국체는 참으로 주체, 즉 세계
라고 말할 수 있다.

　역사적 세계 창조란 것이 아국체의 본의(本義)이리라. 이 때문에
내부에 만민보익(萬民輔益)이고, 외부로 팔굉일우(八紘一宇)다. 이
런 국체를 기초로 하여 세계 형성에 나서는 것이 아국민(我國民)의
사명이어야만 한다.(10: 333~34)

역사세계의 각 민족과 국가는 주체와 환경과의 상호 한정의 관계에
서 하나의 개성적 세계를 형성해간다. 국체란 바로 이 개성적 세계
다. 니시다가 역사세계에 각기 역사적 기반을 달리하는 복수(複數)
의 민족이 존재하므로 여러 가지 국체의 형성이 가능하다고 주장했
는데, 이 주장은 복수민족론이나 복수국가론이라고 할 수 있다. 현실
의 국가 하나하나는 각기 개성을 지닌 하나의 생명이고 하나의 개체
이므로, 민주주의적 국가든 전체주의적 국가든 모두 하나의 종――유

(類)가 아니라 종──이다. 여러 국가와 여러 민족이 어우러져가는 역사세계가 전체적 일(一)이라면 현실 일본은 개체적 다(多)이다. 전체적 일과 개체적 다는 모순적 자기동일의 관계에서 주체적으로 즉 세계적으로 형성해간다고 했다.

황실은 과거와 미래를 포함하는 절대 현재다. 일본국민이라면 누구든 태어나 활동하다가 죽어가야 할 바로 그 장소다. 주권과 국가가 종교적 성질을 지닌다고 하므로 그의 국가론은 종교적 국가론이라고 할 수 있다. 니시다가 국가와 국체를 도덕의 근거로, 때로는 가치 창조자로 보고 있는 대목은 수없이 많다. 니시다의 역사철학은 국가·도덕·종교의 삼위일체를 지지하고 있는 것으로 보인다.

국체는 조국(肇國)의 신화로서 시작했다고 했다. 조국이란 나라를 세운다는 뜻이다. 일본국을 세울 때 그 신화가 된 것은 국체로서, 그것이 근저가 되어 수많은 사회변천의 경과에도 불구하고, 오늘날까지 발전되어 내려온 것이다. 그런데 국체란 참으로 영원의 과거로부터 존재해왔던 세세고금(世世古今)의 것일까? 아니다. 그것은 이토 히로부미(伊藤博文, 1841~1909) 등이 헌법 제정의 기축(機軸)이란 의미로 만들어낸 것이었다. 국체는 서세동점의 대응책으로 근대일본이 시도했던 중요한 정치행위의 결과였는데, 니시다는 이것을 옹호하게 되었다.

니시다에게 국체의 진정한 뜻은 역사적 세계 창조다. 역사적 세계 창조의 핵심에는 서세동점 아래 이루어지는 조국(祖國) 일본의 국가 형성이었을 것이다. 세계 창조와 국가 형성을 위해서 안으로는 만민을 돕는다는 정신을 가지고 밖으로는 팔굉, 즉 온 세상이 하나의 지붕 아래 있다는 식으로 생각해야 한다. 이렇게 세계 창조와 국가 형성에 나서는 것이 일본국민의 사명이다. 니시다는 당시 전쟁기의 갖가지 정치이념을 철학적으로 옹호하고 말았다. 특히 황실을 절대 현재라 하고 국가를 절대 '현실의 국가'라고 했을 때 현실을 무조건 용인한다는 절대 현실주의에 빠지고 말았다.

　니시다의 정치 현실주의의 종착점은 나치 옹호였다. 우리는 여기에서 개성과 일즉다(一卽多)의 논리가 적용되어 생긴 가장 파멸적인 결과를 목격하게 된다.

> 더욱이 나치의 국가관에서는, 민족의 개성이란 것이 기초가 되어 있는 것이다. 개성은 실천의 지반이 될 뿐 아니라 실천의 힘이 되는 것이다. 개성이란 데모니슈(demonisch)한 역사적 형성력이다. 낭만주의는 금일 역사적 현실주의다. 개성주의란 개인주의가 아니다. 개성이란 개인의 것이 아니다. 개인적 개성으로 여겨지는 것은 도리어 특수성을 벗어난 세계적 내용을 의미하고 있다.(10: 379~80)

역사 현실주의와 개성주의, 이 두 단어는 니시다 역사철학의 핵심어다. 하나의 시대가 그랬듯이 하나의 국가 또한 민족의 개성을 기초로 삼고 있다. 니시다는 나아가 나치 국가의 개성이 갖는 악마적인 힘, 그 국가 형성력을 강조했다. 니시다는 다른 곳에서[26] 개성이란 개념을 낭만주의, 예술적 직관, 랑케(Leopold von Ranke, 1795~1886)의 시대론, 그리고 화엄에서 사용되는 사리무애(事理無礙) 또는 사사무애(事事無礙)의 논리와 연결하고 있다. 결과적으로 그는 개성과 일즉다의 논리를, 나치즘과 화엄에서 사용되는 개념들을 서로 이어주는 가교 개념으로 삼고 있다. 달리 말하면 니시다는 우리가 일즉다 논리의 관점에서 국가개념을 발전시켜 나가면, 랑케나 나치식의 국가관이 될 것이라고 믿고 있었던 것으로 보인다.

동아공영권은 이웃나라의 공감을 얻지 못했다

동아공영권은 제국 일본이 태평양전쟁 말기에 주창했던 침략이론의 일부였지만, 니시다는 이것을 자신의 주체와 환경의 상호 한정론으로 설명하고 옹호했다. 한 국가의 세계성은 오직 다른 국가와의 관계 아래서만 드러날 수 있다는 의미다. 그 세계성을 동아시아에 적용한 것이 동아공영권이란 개념이다. 팔굉일우(온 세상이 한 집)라는 슬로건도 같은 맥락에서 이해된다. 동아공영권의 이념은 오늘날 국제 정치와 경제에서 블록 경제, 블록 외교 등의 토대가 되는 지역론과 유사한 점이 있다. 하지만 동아공영권 안에서 일본의 역할이 다른 어떤 동남아 국가보다 우월한 지위를 점한다고 했을 때, 침략 이데올로기가 될 수 있다는 점을 니시다는 간과하고 말았다.

니시다는 태평양전쟁 발발 후 18개월 만에 동아시아에서의 일본의 역할에 대해서 글을 쓰라는 군부의 요구를 받아들여 「세계 신질서의 원리」(1943)를 집필했는데, 거기에 다음과 같은 구절이 있다.

①종래 동아 민족은 유럽 민족의 제국주의 때문에 압박받고 식민지시(視)되어 각자의 세계사적 사명을 박탈당했다. 오늘이야말로 동아의 제민족(諸民族)은 동아 민족의 세계사적 사명을 자각하고, 각자 자기를 초월하여 하나의 특수한 세계를 구성하고, 이렇게 함으로써 세계사적 사명을 수행하지 않으면 안된다. 이것이 동아공영권 구성의 원리다. 지금이야말로 우리 동아 민족은 함께 동아 문화의 이념을 내걸고, 세계사적으로 분기(奮起)하지 않으면 안된다. 그런데 하나의 특수적 세계라고 하는 것이 구성되자면, 그 중심이 되고, 그 과제를 지고 일어설 것이 있어야만 한다. 동아에 있어서 금일 그것은 우리 일본밖에 없다. ……금일의 동아 전쟁은 후세의 세계사에 있어서 하나의 방향을 결정하는 것이

리라.(12: 429)

②일(一)과 다(多)의 매개로서 공영권과 같은 특수한 세계가 요구
되는 것이다.(12: 430-31)

③아국의 황실은 단순히 하나의 민족적 국가의 중심이라고 말하는
것은 아니다. 아국의 황도에는 팔굉위우(八紘爲宇)의 세계 형성
의 원리가 포함되어 있는 것이다.(12: 430)

①에 따르면 제국주의적인 유럽 민족, 특히 교전 당사국인 영국과 미
국은 동아시아의 여러 민족을 식민지로 보고 동아시아의 민족들에게
서 각자의 세계사적 사명을 박탈해갔다.[27] 이에 동아 민족이 세계사
적 사명을 수행하기 위해서 동아공영권이라는 특수세계를 구성해야
한다고 했다. 공영권이 일즉다의 세계라면 하나의 공영권을 중심으
로 일본과 다른 아시아 여러 나라와의 관계는 수평적·호혜적 관계를
형성하고, 단일 세력이 되어 영미 제국주의에 대항할 수도 있다. 하
지만 니시다가 그 중심에 일본이 있어야 한다 하고 역사가 주는 과제
를 담당하기 위하여 일어설 수 있는 자가 일본밖에 없다고 했을 때,
그리고 절대 현재의 일본황실에 팔굉위우의 세계형성원리가 포함되
어 있다고 했을 때, '일과 다의 매개'가 '일의 다'로 바뀌고 말았다. 니
시다는 모든 행위의 중심에 일본의 국체와 황실을 둠으로써, 자아만
을 보고 타자의 개성을 박탈함으로써 동아시아의 타자를 거의 '진'
(塵)의 수준으로 끌어내리고 말았다. 그는 동아 민족이 유럽 민족의
제국주의 때문에 압박받고, 식민지로 간주되어 각자의 세계사적 사
명을 박탈당할 수 있다는 점을 말하면서도, 정작 일본이 동아시아의
다른 민족들을 침략하고 식민지로 만들어 각자의 사명을 박탈했다는
점, 즉 일본이 제국주의자가 되었다는 점을 알아차리지 못했다.

4. 국가와 국민을 넘어서

우리가 니시다의 역사·정치 철학은 태생적으로 이기적인 것이라고 부른다고 해도, 그 자신은 그 철학이 아진 분별의 무지에서 나왔다고는 꿈에도 생각지 않고, 오히려 역사를 만들어가는 '큰 인간'의 사명으로 보았을 것이다. 그는 역사적 기억과 습관을 운명처럼 현실로 받아들였으므로, 이것들이 집단적 아견의 토대가 될 수 있다는 점을 알아차리기가 어려웠을 것이다.

최근 한국과 일본의 일부 역사학자들은 국가·민족·국사의 형성과정을 밝혀 그것들이 고안되고 실체화된 것, 그리고 그 형성의 중앙에 이기성과 공격성이 자리 잡고 있음을 지적하며 통렬하게 반성하고 있다. 예를 들어 이성시는 『만들어진 고대』에서 일본사·일본문화는 서양을 대립항으로, 한국인에 의한 조선사 내지 한국사 연구는 일본을 대립항으로 각각 설정하여 성립되었으며, 따라서 서양-일본-한국(조선)이 모두 선험적인 것이 아니라 하나의 연쇄과정에서 성립되었고, 한 민족은 다른 민족에 대해 언제나 우월성을 추구한다고 지적한다.[28] 이성시는 "원래 자기 '민족' 혹은 자기 '문화'의 강조는 대립항의 존재를 전제로 한다고 말해야 할 것"이라고 한다."[29] '자기 민족은 원래 대립항의 존재를 전제로 한다'는 구절의 '원래'(原來)라는 말에 주목하여 우리는 내셔널리즘을 인간의 본성의 발로로 봐야 할까?

임지현은 국사 형성작업이 서양에서 출발하여 일본을 거치고, 한국에까지 이어져 온 과정을 '국사 대연쇄'라 부르고 이를 끊어야 한다고 다음과 같이 주장한다.

또 동아시아 민족주의의 '적대적 공범관계'는 '국사'의 대연쇄를 촉

발함으로써 시민사회의 역사의식을 민족주의적으로 규율하는 주요
한 기제였다. ……동아시아 차원에서 서로가 서로를 배제하고 타자
화하는 민족주의의 고양은 '적'과 '동지'의 이분법을 날카롭게 하고
민족을 기준으로 하는 집단적 정체성을 강화시켰다. 한반도와 중국
을 타자화한 일본의 오리엔탈리즘과 식민지/반식민지의 역사적 경
험은……동아시아의 과거와 현재에 대해 민족적 관점에서 사고·
실천하는 방식을 본성의 수준으로까지 끌어올렸다.[30)

이 글에 따르면, 적과 동지의 이분법을 날카롭게 하고, 민족적 관점
에서 사고·실천하는 성향이나 태도, 그것이 바로 내셔널리즘인데,
임지현은 그것이 '본성의 수준'까지 이르렀다고 한다. 그런데도 그는
이를 거부하고 "비판과 연대를 위한 동아시아 역사 포럼"을 구성하여
서양이나 일본에 대한 반작용으로 우리의 '민족주의'나 '국사'를 강화
할 것이 아니라, "세계사적 차원으로 얽혀 있는 '국사'의 대연쇄를 잘
라내는 작업이야말로 서양의 헤게모니를 해체하는 첫걸음"이라고 논
했다.[31) 그런데 역사전쟁에서 대연쇄를 자르기 위해 자국의 국사를
해체하자는 주장은 설득력이 있을까? 도대체 서양의 헤게모니를 해
체할 수 있을까? 임지현은 다음과 같이 말하기도 했다.

자기 민족을 인식과 실천의 주체로 놓고 팽팽하게 맞선 이 역사전쟁
에서 '국사'를 해체하여 자민족중심주의를 상대화시키고 공통의 동
아시아 역사상을 수립하자는 주장은 설 곳이 없다. '국사' 해체는 적
의 공격적 민족주의 앞에서 우리 민족의 방어논리를 무장해제할 뿐
이라는 감정적 반발이 역사적·비판적 성찰을 압도하는 것이다.[32)

이 글에서 임지현은 내셔널리즘적인 태도를 극복하고 일국사를 해체

하여 '공통의 동아시아 역사상'을 수립하자는 주장이 설 곳이 없다고
한다. 그 주된 이유는 '적' 앞에서 국사를 해체하는 것이 일방적 무장
해제와 같다는 감정적 반발이 압도적이기 때문이란다. 우리말로 하
자면, '국사'의 연쇄고리는 국경을 넘어서 인근 국가로 퍼지지만 그 뿌
리는 국민-중생들의 공동의 기억·습관·생리에 있으므로, 이것들을
바꾸지 않는 한 국사 해체는 요원할 수밖에 없다고 해야 할 것이다.

앞에서 언급한 바 있는 니시카와는 한국에서 태어났고, 국민국가
가 자신의 전 생애를 좌우했던 것으로 보고 있으며, 그에게 국민국가
에 대한 비판은 그것에 대한 "반성과 분노에서 나온, 말하자면 통한
의 담론"이다.[33] 그는 '새로운 역사 교과서를 만드는 모임' 등으로 대
표되는 일본의 우경화에 대해 심각하게 우려하면서 다음과 같이 말
하고 있다.

> 국민국가는 그 구조와 본질로 인해, 그것의 본질은 항상 은폐되어
> 있다. 국민국가를 논의하는 것은 그러한 국가를 상대화하고 대상화
> 할 수 있는 시점을 탐색하는 작업을 수반한다. 그러기 위해서는 이
> 미 국민화되어 있는 자기 자신을 상대화하고, 국민으로서의 자기를
> 해체=재구축하기 위한 작업을 항상 필요로 한다.[34]

진지하며 감동적이기조차 한 니시카와는 '국가'를 상대화·대상화해
야 하고, 그러기 위해 '국민'을 상대화하고 해체해야 한다고 한다. 하
지만 "국민국가 비판은 국민국가가 지배적인 이상, 소수이지 주류가
될 수 없다"고 전망하고, 때로는 자신의 소속집단에서 비판받을 각오
도 해야 한다고 한다.[35] 그에 따르면, 국민사 즉 내셔널 히스토리를
긍정하는 한 역사적 오류를 지적하는 수준에 머물고 말 것이라며, 그
이유는 "자국 중심적 이데올로기성의 본질은 변하지 않을 것"이고,

"어떤 식으로 고치든 그것은 '애국적인' 역사교과서이기 때문"이라고
말한다.[36] 불교의 용어로 하자면, 아진 분별 위에 근거해 있는 우리
의 역사서술은 저들의 입장에서 보면 언제나 왜곡된 것이고 언제나
미화된 것이다. 그리고 우리가 한국을 대한민국이라고 명명할 때 우
리의 역사서술은 왜곡되거나 미화될 가능성이 더 높다고 할 수 있다.

　니시카와는 「저자 서문─한국의 독자들에게 주는 글」에서 제2차
세계대전 후에 형성된 한국과 중국 및 그 외 아시아의 여러 나라에서
국민국가 비판이론이 통하지도, 환영받지도 못한다는 사실을 지적하
면서 "국민국가가 민족의 독립·해방과 불가분의 것으로 이해되고 있
기 때문"[37]이라 한다. 니시카와는 국민국가의 주권 수립이 그 나라
인민의 독립과 해방을 의미하지 않는다는 사실을 깨닫게 되었다고
말하면서, 일본 근대에 대한 자신의 역사관을 간략히 피력하고 있다.
그 역사관에 따르면, 일본에도 메이지 전반기에는 저항적 민족주의
란 것이 있었지만 이것이 청일전쟁·러일전쟁을 거치면서 확대적·침
략적 민족주의로 변질되었다. 결국 이 두 전쟁을 통해 '국민의 창출'
에 성공했다. 1905년 8월 '한일조약' 이후 국민의 확장과 비국민에
대한 억압의 역사가 되었다. 그리고 그는 21세기에 들어서 100년 전
의 상황과 마찬가지로 세계화라는 이름의 식민주의 아래에서 민족과
민족주의가 부활하고 있음을 경고하고 있다.[38]

5. 「불멸의 이순신」 대 「전쟁론」: 내셔널리즘의 충돌

내셔널리즘은 공동의 역사적 기억과 역사적 습관을 먹고 산다. 그리
고 기억과 습관은 개인의 것이든 공동의 것이든 자기 반복하려 하고,
자기 반복을 통해 더욱 강고한 것으로 변해간다. 불교는 이런 자기

반복을 윤회전생(輪廻轉生)이라고 한다. 윤회전생은 개인에게뿐 아니라 국가·국민·민족 등의 집단에게도 적용되는 것이다. 윤회전생은 시간적으로도 공간적으로도 발생한다. 내셔널리즘은 한 개체에 주목해서 보면 시간적으로 발생하는 것이지만, 이웃국가로 확산되는 국사의 대연쇄를 생각하면 공간적으로도 윤회하고 전생하는 것이다. 소수의 학자들이 이런 윤회전생의 힘을 감소시키기 위해 일국사 중심주의에서 벗어나 역사의 민주화, 동아시아 인민의 독립과 해방, 그리고 억압과 전쟁 없는 평화를 외치고 있다. 하지만 그 목소리는 아주 미미하다. 반대로 내셔널리즘의 목소리는 크고 우렁차며, 텔레비전이나 만화 등의 대중매체를 통해 쉽게 전파되고 점점 커지고 있다.

'국민의 방송'을 표방하는 공영 KBS 한국방송은 2005년 1월 「불멸의 이순신」과 「해신」(海神)을 방영했다. 이 두 드라마의 기획의도는 아주 민족주의적이며, 특히 「해신」의 경우 물리력만 갖춘다면 제국주의라도 감행할 태세다. 「불멸의 이순신」 제작진이 밝힌 기획의도는 대략 다음 네 가지다.[39] "21세기의 새로운 지도자상이 필요한 시점이다" "경제전쟁의 시대, 이순신은 유효하다" "임진왜란을 되돌아보며 역사에서 배운다" "국민에게 희망을 주는 드라마가 절실히 요구되는 시기이다." KBS는 이 네 가지 기획의도를 보다 상세히 설명하면서 '국가 존망의 위기' '통일' '애국심' '무한 국가경쟁시대' '경제전쟁의 시대' '침략자' 등의 용어를 동원하고, 절체절명의 위기 속에서도 희망을 잃지 않고, 오히려 그것을 기회로 삼아 마침내 7년전쟁을 승리로 이끈 이순신, 그의 생애를 통해 우리의 꿈과 희망을 다시 확인할 것이라는 취지의 말로 끝을 맺고 있다.[40]

여기에서 사용된 '위기'와 '애국심' 등은, 메이지와 쇼와기의 일본 국민과 지식인들이 반복해서 들었던 말과 아주 유사하다. 그리고 니시카와가 말한 바와 같이 국민국가의 출현 이후 우리는 항상 경쟁의 시대를 살아왔다. 아니 인류역사에 집단간의 경쟁, 정복과 전쟁이 없었던 때가 과연 얼마나 될까? 미국·영국·일본·중국도 하나의 제국(帝國)으로 형성되기 위해서는 집단간의 치열한 내전과 갈등을 거쳐야만 했다. KBS와 같은 '국민의 방송'은 '국민'이 존재하는 한 '국민' 드라마를 주기적으로 반복해서 제작할 것이다. 국민 개개인의 신체에 각인된 국가와 민족에 대한 기억—시각과 청각 등 감각기관을 통해 신체에 축적되므로 언제나 신체에도 각인되는 기억—이 '우리'라는 이름으로 자기 반복을 요구하고 있기 때문이다.

이순신의 불멸성은 하지만 한국 내셔널리즘의 불멸성을 의미하며, 이는 '연쇄적으로' 일본과 중국의 내셔널리즘을 불멸의 것으로 만들 것이다. 이런 불멸성은 '국사' 해체론자에게는 악몽일 것이다. 시바 료타로(司馬遼太郎, 1923~1996)는 흔히 일본의 국민작가로 불린다. 일본의 공영 NHK가 러일전쟁을 소재로 하며 민족 서사시의 하나가 되어버린 시바 료타로의 『언덕 위의 구름』(1969~1972)을 원작 삼아 드라마를 제작 방영하여 국민정신을 고취하고 일본의 역사를 미화한다면, KBS는 무슨 논리로 그 드라마를 비판할 수 있을까? 우리 드라마는 저항적 민족주의이고 그들의 드라마는 침략적 민족주의라는 말로 저들을 과연 설득할 수 있을까?

만화 『전쟁론』—보통사람들의 하의식(下意識)에 내재한 내셔널리즘 표현

한국에 「불멸의 이순신」과 최인호 같은 작가가 있다면 일본에는 '새로운 역사 교과서를 만드는 모임'과 고바야시 요시노리(小林よしのり, 1953~)와 우익세력이 있다. 고바야시는 직설적이고 대담한 비평만화 『고마니즘 선언』[41]으로 유명한 만화가로 천민집단에 대한 차별대우, 매체의 검열제도, 강간, 이지메, 마약, 옴진리교 등 아주 다양한 주제를 다루고 있으며, 전쟁경험이 없는 젊은층 사이에서 상당한 인

기를 누리고 있다고 한다. 이 선언의 충격은 1980년대 일본의 사상
논단을 격렬한 소용돌이로 몰아넣은 최대 사건이었다고 한다.[42] 그
는 1991년에 성인용 뉴스 주간지 『Spa!』에 회당 2~8쪽의 만화를
연재하기 시작했는데, 일본사회에서 공개적으로 토론하기를 꺼리는
금기에 대해서도 대담하게 발언하여 비평가로서도 명성을 얻었다고
한다.

　그가 이제 장편만화 『신(新)고마니즘 선언 Special 전쟁론(戰爭
論)』(이하 『전쟁론』)을 펴내고, 60만 부 이상 팔리면서 만화의 대중적
인 영향력을 십분 발휘하고 있다.[43] 이 만화는 대동아전쟁이 구미의
아시아 침략을 막으려는 '성전'(聖戰)이었다는 전제 아래 출발한
다.[44] 그는 "동아시아의 모든 나라가 구미의 식민지로 되었던 시대에
일본만이 독립국이었고, 일본만이 구미와 싸웠던 것이다. 싸울 책무
가 있었다. 세계지도는 일변했다. 제국주의 시대가 종말을 고했다"[45]
고 주장하고, "대동아 전쟁이야말로 일본인의 민족성을 건 복잡하면
서도 다양한 감동을 자아내는 일대 서사시"로 찬미하고 있다.[46] 난징
(南京) 대학살은 '날조'로, 한일병합은 "코리아 최대 정당 일진회가
원했고 세계가 승인한" 것으로 그리고 있다.[47] 『전쟁론』은 대동아 전
쟁 발발의 필요성을 논증하고 인종차별주의자 백인과 싸운 조부를
가진 것을 자랑스럽게 여기는 한편,[48] 일본 내부의 평화주의를 비판
하고 있다.

　이 만화는 대동아전쟁 찬미 외에도 일본의 전후 민주주의가 개인
의 자유와 사적인 욕망만을 강조하고, 사회에 대한 봉사나 자기희생
같은 가치를 완전히 무시해온 것을 비판하면서, '공을 위하여'(公の
ため)라는 덕목을 권장하고 있다. 고바야시는 "공(公)에서 이탈한 개
인은 사람이 아니"라고 말하고,[49] 공(公)이라는 제약을 받으면서 길
러지는 개(個)만을 인정하고 있다.[50] 그런데 고바야시는 '공(公) 즉

국(國)'이라 하고,[51] '공공성의 범위는 국(國)'이라고도 했다.[52] 종래에는 '나라를 위하여'가 아니라, 민중·인민·인류·피지배자 등을 위한다고 하는 것이 통념이었다. 그리고 '나라를 위한다'는 것은 곧 다수 전체자나 서민대중을 위한다는 것이다.[53]

고바야시는 작가나 문화인과 같은 특수한 재능을 지닌 개성 있는 사람을 에고만의 개인과 공공심 있는 개인이라는 두 부류로 나누고 후자만을 인정하고 있다. 그런 개인은 단순한 쾌감과 욕망으로 유지되는 것이 아니라, 국가·민족·종교·전통·가문 등으로 유지되고 있기 때문이다. 하지만 개탄스럽게도 "일본에서는 '국가가 아니라 개인으로'라고 진보적 문화인·지식인이 대합창한 결과 욕망만으로 지탱되는 '에고만의 개인'이 대규모로 번식해버렸다"고 한다.[54]

고바야시와 함께 책도 냈고, 또 하나의 내셔널리스트라고 할 수 있는 아사바 미치아키(淺羽通明)는 위에서 인용되었던 책에서 「누구라도 내셔널리스트가 되지 않을 수 없다―그 신체성」이라는 소제목 아래에서 내셔널리즘의 신체성·자연성·현실성에 대해 다음과 같이 말하고 있다.

> 요컨대 내셔널리즘이란 사상(思想)이라기보다는, 의식하려고 하지 않는다면, 우리들 대부분이 거기에 근거하여 생각(思想)하고 행동하고 있는 전제와 같은 것이다. ……그런 의미에서 사상이라고 하기보다는 본능이나 생리 및 관습에 가깝다.[55]

> 중요한 것은 자각, 무자각을 불문하고 긍정하든 부정하든 國=내셔널한 것은 우리들의 의식을 깊은 곳에서 규정해가는 리얼리티로서 현재 존재한다.[56]

내셔널리즘을, 이 네이션=國=일본에 가치를 인정하고, 거기에 기저를 두고 전개되는 사회사상으로 파악해두자.[57]

위의 세 개의 인용문에서 아사바는 우리가 의식해서 내셔널리스트가 되는 것이 아니라, 특정 장소에 태어났다는 사실로 말미암아 내셔널리스트가 된다는 것이다. 그가 내셔널리즘이 본능·생리·관습(습관)에 가깝다고 한 것도 모두 그 신체성을 말하는 것이다.

아사바에 따르면 그들이 내셔널리즘이 친체제적인지 반체제적인지 물어봐도 의미가 없다. 반체제사상도 이미 '일본=국'은 인정하고 있기 때문이다. 아사바는 근대국가 이전에는 내셔널리즘이 향토애, 애국심, 왕이나 황제에 대한 충성의 형식으로 '맹아적으로만' 있었다고 한다.[58] 민주주의·자유주의·사회주의는 번역투 이상으로, 곧 지식인의 사상 이상으로 될 수 없었지만, 내셔널리즘은 서민대중 사이에 상당히 침투할 수 있었다고 한다.[59] 그 이유는 무엇인가? 내셔널리즘이 논리적인 책으로 두뇌에 가르치는 것이 아니라, 대중 소설이나 영화·스포츠를 이용하고 견고한 동포의식을 이용하여 그들의 정감이나 신체에까지 침투하는 방식을 취했기 때문이다.[60] 달리 말하면 내셔널리즘은 책을 이용하는 것이 아니라 대중의 심신에 각인되어 공동기억의 저장고에 축적되는 방식을 택할 수 있었기 때문이다. 이 대목 역시 신체성을 지적하는 말이다.[61]

네이션=일본이 왜 중요한가? "합리적으로 설명하기는 불가능하다. 스스로 거기에 태어나 자라나고, 그 지역의 문화를 몸에 익혀 왔다는 사실 이외에 다른 근거는 없기 때문"이라고 아사바는 말한다.[62] 아사바는 이를 내셔널리즘의 부조리성이라 부르고, 내셔널리즘이 부조리하다는 점에서 근대사상과 다르고, 그것을 넘어선다고 한다. 부조리성을 설명하자니 신화적인 언어들, 즉 만세일계의 황통, 신주불

멸(神州不滅), 단일민족의 동질적 사회, 초고대문명 등을 동원할 수밖에 없었다고 한다. 아사바의 말이 옳다면 니시다의 철학적 내셔널리즘은 네이션의 신체성과 부조리성을 철학적인 언어로 설명해본 것에 불과한 셈이다.

아사바에 따르면, 일본의 일부 지식인들은 대미종속이라는 굴욕적 상황을 청산하기 위해[63] 마르크스주의 혁명을 꿈꾸었으나, 혁명의 가능성이 멀어지자 그들 대부분은 현실을 직시하지 못하고, 전쟁포기선언을 통해서 세계의 선구가 된 일본이라는 관념적 내셔널리즘으로 퇴영해버렸다고 한다.

> 그러나 서민 사이에서 수십 년에 걸쳐 침투해온 내셔널리즘은, 기본적으로 전후에도 존속했다. 군사와 외교의 독립을 박탈당한 조건하에서 그[내셔널리즘] 정념(情念)은 일본의 기술자, 비즈니스맨을 힘껏 움직이고, 메이드 인 저팬의 세계 석권, GNP 대국이 되는 모습으로 자기실현을 꾀하고 있다. 그 언어적·비언어적인 표현은 시바 료타로의 역사 소설, TV 드라마, 영화, 소년만화, 대부분의 스포츠, 엔카(演歌) 및 팝스 등에서 얼마든지 간파할 수 있으리라.[64]

서민대중은 내셔널리즘이란 정념을 표현하기를 원한다. 그 "표현을 갈망하는 [서민대중의] 심성"[65]을 표현해준 사람이 바로 고바야시와 '새로운 교과서를 만드는 모임'이라는 것이다. 그래서 아사바는 "현재 고바야시 요시노리의 『전쟁론』, '새로운 교과서를 만드는 모임'에서 보이는 내셔널리즘 현상은, 많은 지식인이 볼 수 없게 가려버린 대중의 하의식의 분출"이라고 말했다.[66] 『전쟁론』을 읽고 환호했을 저 수십만의 보통사람들은 그 만화에서 자신들의 하의식을 본 것이고, '새로운 교과서를 만드는 모임'은 다른 어떤 집단보다 서민대중들의 하의식에 민감했던 단체인 셈이다. 아사바는 근대국가 일본의 과거와 현재에 대한 자신의 인식을 다음과 같이 표현하고 있다.

> 지금, 일본은 근대국가로서 성숙기에 있다. 내셔널리즘을 과잉할 정도로까지 고양시켜, 구미의 근대 도전에 대하여 독립을 지키지 않으면 안 되었던 메이지 시기. 그 결과 돌출해버린 군사력과 대중적 내셔널리즘을 소프트랜딩시키지 못하고 대동아전쟁 패전에 도달했던 쇼와의 시기. 군사력과 내셔널리즘의 파행의 수정이 또 지나쳐서, 근대 국가화라는 선택지를 선택한 원점도, 자존 자위의 에고이즘과 그 수단인 군사력의 의의도 모두 금기시하여 의식 아래로 몰아넣고, 그것을 생각지도 못하게 된 전후의 시기……『전쟁론』 그리고 북조선의 핵개발과 대포동〔미사일〕은, 지금도 불안정 요인을 안고 있는 국제사회에서, 일본이 어디까지나 군사력(현재는 아메리카의 군사력) 때문에 평화와 풍요로움을 누리고 있는 현실을 명확하게 가르쳐주었다.[67]

아사바는 "고상한 체하는 사람이기를 그만두고, 살아남으려는 이기주의적인 자신들을 우선 긍정한다. 그것은 자신들이 파워폴리틱스의 주체라는 자각의 회복이기도 하다"[68]고 한 다음, 현재의 상황과 선택지에 대해 다음과 같이 말하고 있다. 현재는 100년 전과 유사하게 파워폴리틱스가 판치고 있으며, 일본은 미국의 군사 외교력에 종속되어 있다. 종속 상태를 계속하든지, 아니면 내셔널리즘이 병이라고 했던 강상중의 제안을 받아들여 일한안보조약을 통해 미국 견제를 고려해 보든지, 그것도 아니면 희생의 길에서 죽으면 된다. 이 세 갈래 길 중에서 아사바는 일본과 한국이 안보조약을 체결하여 미국을 견제하는 길이 현실적으로 가능하다면 그 길을 선택할 수도 있을 것이다. 그가 어떤 길을 선택하든 그것은 일본의 내셔널리즘을 확립하는 것이어야 하고, 주체성을 발휘하는 것이어야 한다.

> 우리들이 궁극적으로는 선택할 주체임을 잊지 말자. 진자(振子)는 요즘 소프트랜딩으로 가리라. 이렇게 해서 우리들에게 필요충분한 '국가 의식'＝주체성의 회복에로의 점근(漸近). 그것이 일본 내셔널리즘의 현재이다.[69]

고바야시와 아사바에 따르면, 일본은 자위와 자주를 위해, 일정한 정도의 군사력을 수반한 내셔널리즘을 당연히 선택해야 한다. 그것이 일본 주체성의 회복이다. 고바야시와 아사바의 내셔널리즘 옹호론——그것은 우리의 본능·생리·습관과 비슷해서 우리 신체에 깊이 뿌리 내리고 있고, 우리가 무자각적으로 선택하는 것이 바로 내셔널리즘이라는 옹호론——을 결코 쉽게 부정하거나 비판할 수 없다. 한국인들 역시 경제성장과 메이드 인 코리아의 확산에 대해 환호하고, 올림픽에서 금메달을 학수고대하고, 이순신의 불멸성에서 한국의 불멸을 보고 있기 때문이다. 2002년 월드컵에서 4강에 진출한 사실을 현대판 신화의 반열에 올린다고 해서 누가 시비하겠는가? 그리고 할 수만 있다면 정치·군사·외교·교육의 모든 면에서 대미 자주독립국가가 되고 싶은 것이 많은 국민들의 소망이 아닌가?

하지만 우리에게 하의식·본능·생리·습관에서 오는 내셔널리즘을 그대로 인정하지도 않고 활용하지도 않고, 오히려 그것을 견제하며 민족이나 국가 단위의 아진 분별을 극복하고 국가와 민족간에도 사랑이나 비폭력이 가능하다는 신념으로 평생을 버틴 사람도 있었다. 마하트마 간디(1869~1948)가 바로 그런 사람이었다.

6. 간디의 희생적 내셔널리즘은 실천 가능한가?

니시다는 『선의 연구』에서 내셔널리즘을 넘어서는 참된 선행을 꿈꾸며 다음과 같이 말한 적도 있었다. "우리들이 안으로는 자기를 단련하여 자기의 진체(眞體)에 도달하면서, 겉으로는 스스로 인류일미(人類一味)의 사랑(愛)을 낳아 최상의 선목적(善目的)에 합하게 되는 일, 이것을 완전한 참된 선행이라고 한다."[70] 니시다는 여기에서 모든 인류를 차별 없이 사랑하는 것이 참된 선행이라고 말하고 있다. 그가 이런 사랑을 후기에까지 유지했더라면 천황과 국체를 중심으로 하는 역사철학을 전개하지도 않고, 일본을 중심으로 하는 동아공영권을 지지하지도 않았을 것이다. 또한 당시 인도에서 영국 제국주의와 치열하게 투쟁하고 있던 간디의 내셔널리즘을 지지했을지도 모른다. 간디는 다음과 같이 말했다.

> 따라서 내셔널리즘에 대한 내 사랑, 즉 내셔널리즘에 대한 내 이념은, 인류 전체가 살 수 있도록 우리나라가 자유로워지는 것입니다. 부득이하다면 우리나라가 죽을 수도 있어야 할 것입니다. 여기에 인종간의 증오가 들어설 여지가 없습니다. 그것을 우리의 내셔널리즘으로 삼읍시다.[71]
> ─메카노 클럽 연설(1925)

나는 스스로 내셔널리스트라고 부르고 있으며, 그 점에 대해 자부심이 있습니다. 나의 내셔널리즘은 우주만큼이나 광대합니다. 그 범위는 저급한 동물에서부터 지상의 모든 나라까지 포함합니다. 그리고 이 메시지의 진리성에 대해 전 인도를 설득시킬 수만 있다면, 인도는 세상의 온 나라가 동경하는 나라가 될 것입니다. 나의 내셔널리즘은 전세계의 복지를 포함합니다. 나는 나의 인도가 다른 나라들의

잔해를 밟고 일어서기를 원치 않습니다. 나는 나의 인도가 단 한 사
람이라도 착취하기를 원치 않습니다. ……나는 물리력을 토대로 삼
는 헌법의 기초에 공범자가 도저히 될 수 없다는 강경한 입장을 취
했던 것입니다.[72)]   ─그리스도교인 집회에서의 연설(1925)

간디의 내셔널리즘은 우주와 같이 광대한 내셔널리즘으로 지상의 모
든 나라, 심지어 저급한 동물까지를 포함하는 내셔널리즘이었다. 사
람에 한정해서 보더라도 그의 내셔널리즘은 인도의 자유와 독립을
쟁취하려는 것이지만 인류 전체를 살리려는 것이므로 이기적일 수
없었고, 다른 민족에 대한 증오·유린·침략이 들어갈 여지도 없었다.
그래서 간디는 "사랑에는 경계가 없습니다. 나의 내셔널리즘은 어떤
강령과 관계없이 지상의 모든 나라들에 대한 사랑을 포함합니다"
(1935)[73)]라고 쓰기도 하고 "인도의 내셔널리즘은 인터내셔널리즘을
말한다"(1945)[74)]는 내용의 성명을 언론에 발표하기도 했다.

　이와 같은 내셔널리즘은 물리력에서 그 토대를 구하는 것이 아니
므로 간디는 물리력에 토대를 두는 헌법의 기초에 반대했던 것이다.
그는 우리가 비폭력을 보편진리로 지키기 위해서는 정치력·경제력·
군사력 등 일체의 물리력을 포기해야 하고, 자신이나 인도 전체를 희
생할 수 있는 각오와 훈련이 있어야 한다고 했다.[75)] 간디의 말을 들
어보면, '국사' 해체와 국민의 상대화는 모든 생명에 대해 비폭력(자
비)의 원리를 실천할 것을 요구할지도 모른다. 그런 요구가 정당하다
면 국민이 개인적·집단적 차원에서 종교적인 회개에까지 도달하지
않는다면 국사 해체는 현실적으로 불가능할 것이다.

7. 결론: 기억간의 전쟁

필자는 일종의 불교심리학의 시각에서 무자각적인 인간의 하의식―본능·생리·습관·공동기억 등―에는 자기 추동적인 형성력이 있다고 하면서 이 글을 시작했다.[76] 내셔널리즘은 집단적 형성력의 자연적이며 현실적인 발로이지만, 인류역사에 엄청난 비극과 고통〔業繫苦〕을 초래한다는 것이 큰 문제라고 했다. 내셔널리즘이 인간의 본성에 가깝다는 것은 인정할 수 있지만 본성 자체라고는 부르지 않으련다. 만일 그것이 인간의 본성 자체라면, 우리는 인류역사에서 발생했던 온갖 침략·착취·억압·폭력을 우리의 숙명으로 받아들여야 하고, 그에 대해 도덕적인 단죄도 할 수 없기 때문이다. 이런 의미에서 국사 해체와 국민의 상대화, 그리고 내셔널리즘의 극복을 주창하는 자들은 숙명을 거부하는 자들이고 어느 정도는 낙관적인 자들이다.

우리가 이런 글을 쓰는 이유도 무자각의 내셔널리즘이 침략과 억압을 가져온 역사를 기억하며 그것을 반복하고 싶지 않기 때문에, 그리고 국가로 회수되기 이전의, 또는 국가를 넘어선 인간존재의 가능성을 믿기 때문이다. 고바야시 류의 '국가의식'=주체성은 사이비 주체성이다. 공(公)의 제약을 넘어가는 개(個)를 인정하지 않기 때문이다. '국가의식'=주체성은 초국가주의에 대항할 수 있는 개인을, 국가의 공(公)을 넘어가는 보편을 꿈꾸는 개인을, 그리고 니시다식의 국가·도덕·종교의 삼위일체를 넘어가는 개인을 인정하지 않는다. 우리가 그런 개인을 인정할 수 없다면 국민의 상대화와 '국사'의 대연쇄고리의 단절에 대해 생각할 수도 말할 수도 없을 것이다.

국가간의 아진 분별 위에 성립한 근대국가에는 무지와 폭력이 내재해 있다. 여기에 내재한 무지와 폭력의 역사적인 기원을 찾기 위해서라면 인류가 지구상에서 집단으로 삶을 영위하기 시작한 태고까지 거슬러 올라가야 할 것이다. 이제 국가의 무지와 폭력의 뿌리는 국민 개개인의 심신에까지 깊이 뿌리 박혀 있다. 내셔널리즘은 국가간이나 민족간의 역사적·정치적인 문제만이 아니라 우리 개개인의 문제이기도 하고, 내셔널리즘에서 집단과 개인의 속박과 해방을 보는 자에게는 종교문제이기도 하다.

일본이라는 국민국가가 오늘날 진정으로 성숙해지려면, 과거 쇼와기에 내셔널리즘의 돌출·과도·파행이 초래한 결과에 대해 반성한다는 것을 전제로 해야 한다. 오늘날 상당수의 일본 정치가와 지식인들이 공동의 기억, 무자각적 자연주의를 내세워 내셔널리즘을 부추기고 있다. 일본의 보수우익에 맞선 한국인의 내셔널리즘도 그 강고성에 있어서 단 한치도 밀리지 않는다. 아니 우리의 내셔널리즘이 더 단단하고 더 뜨겁고 그래서 더욱 맹목적인 것으로 보인다. 이순신의 불멸성을 강조하고, '고구려'를 열렬히 찾아 나서고, 실제로 무인도에 가까운 독도를 위해 나라 전체의 존망까지 걸기도 하고, 일방적인 국사교육을 강화한다면, 이는 현명한 처사가 아니다. 이런 행위가 장기간 지속되면 당연히 일본이나 중국의 내셔널리즘을 자극해서 결국에는 그들과 갈등을 일으키게 될 것이다. 이런 긴장·갈등·대립은 전쟁의 위험을 낳을 수 있으므로 결코 바람직한 현상이 아니다.

외교적인 설득을 앞세워 독도를 지킬 수 있다면 그것은 좋은 일이다. 하지만 독도를 두고 전쟁까지야 할 수 있겠는가? 만에 하나 전쟁을 하게 된다면, 우리에게는 일본을 이길 만한 해군력도 없다. 미국이 은밀하게 일본을 돕는다면 어떻게 할 것인가? 해전은 그만두고 외교전에서나마 승리할 수 있을까? 애국심이 아무리 뜨거워도 그것이 해전이나 외교전에서의 승리를 보장하는 것은 아니다. 외교전의 승리도 외교만이 아니라 군사력의 뒷받침이 있어야 한다는 사실은 역사가 증명한다. 승산 없는 전쟁이라면 처음부터 벌이지 않는 것이

상책이다. 오히려 후일을 도모해야 할 것이다.

현재 동아시아에서 벌어지는 기억간의 전쟁은 다차원적인 것이다. 어느 차원의 전쟁이든 모두 국가간에 벌어지는 정치적·역사적·생물학적인 싸움과 깊이 연관되어 있다. 일본 내부에서는 과거의 전쟁 책임을 둘러싸고 기억과 증언의 의무를 강조하는 그룹들이, 대동아전쟁을 찬미하고 '공=국'을 부르짖는 세력과 격돌하고 있다. 한반도에는 분단의 반세기 동안 서로 다른 기억을 축적해온 남과 북이 싸우고 있다. 남한 내부에서도 과거사를 정리하는 방법에 대해 시비가일고 있다. 한국과 일본에서는 소수의 사람들이 국가간의 아진 분별을 완화하기 위해, 국사와 국민의 해체를 주장하면서 내셔널리스트들과의 싸움에서 공동전선을 펴고 있다. 이 싸움은 정치와 역사, 교육, 스포츠 그리고 문화 전반에서 벌어지는 전면전이다. 우리 개개인의 마음속에는 아진 분별심과 자타불이의 자비심이 싸우고 있다.[77] 기억은 강고하고 싸움은 지구전이다. 기억간의 전쟁이라고 해도 우리가 말법(末法)의 시대에 사는 한 영원히 끝나지 않을 전쟁인지도 모른다.

다차원적으로 진행되고 있는 기억간의 전쟁 앞에 우리는 다음과 같은 사실을 인정해야 할 것이다. 첫째, 다수 대중의 국민이 공유하고 있는 내셔널리즘은 대단히 이기적이지만 아주 자연스럽게 형성된 것이라는 점, 둘째, 국민이 무자각의 내셔널리즘이 초래할 결과를 제대로 예측하고 두려워하기 전에는, 그리고 무연의 자비를 어느 정도나마 배우기 전에는 국민-중생의 위치를 상대화할 수 없다는 점, 셋째, 일본의 초국가주의 아래에서 그리고 한국의 군사 파쇼 아래에서 개(個)의 확립이 중요했듯이, 민주주의 시대의 대중매체가 생산하고 전파하는—획일성을 강요하는 파쇼적—국민정서나 국민감정에 저항할 수 있는 개인을 확립하는 것이 아주 긴요하다는 점, 넷째, 국사 해체를 위한 연대는 국민의 본능과 생리에 대해, 그리고 국민 이전에 존재하는 인간 본성에 대해 깊은 통찰이 필요하다는 점을 인정해야 한다. 이상의 어느 것도 아주 어려운 작업임을 고백해야 한다.

아(我)와 진(塵)을 분별하는 것, 곧 적과 동지를 나누는 것은, 인간 본성에 가까운 욕망의 표현이고 그래서 자연스러운 일이다. 하지만 자비를 가르치는 불교는 국민-중생이 아진 분별의 형성력으로 조작해낸 내셔널리즘을 지지하지 않을 것이다.[78] 원효의 『대승기신론소』는 일체의 아진 분별을 초월할 수 있는 사랑을 무연지비(無緣之悲)라고 불렀다. 그 사랑은 부처가 중생 모두를 자식으로 삼아 자타의 분별을 떠나 사랑하는 대비심이다.[79] 대비심의 입장에서 보면 자신들의 형성과 유지를 위해, 아진 분별력을 연(緣)으로 삼고 있는 국민은 지극히 왜소한 중생이다. 앞에서 뜨거운 애국심을 지닌 국민-중생은 하릴없는 중생이고 부처로부터 한없이 떨어져 있는 존재라고 했다. 말법의 시대에 국민이 집단적으로 부처가 되는 것은 불가능하다. 하지만 2천 년 가까운 세월에 걸쳐 불교와 인연을 맺어온 동아시아 사람들이 자비심을 조금이라도 내어 극히 왜소한 중생의 지경은 되지 말아야만, 지금보다는 좀 편안한 삶을 영위할 수 있을 것이다. 식민지라는 씻을 수 없는 고통을 감내해야 했던 우리 국민이 애국적인 열정과 구호만으로는 부족하다는 것을 깨닫지 못한다면, 우리는 정말로 아둔한 존재다.

백불(百佛)이 출현해도 우리 속에서 역동적으로 그리고 종종 광포하게 움직이는 집단적인 형성력을 이해하지 못한다면, 그 힘의 결과인 군사력과 경제력이 판치고 있는 이 냉혹한 국제정세 속에서 우리의 생존마저 재대로 보장받지 못할 것이다. 국가와 국민을 형성하고 지속하려는 욕망에 관한 한, 우리는 우리 속에서 저들의 욕망을, 저들 속에서 우리의 욕망을 보아야 한다. 욕망에 대한 이런 통찰은 우리를 반드시 희생이나 자비로 인도하지는 않더라도 공존으로는 인도할 수 있을 것이다. 우리의 욕망과 힘 그리고 상대방의 욕망과 힘을 알아서 공존하자는 것이다. 비록 모든 국가들이 전부 국민-중생의 집단이라고 해도 욕망과 분노, 아견을 적절히 통제하고 식혀서 공존하는 편이 공멸하는 것보다는 나을 것이다.

지금은 이 정도로 글을 마치려고 한다. '국사' 해체론자들은 아견 분별에 기초를 둔 애국심의 진상을 폭로하고 힐문하는 과정에서 국적(國賊)이나 매국노로 비난받을 각오를 해야 할지도 모른다. 우리 심신에 깊이 각인되어 있는 내셔널리즘을 깨닫고 그것을 개인적 차원에서나마 극복하려는 노력이 얼마나 고통스런 일인지에 대해서는, 한국인 와카(和歌) 시인이었던 고(故) 손호연(1923~2003)에게서 배워야 할 것이다. 한국인으로서의 주체성과 일본정신의 상징 사이에서 거의 평생 갈등했던 그 시인은 다음과 같이 읊고 있었다. "절실한 소원이 / 나에겐 하나 있지 / 다툼 없는 나라와 나라가 되라는."

국가신도와 '신사비종교론'
근대일본 국민국가에서 신사의 역할

박규태[*]

1. 신도지령과 국가신도

국가신도(國家神道)라는 용어가 공식적으로 사용된 것은 1945년 12월에 연합국 최고사령부(GHQ)가 발한 '신도지령'(정식명칭은 '국가신도 혹은 신사신도에 대한 정부의 보증, 지원, 보전, 감독 및 홍포의 폐지에 관한 건)[1])이 최초의 사례이다. 여기서는 '국가신도 혹은 신사신도'를 'State Shinto'라는 영문표기로 포괄하고 있다. 패전 후 일본 내국가신도 연구의 주류를 형성한 종교학자 무라카미 시게요시(村上重良)는 국가신도를 "신사신도와 황실신도를 결합하여 궁중제사를 기준으로 신궁 및 신사의 제사를 조합함으로써 성립된 것"[2])으로 이해했는데, 이런 규정에 의하면 국가신도라는 용어가 신사신도보다 더 상위개념이 된다.

  신도지령에 의하면 'State Shinto'라는 용어는 "일본정부의 법령에 의해 종교로서의 섹트신도(종파신도 혹은 교파신도)와는 다른 것으로 구별되는 한편 일반적으로 국가신도, 국민신도, 혹은 신사신도로

* 1959년 서울에서 태어났다. 서울대학교 독문과를 졸업하고, 일본 도쿄대학 대학원 종교학과에서 문학박사학위를 받았다. 현재 한양대학교 일본언어문화학부 교수이다. 저서로 『아마테라스에서 모노노케히메까지』, 『상대와 절대로서의 일본』 등이 있고, 번역서로 『일본신도사』, 『일본사상이야기』 등 다수가 있다

알려져 있는 비종교적 제사로 분류되어온 신도의 일파 즉 국가신도 혹은 신사신도를 가리킨다."[3] 이에 따르면 국가신도는 종교로서의 섹트신도(종파신도 혹은 교파신도)가 아닌 모든 비종교적(이라고 일본정부가 말하는) 신도를 가리키는 것이 된다. 그러나 사실 GHQ는 국가신도를 비종교적이라고 생각하지 않았다. 가령 '이세신궁 및 관국폐사 이하 신사의 제사'에 관한 신도지령 조항을 보면 "이세신궁과 관련된 종교적 제사 및 국가와 여타 신사에 관련된 종교적 제사를 폐기할 것"[4]을 명하고 있는데, 여기서 우리는 GHQ가 국가신도를 명확히 종교로 인식하고 있었음을 알 수 있다.

요컨대 신도지령에 의하면 국가신도(State Shinto)란 일본정부가 발한 법령에 의해 교파신도(종파신도)와 구별된 '모든' 신도를 가리킨다. 개념상의 애매함을 초래할 위험성에도 불구하고 GHQ가 국가신도라는 용어 외에 국민신도(National Shinto)라든가 신사신도(Jinja Shinto 혹은 Shrine Shinto)라는 용어를 나열했던 까닭은 바로 이런 '모든' 신도를 포괄하기 위해서였던 것으로 보인다. 한편 GHQ는 패전 전까지 일본정부가 종교가 아니라고 주장했던 신사에서의 제사를 종교로 이해하면서 따라서 국가신도 또한 하나의 종교였다고 규정했다. 이와 같은 이해에 입각하여 GHQ는 군국주의적이고 과격한 국가주의 이데올로기를 선전 유포하면서 일반국민들에게 강제해온 패전 전 일본의 신사신도 혹은 국민신도를 국가신도라고 명명하는 한편, 신도지령의 궁극적인 목적이 "종교를 국가로부터 분리시키는 것,"[5] 즉 완전한 정교분리에 있음을 명백히 했다.

'국가신도'라는 용어의 출처와 맥락을 검토한 이상의 논의를 토대로 이하에서는 신도지령에 언급된 '일본정부가 발한 법령'과 관련하여 국가신도 형성과정을 추적하면서, 신도지령에 의해 국가신도의 내용적 핵심으로 간주된 '신사비종교론'의 문제를 중점적으로 다룸

으로써 일본 근대국민국가에 있어 신사는 무엇이었나를 규명하고자
한다.

2. 국가신도의 형성과정

국가신도체제의 법령적 근거 및 제도사는 곧바로 국가신도의 형성사
와 맥을 같이한다. 국가신도의 형성과정은 법령 및 제도의 정비과정
과 분리해서 생각할 수 없다는 말이다. 신도지령에는 '일본정부가 발
한 법령'이 무엇을 가리키는지 구체적으로 나열하고 있지는 않지만,
좀 더 포괄적인 관점에서 국가신도의 형성과정을 크게 네 단계로 나
누어 주요 관련 법령과 제도 및 종교행정 등을 나열해보면 대체로 아
래 〈표〉와 같다.[6]

1) 제1단계 신도국교화 정책기(1868~1871)

국가신도의 전사라 할 만한 제1단계는 1868년 신불분리령 및 신기
관 포고로부터 1871년 전국 신사의 사격(社格)이 정해진 1871년까
지로 잡아볼 수 있다. 1868년 유신정부는 정치이념의 기본으로 제정
일치를 내걸고 신기관을 설치함과 동시에 이른바 신불판연(神佛判
然)을 명하여 신도와 불교의 분리정책을 추진했다. 이로써 고대국가
의 신기제도가 재흥되어 천황제 국가권력의 종교적 권위가 전면적으
로 부활한 것이다. 미토학(水戶學) 및 복고신도(復古神道)의 영향[7]
을 받은 인물들이 다수 진출한 신기관에서는 고대 관제에는 없었던
'선교'(宣敎)를 주된 업무로 삼아 신기제사를 관장함과 아울러 국민
에 대한 신도적 교화에 임했다. 이듬해인 1869년에 천황이 도쿄로
천도했다. 이때 메이지 천황은 지토(持統) 천황 이래 처음으로 이세

〈표〉 **국가신도의 형성과정**

단계	법령/제도/종교행정	시행시기	비고
1단계: 신도 국교화 정책기	신불분리령(神佛分離令)	1868년 3월	야스쿠니 신사의 기원
	신기관(神祇官) 설치	1868년 5월	
	신기관 소속의 선교사(宣教使) 설치	1869년 9월	
	대교(大敎) 선포	1870년 1월	칙령
	신사는 국가의 종사(宗祀)이므로 이세신궁 이하 신사의 신직세습을 폐지하고 국가가 신직을 정선하여 임명할 것을 명한 법령	1871년 5월	태정관 포고
	관사(官社) 이하 정액(定額) 및 신관 직제	1871년 5월	태정관 포고
	우지코시라베(氏子調べ) 제도 신설	1871년 5월	
2단계: 국민교화 정책기	신기성을 폐지하고 교부성(教部省)을 신설	1872년	
	3조교칙 제정		
	대교원/중교원/소교원 설치		
	교부성 폐지	1877년	
3단계: 정교분리 정책기	신관의 교도직 겸임을 폐지하고 장례에 관여하지 못하도록 금한 법령	1882년 1월	내무성 포고
	대일본제국헌법 발포	1889년	
	교육칙어 발포	1890년	
	이세신궁 사청관제(司廳官制) 제정	1896년 11월	칙령
	내무성 신사국 설치	1900년 4월	칙령
4단계: 국가신도 확립기	관국폐사 및 이세신궁 신부서(神部署) 신직 임용령	1902년 2월	칙령
	관국폐사 경비에 관한 법령	1906년 4월	
	부현사 이하 신사 신찬폐백료 공진(供進)에 관한 건	1906년 4월	칙령
	신사 제식행사 작법	1907년 6월	내무성 포고
	신사재산에 관한 법령	1908년 3월	
	신관신직 복제	1912년 12월	칙령
	이세신궁 제사령 및 관국폐사 이하 신사 제사령	1914년 1월	칙령
	관국폐사 회계규칙	1926년 11월	내무성 포고
	종교단체법	1939년 4월	
	신기원(神祇院) 관제	1940년 11월	칙령
	신사본의(神社本義) 간행	1944년	신기원 간행

신궁을 참배하는 한편, 신기관에 행차하여 팔신(八神)과 천신지기 (天神地祇) 및 역대 황령(皇靈)에 제사를 올리고 제정일치와 황도흥 륭의 대방침을 봉고(奉告)했다. 이어 1870년에는 이른바 '대교'(大敎)선포의 칙령이 내린다. 이때의 '대교'란 천황의 고대적·종교적 권

위를 중심으로 하는 신도적 국체관념을 가리키는 말이다. 이듬해인 1871년은 국가신도의 역사에서 첫 번째의 중요한 분기점이라 할 수 있다. 이 해에 전국 신사의 사격(社格)이 제정되고 '우지코시라베'(氏子調べ) 제도[8]가 신설되었기 때문이다. 이때 태정관에 의해 전국 신사는 모두 국가의 종사(宗祀)임이 선언되었다. 이는 신사신도가 황실신도를 기축으로 재편성되었음을 의미한다. 이로써 국가신도 탄생의 기본적 토대가 마련되었다고 말할 수 있다. 다시 말해 전국 12만여 곳의 신사들은 이제 국가적·공적인 성격을 지니게 된 것이다. 이와 더불어 이세신궁 또한 원래의 민중적 전통을 거세당하고 전국 신사의 총본산으로서 향후 국가신도의 지성소로서의 면모를 드러내기 시작한다.

신기제사를 축으로 하여 신기관 및 신기성 중심으로 진행된 이 제1단계는 신도를 국교로 삼아 천황제 내셔널리즘의 지주로 삼고자 시도했다는 점에서 신도국교화 정책기라고 부를 만하다. 이 시기에 유신정부는 1868년 신불분리에 의한 신도와 불교와의 단절이라든가 1871년 신관세습제의 폐지 등에서 잘 드러나듯이, 근세적 속성으로부터의 단절을 강조했다. 그런 토대 위에서 향후 국가신도체제의 기초가 되는 관국폐사·부현사·향촌사 등의 사격 시스템을 구축하는 한편, 신사를 '국가의 종사'로 전환시켜 천황제국가에 의한 일원적 장악을 모색했던 것이다.

2) 제2단계 국민교화 정책기(1872~1877)

미토학 및 복고신도의 영향을 강하게 받았던 신기관의 주도하에 신도를 국교화하려던 제1단계의 시도는 실패로 끝나고 말았다. 1871년 신기관이 신기성(神祇省)으로 격하되고 신도국교화 정책으로부터 천황제적 국민교화 정책으로 전환된 것이다. 이는 폐번치현을 단행하고 문명개화·식산흥업·부국강병의 기치를 내세운 메이지 정부가 고대 제정일치적인 신도국교화 정책의 비현실성을 인식한 결과였다. 이윽고 이듬해인 1872년에는 결국 신기성이 폐지되고 새롭게 교부성(教部省)이 신설된다. 교부성은 국민교화의 기준으로서 경신애국(敬神愛國), 천리인도(天理人道), 존황준조(尊皇遵朝) 등 '3조의 교칙'을 제정하는 한편 도쿄에 대교원(大教院)을, 그리고 지방에 중교원(中教院)과 소교원(小教院)을 설치하여 국민교화의 핵심기관으로 삼았다. 이와 더불어 교도직(教導職)[9]을 만들어 신직뿐만 아니라 승려까지 기용하여 본격적인 국민계몽운동을 전개해 나갔다. 신불분리 및 폐불훼석으로 인해 큰 타격을 입었던 불교측은 교도직에의 참여를 발판 삼아 그동안 잃어버렸던 위상을 되찾고자, 1875년에는 정토진종 4파가 대교원을 탈퇴하고 종교의 자유를 요구하는 등 자기 목소리를 높였다. 이에 태정관은 신불합동포교정책을 포기하고 대교원을 해산하지 않으면 안되었으며 마침내 1877년에는 교부성도 해산된다. 이로써 교부성을 중심으로 한 국민교화정책기는 막을 내렸다.

이상의 1단계와 2단계에서는 신사 창건의 움직임이 두드러진다. 메이지 유신의 종교적 의의는 일본 종교체계의 전면적인 재편성이라는 점에서 찾아볼 수 있겠는데, 그런 종교체계의 재편은 불교나 민속신앙의 경우는 말할 것도 없고 무엇보다 신사의 경우에 가장 철저하게 진행되었다. 메이지 유신 이후 새롭게 세워진 창건신사들에서도 이 점을 확인할 수 있다. 예컨대 겐무 신정(建武新政)[10]에 관련된 천황과 황족 및 공신을 모신 신사라든가, 다른 지방에 옮겨져 있던 천황과 상황 등을 모신 신사, 페리 내항 이후 나라를 위해 싸우다 죽은 자들을 모신 신사, 가시하라(橿原) 신궁, 헤이안(平安) 신궁, 메이지 신궁, 가마쿠라(鎌倉) 궁 등 천황과 황족 및 그 조상신을 모신 신사 등이 그것이다. 그 밖에 개항장이나 개척지에서 아마테라스를 모신 신사, 센고쿠(戰國) 시대의 무장인 오다 노부나가를 모신 교토의 다케이사오(建勳) 신사, 도요토미 히데요시를 모신 교토의 도요쿠니(豊國) 신사 따위를 비롯하여, 모리 모토나리(毛利元就), 우에스기 겐신(上杉謙信), 가토 기요마사(加藤淸正) 등의 무장을 모신 신사, 국학자 및 에도 후기의 근왕지사를 모신 신사 등도 새롭게 창건되었다. 신기관(및 신기성)과 교부성 시대의 대표적인 창건신사로는 시라미네(白峰) 궁, 미나세(水無瀨) 신사, 구스노키사(楠社), 야스쿠니(靖國) 신사 등을 들 수 있다. 1868년 8월 교토에 창건된 시라미네 궁은 사누키(讚岐)에 유배당해 죽은 스토쿠(崇德) 상황과 1873년에 아와지(淡路)로 유배당한 준닌(淳仁) 천황을 함께 모셨다. 아울러 1873년 셋쓰노쿠니(攝津國)에는 조큐(承久) 난 때 유배당한 고토바(後鳥羽) 상황, 쓰치미카도(土御門) 상황, 준토쿠(順德) 상황을 모신 미나세 신사가 창건되었다. 그러나 역시 가장 대표적인 창건신사로서 구스노키 마사시게를 모신 구스노키사[11]와 145만여 명의 전몰자를 신으로 모신 야스쿠니 신사를 빼놓을 수 없을 것이다.[12] 1872년에는 구스노키사가 최초의 별격관폐사가 되고, 1879년에는 도쿄 초혼사가 야스쿠니 신사로 개칭되는 등, 이 시기 이후 신사체계의 근간이 확립되었다. 하지만 당시 국민교화에 있어 가장 중요한 거점은 신사가 아니었다는 점에 유의해야 할 것이다. 다시 말해 이 시기의 국민교화는 선교사와 교도직 등 교화를 담당하는 관리 혹은 그 교화대상인 강사(講社) 집단을 주요 수단으로 삼아 추진되었던 것이다. 따라서 이 시기의 신사가 제4단계에 확립된 근대적 신사신도 이미지와 반드시 일치한다고 볼 수는 없다. 신사가 국가신도라고 칭해질 만한 정치문화적 기능을 가지게 되기 위해서는 정교분리의 확립 등을 비롯한 다음 단계의 정치 및 교육체계의 개혁을 통해 신사체계에 대한 의미부여의 재편이 이루어지기를 기다려야 했다.

3) 제3단계 정교분리 정책기(1878~1905)

이 단계는 1884년 교도직 폐지에 수반된 공인종교 제도와 1889년 대일본제국헌법 발포를 통해 종교의 자유가 일본에 차츰 정착됨으로써 공적 영역과 사적 영역의 분리, 즉 국민의 의무로 제시된 공적 영역으로서의 도덕과 개인의 재량에 맡기는 사적 영역으로서의 종교가 분리되어 나간 시기이다. 이후 신도는 종교로서의 교파신도와 도덕으로서의 신사신도로 분리된다. 이와 더불어 신사는 강(講)으로부터 분리되어 전적으로 국가적 제사를 수행하는 공간으로 규정됨으로써 종래 지니고 있던 종교적 속성을 부정당하고 만다. 이것이 바로 다음 장에서 구체적으로 다룰 '신사비종교론'이다. 그러나 서양 근대적인 종교개념에서 보자면 의례와 참배 행위를 수반하는 신사는 여전히 종교 범주에 속해 있었다. 정부가 아무리 도덕이라고 주장해도 신사신도 또한 여전히 종교성을 지니고 있었다. 말하자면 실체와 주장 사이에 간극이 존재했던 셈이다. 이런 간극에도 불구하고 메이지 정부는 한편으로는 제사와 종교를 분리함으로써 신사신도를 일반 종교 위에 군림하는 초종교로 삼고 신도의 종교적 측면을 이른바 교파신도로 독립시키는 정책을 꾸준히 시행했으며, 다른 한편으로는 1889년에 발포한 대일본제국헌법의 제28조에 '종교의 자유' 항목을 둠으로써 종교와 정치의 분리를 천명하는 정책을 추진해 나갔다. 이와 더불어 이듬해인 1890년에 발포한 '교육칙어'[13]는 표면상 비종교적인 것이었음에도 불구하고 향후 국가신도의 사실상의 교전이 됨으로써, 군국주의 시대의 국민동원에서 핵심적인 역할을 했다.

하지만 이 시기의 일본정부는 신사를 국민교화의 이데올로기 장치로서 적극적으로 활용하지는 않았다. 오히려 이세 신궁을 정점으로 하는 신사체계는 존속시키되 재정적 원조는 중단한다는 방침으로 전환했다. 기껏해야 전단계에 이어 야스쿠니 신사를 증개축한다든지 혹은 황족과 충신을 모시는 창건신사를 설립한 것이 이 시기의 유일한 적극적인 신사정책이었다. 이런 창건신사들은 역사상의 인물을 위령한다는 점에서 유서 깊은 전통적인 일반신사들과는 성격이 달랐으며, 오히려 계몽주의적 충군사상을 설파하는 교육칙어의 이념과 부합하는 것이었다. 요컨대 이 시기에 정부는 전단계의 신도국교화정책 및 국민교화정책으로부터 후퇴하는 대신, 서양 근대의 계몽주의적 정교분리정책을 추진했던 것이다. 그 과정에서 천황제 내셔널리즘의 교화수단으로서의 교육칙어 및 천황 초상화 배포 등 학교교육이라는 비종교적 회로가 전면에 등장하게 되었다.

한편 대일본제국헌법에서 보장하는 종교의 자유는, 어디까지나 신민으로서의 의무인 국민도덕이 개인적 관심사인 종교의 문제보다 우선된다는 조건부 자유였다. 이를 상징하는 것이 1891년에 발발한 성서학자 우치무라 간조(內村鑑三)의 불경사건이었다.[14] 교육칙어에 대한 배례를 거부했던 이 사건을 계기로 후에 '교육과 종교의 충돌'이라 불린 일대 논쟁이 벌어지게 된다. 이 논쟁의 도화선은 이노우에 데쓰지로(井上哲次郞)라는 인물로부터 시작되었다.[15] 이노우에는 1892년 11월 『교육시론』(敎育時論)이라는 잡지에 우치무라의 불경사건을 재론하면서 그리스도교를 비판했는데, 이에 대해 그리스도교측의 반론이 뒤를 이었다. 그러자 이노우에는 이런 일련의 논쟁들을 묶어 1893년에 『교육과 종교의 충돌』이라는 책을 펴냈다. 여기서 그가 주장하는 주된 논점은 ①교육칙어의 성전화 ②국가주의의 강조 ③국가통합에 거스르는 경향을 지닌 그리스도교에 대한 비판[16] 등으로 요약될 수 있다. 예컨대 이노우에는 교육칙어의 핵심주제에 대해서 "칙어는 원래 일본에서 행해지는 일반적인 실천윤리를 문장으로 표현한 것으로, 그 윤리는 가족 내에서 행해야 하는 효제(孝悌)로부터 출발하여 마을과 고장으로 발전하고 마침내 공동애국에 도달하면서 끝이 난다. 심신을 수양하는 것도 국가를 위함이다. 부모에 효도하는 것도 형제끼리 우애 있는 것도 결국 국가를 위한 것이다. 사람은 국가를 위해 몸을 바쳐야 하고 국가를 위해 죽어야 한다. 이는 우리 일본인들이 예로부터 역사적으로 행해온 것이므로 오늘 이후 더욱더 이를 행하여 각각 신민의 의무를 완수해야 한다"고 주장했다.[17] 이 가운데 특히 이노우에의 그리스도교 비판은 종교 일반에 대한 비판으로 전개되었다. 즉 이노우에는 '종교'란 지적 능력이 결여된 사람들에게 인생의 의지처를 제공해주는 것, 철학보다 지적으로 열등한 것, 그래서 문명이 진보하면 종교는 저절로 사라질 것이라는 견해를 가지고 있었다. 그가 보건대 그리스도교뿐만 아니라 불교와 신도 등의 각 종교에는 미신적 요소가 포함되어 있고, 과학이 진보한 현대세계에서 종교의 역할은 그 시효가 끝나가고 있다는 것이다.[18]

그런데 이처럼 종교를 비판하는 이노우에는 정작 교육칙어 및 그 정신 또한 '종교'적일 수 있다는 사실에 대해서는 거의 의식하지 못하고 있었다. 하지만 그가 말하는 '교육과 종교의 충돌'은 실은 동양의 교(혹은 도)와 그리스도교의 충돌에 다름 아니었다. 교육칙어는 충효라고 하는 유교적 관념과 천황숭배에 관련된 '국체' 관념이 두 축을 이루고 있기 때문이다.[19] 그렇다면 이처럼 교육칙어의 종교성이 근대 일본사회에서 충분히 자각되지 못했던 이유는 어디에 있을까? 이런 물음에 대한 단정적인 답변은 쉽지 않지만 이와 관련하여 당시 제국헌법상의 종교에 대한 규정을 다시금 상기해볼 필요가 있다. 제국헌법은 신도와 불교 및 그리스도교의 제교단을 '종교'로 규정하고 있으며, 신사신도에 대해서는 '종교'가 아니라 '제사'로 간주하고 있다. 후술하겠지만, 신사비종교론의 본질적 의미는 신사제도를 특정 종교적 교설에서 분리시켜 제사의례에 한정시켰다는 점에서 찾을 수 있다. 그래서 천황과 관련된 신도적 제사 및 교육칙어와 관련된 유교적·신도적 요소는 '종교'로 자각되기 힘들었을 것이다. 뿐만 아니라 당시 일본에서는 '종교' 하면 신도와 같은 '자연종교'는 배제되는 대신 그리스도교나 불교와 같은 이른바 '고등종교'를 우선 떠올리는 경향이 강했다. 이와 더불어 일반인들은 유교를 일종의 도덕으로 여겼고, 민속종교나 신종교에 대해서는 미신적인 것으로 간주했다. 다시 말해 1890년대의 일본에서는 '종교'란 말을 그리스도교나 불교에 대해서만 사용하는 어법이 지배적이었다. 또한 '종교'란 특정한 신도집단을 만들어 배타적인 태도를 취하고 무언가 현세적 질서 바깥에다 궁극적인 목표를 설정함으로써 사회분열을 조장하는 위험한 어떤 것으로 비쳐졌다. 따라서 '종교'를 통제할 수 있는 보다 상위의 영역이 요청된다. 그리고 교육칙어가 바로 그런 상위체계로서의 역할을 한 것이다. 이런 의미에서 교육칙어는 '초종교'적인 어떤 것이었다.

요컨대 초종교로서의 교육칙어는 비종교가 아니라 '종교 위의 종교'로서 기능했던 것이며, '교육과 종교의 충돌' 논쟁은 그리스도교라는 종교를 강하게 의식하면서 생겨난 해프닝으로서 교육칙어로 표상되는 국가신도의 종교성을 스스로 입증한 사건이었다고 볼 수 있겠다. 다른 한편으로 그것은 일본에 있어 종교의 자유가 천황제라는 세속사회의 권위를 시인하는 자에게만 부여된다는 것을 단적으로 보여준 사례였다. 또한 그것은 천황제 내셔널리즘의 국민교화가 신사를 통해서가 아니라 교육을 매개로 하여 행해졌다는 것을 보여주는 전형적인 사례이기도 했다. 이처럼 종교의 자유를 편의적으로 적용한 일본정부는 천황제 이데올로기를 통한 국민교화를 위해 근대의 서구적 범주인 종교와 도덕(교육)이라는 회로를 구분하여 사용했다. 그러면서도 천황제 자체는 그런 범주와 무관하다고 하면서, 천황에 대해 도덕과 종교를 넘어선 현인신이라는 초월성을 부여했다.

3) 제4단계 국가신도 확립기(1906~1945)

신사를 적극적으로 활용한 국민교화정책, 즉 엄밀한 의미의 국가신도체제가 작동한 시기를 가리킨다. 이는 관국폐사 국고공진금 제도가 시행되고, 신사합사가 본격적으로 개시된 1906년경부터 1945년 패전에 이르기까지의 시기에 해당된다. 이 시기에 일본정부는 무엇보다 신사비종교론을 적극적으로 이용했다. 신사숭경은 종교가 아니라 국민도덕의 범주에 속한다는 논리에 입각하여, 신사를 지역개량정책 등과 결부시켜 국민교화의 지역적 거점으로 활용했던 것이다. 이 시기의 신사는 이전 신도국교화 정책기의 경우처럼 정부측에서 국민을 향해 가르침을 설교하는 장소로서가 아니라, 국민측에서 황조숭경이라는 제사행위를 자발적으로 수행하는 장소로 그 사회적 역할의 의미가 바뀌었다. 천황제와 마찬가지로 신사 또한 명확한 교의 내용을 가지지 않음으로써 오히려 국민들의 다양한 욕구를 충족시켜 주는 장소로 기능할 것이라고 기대되었다. 그러나 천황제의 경우와 달리, 교의적 요소의 결핍은 신사의 존재의의를 희박하게 만들었고, 오히려 사람들에게 신사숭경에 대한 자발적인 욕구를 저해하는 요인으로 작용하기도 했다.

1912년에는 내무성이 삼교 회동을 개최하여 천황제 내셔널리즘의 교화회로로서 종교교단의 편입을 기도했으며, 1920년에는 문부성이 국사라고 개칭한 역사교육에다 신대 이야기를 집어넣기 시작했다. 이것들은 엄밀하게 말하자면 국가신도정책과는 구별되어야 하겠지만, 전단계에서의 계몽주의적 도덕교육이 한계에 도달했을 때 정부가 합리주의적 도덕교육의 틀을 넘어서고자 고안해낸 국민교화의 수단이었다고 할 수 있다. 이에 대응되는 국가신도정책은 신사숭경의 장려였다. 정부의 이와 같은 움직임에 대해 불교측과 그리스도교측은 신사의 종교적 성격을 문제삼기 시작했고, 신사비종교론이 종교의 자유를 방해한다는 논의가 다방면에 걸쳐 행해졌다. 이런 흐름 속에서 1926년 종교제도 조사회 및 1929년 신사제도 조사회가 정부의 고문기관으로 발족되었고, 보수진영에서 신도학이라는 새로운 학적 담론이 등장하기도 했다. 이와 더불어 신도는 종교나 도덕 범주에 속하지 않으며 반대로 그것들을 포섭하는 개념으로, 국체 즉 천황제 내셔널리즘과 거의 동의어라는 주장이 나왔다. 이런 주장은 국가신도의 정치성을 천황제와 동격으로 간주하는 전후 비판적 국가신도론의 근거가 되고 있다.

　1930년대에 들어와 사회가 전시체제로 이행하면서, 일본정부는 보다 노골적으로 국민들에게 신사숭경을 강요했다. 그리고 날조된 황기 2600년을 기념했던 1940년에는 마침내 신기원이 내무성 외국으로 설치되기에 이른다. 여기서 제4단계의 국가신도체제는 절정을 이루었다고 볼 수 있다. 이는 전시기 파시즘 체제에서 비롯된 기이한 일탈형으로 보이기 십상이지만, 사실상 국가신도의 본질은 바로 이 시기에 있었다. 다시 말해 엄밀한 의미에서의 국가신도가 확립된 것은 역시 이 제4단계부터였다. 1단계와 2단계에서는 신사를 국가의 종사로 간주하는 신사체계가 구축되었고, 3단계에는 천황주권을 전제로 한 계몽주의적 정교분리가 확립됨과 아울러 충군사상에 입각한 창건신사가 정비되었다. 이런 의미에서 우여곡절을 거치면서도 전단계까지 시행되었던 제정책을 이어받으면서 거기에 새로운 의미를 부여함으로써 4단계의 국가신도체제가 성립될 수 있었던 것이다. 신사비종교론은 바로 그와 같은 새로운 의미부여 작업의 한가운데 놓여 있었다.

3. 신사비종교론의 다양한 맥락

이상과 같은 여러 단계를 거쳐 확립된 국가신도가 과연 무엇이었는가 하는 물음에 답하기 위해서는 '신사비종교론'(神社非宗敎論)이란 것이 도대체 어떤 것이었나 하는 물음을 피해갈 수 없다. 전술했듯이 초기의 신도국교화 정책기 및 국민교화 정책기를 거쳐 정교분리 정책기라는 굴절된 우회로를 통과하는 과정에서 메이지 정부는 종교의 자유를 추구하는 내외의 압박에 밀려 근대 국민국가로서의 외관을 정비하기 위해 제국헌법 제28조에 종교의 자유를 명시했다. 그러나 종교의 자유는 신권적 천황제를 근간으로 하는 제국헌법의 정신과 근본적으로 모순되는 것이었다. 이에 정부는 신사신도는 제사이며 종교가 아니라고 규정하면서 신사로부터 종교적 요소를 제거한 이른바 신사비종교론을 내세우게 된다. 그 결과 불교, 그리스도교, 교파신도(敎派神道)[20]만이 종교의 범주로 재편되어 국가가 통제감독하는 종교법의 적용을 받게 되었다. 요컨대 신사비종교론은 모든 제사(신사신도)를 천황에게 직속시키고 다른 한편으로는 종교에 대한 정치적 지배권을 장악했던 신권적 천황제의 음화적 표현에 불과했다.

이와 같은 신사비종교론은 근대 일본사회에서 크게 다음 세 가지 내용으로 전개되었다. 첫째, 제도적 근거에 입각하여 신사는 종교가 아니라고 주장하는 일본정부측의 입장이 그 대표적인 경우이다. 둘째, 국가신도와 종교의 자유 요구 사이에서 딜레마에 봉착한 메이지 정부는 신사는 국가의 종사(宗祀)이며 종교가 아니라는 공식 입장을 재차 표명했으며, 더 나아가 종국에는 신사야말로 모든 종교를 초월하는 종교라고 하여 거기에 초종교로서의 지위를 부여함으로써 국가신도에 대한 국민의 숭배를 강제했다. 셋째, 교육칙어의 발포와 시행에서 전형적으로 확인할 수 있듯이, 메이지 정부는 국가신도를 국민도덕으로 포장하여 전국민에게 강요했다. 가령 1929년 3월 2일에 열린 제56회 제국의회의 귀족원 종교단체법안 외 1건 특별위원회 의사속기록 제6호에서 메이지 정부는 신사가 종교가 아닌 이유를 밝히라는 질의에 대해 다음과 같이 답변하고 있다.

> 신사가 종교에 속한 것인지 아닌지는 학문적으로 다양한 연구가 있겠지만, 신사를 국가의 제도문제로서 다룰 경우에는 현행 법제에 입각하여 그 성격을 결정해야만 한다. 이런 취지에서 신사의 본질을 생각건대, 우리나라 신사는 건국의 대의에 입각하여 황조황종(皇祖皇宗)의 신령을 비롯하여 국가에 공적 있는 제신을 제사지내기 위해 국가가 스스로 그것을 설치하여 운영하고 있다. 그래서 신사의 제사 및 경영에 관해서는 엄격하게 국법으로 규정하고 있다. 신사는 국가의 종사임을 명시하고 신사의 제사에 종사하는 직원에 대해서도 나라에 있어 그 직제를 규정하는 한편 신직의 국가기관으로서의 직무권한을 명시하고 있다. ……현행 제도하에서 신사는 국가의 공공시설이며 신직은 국가공무원에 해당한다. 그러므로 개인의 신앙을 목적으로 삼는 일반 종교와는 전혀 성격을 달리 한다. 그런데 사람들이 신사에 가서 기원하고 기도하는 것은 신사숭경에 부수적으로 따르는 자연스러운 결과이다. 신사의 본질이 전술한 것과 같은 이상 그런 부수적인 현상이 있다 하여 신사를 종교적 시설이라고 말하는 것은 온당치 못하다.[21]

여기서 메이지 정부는 1871년 이래 조직적으로 정비되어온 신사제도에 근거하여 신사가 개인의 사적 신앙을 위한 시설이 아니라 국가의 공공시설임을 강조하면서 신사비종교론을 정당화하고 있다. 또한 의회속기록은 정부의 이와 같은 입장을 뒷받침하기 위해 당시 세간에서 유통되고 있던 신사비종교설을 다음 네 가지로 정리하여 제시하고 있다.

> 첫째, 신사는 국체 내지 도덕의 표징이다. 또한 일반종교처럼 창시자라든가 경전이 없고 내세를 설교하지도 않으므로 종교가 아니다.
> 둘째, 사는 일본 고대 민족생활의 연장이며 종교와는 그 기점이 다르다. 또한 신의 성질에 있어서도 외국의 종교개념과는 전혀 다르다.
> 셋째, 신사제사의 본의는 숭경과 경애에 있다. 신을 제사지내는 것은 부모를 섬기는 것과 마찬가지다. 즉 제사는 효(孝)의 연장이다. 신사에서 행하는 기원이나 기도는 이와 같은 제사정신의 반향이다. 따라서 신사는 일반종교와는 전혀 성질이 다르다.
> 넷째, 출발점에 있어 신사신도는 국가적이며, 기성종교는 개인적이다. 또한 조상숭배는 국민 일체의 도덕규범이지 종교행위는 아니다.[22]

이상에서 우리는 신사비종교론이 등장했던 당대에 사람들이 무엇을 종교라고 간주했는가 하는 종교관의 기준을 확인할 수 있다. 즉 위에서는 기원이나 기도를 수반하는 개인적 신앙, 창시자와 경전의 존재, 내세의 교의 등이 종교의 범주를 결정짓는 중요한 기준으로 간주되고 있다. 이런 기준에 비추어 볼 때 제의를 본질로 하는 신사신도는 종교가 아니라는 것이다. 물론 이는 교의 및 신앙공동체의 측면과 더불어 제의적 측면을 종교의 주된 요소로 이해하는 종교학적 관점에서 보자면 매우 불완전한 논의로 비쳐진다. 하지만 굳이 종교학적 관점을 끌어들이지 않더라도 신사비종교론은 매우 다양한 맥락에서 읽혀질 수 있다. 거듭 말하거니와 신사비종교론은 국가신도의 이해를 위해 무엇보다 중요한 요소이므로 이하에서는 1)종교에 대한 사회적

통념 2)신도에 대한 부정적 통념 3)자연종교로서의 신도관 4)근세유
교와의 기능적 상동성 5)종교민족주의 6)종교의 자유 담론 등과 관
련하여 신사비종교론의 다양한 맥락과 그 의미에 대해 좀 더 상세하
게 살펴보기로 하자.

1) 종교에 대한 사회적 통념

아직 종교학·사회학·인류학이 본격적으로 소개되기 전인 메이지 전
기에 유포되었던 종교관념으로는 "종교란 모두가 선악의 응보라든가
사후 영혼의 소재를 논하거나 혹은 이세(二世), 삼세(三世)를 설하고
교묘한 방편으로 우매한 백성들을 교화하고 인도하고자 하는 가르침
의 총칭"이라고 말한 계몽사상가 니시무라 시게키(西村茂樹, 1828~
1902)와, "신불 등의 가르침을 내세워 신봉하며 지키고 행하여 사람
들의 마음을 다스리는 것이 종교"라고 이해한 오쓰키 후미히코(大槻
文彦)의 정의를 들 수 있다. 그런데 원래 일본의 경우 '종교'라는 말
은 당시의 복잡한 그리스도교관의 영향 아래 형성된 개념이었다. 가
령 근대 일본사회에서는 서구세계에 대한 동경과 연관된 윤리적·문
명론적 기호로서의 그리스도교관, 근세 이래 철저하게 시행되어온
그리스도교 박멸정책에 따른 공포감, 그리스도교를 마술로 여기는
민중의 세계관 등이 혼란스럽게 뒤섞여 있었다. 이와 더불어 당시에
는 반종교론, 즉 종교에 대한 부정적인 평가가 종교론의 주류를 이루
었다는 점에도 유의해야 한다. 메이지 초기에는 종교란 인간의 지식
이 발달함에 따라 점차 소멸될 것이라고 보는 진화론적 종교관이 널
리 퍼짐으로써 종교의 권위가 갈수록 쇠퇴하는 분위기였다. 당대의
대표적인 저널리스트 후쿠치 겐이치로(福地源一郎, 1841~1906)의
『종교론』(宗敎論, 1883)과 후쿠자와 유키치(福澤諭吉, 1835~1901)
의 『문명론의 개략』(文明論之槪略, 1875)도 이런 분위기 속에서 나온

것이었다. 이들은 공통적으로 종교의 사회적 유용성을 인정하는 한편 메이지 시대 일본이 무종교(無宗敎)[23]의 사회가 되고 일본인이 종교에 대해 매우 담백하게 된 역사적 과정을 문명론적인 관점에서 언급하고 있다.[24] 이때 양자는 특히 종교와 도덕의 관계에 주목하면서, 서구의 그리스도교가 도덕성 함양에 중심적인 역할을 했듯이 일본에서도 종교로써 도덕성을 함양해야 한다고 주장했다. 요컨대 이두 권의 저술을 통해 일본 종교사에 대한 당대의 통념적인 이해가 만들어진 것이라고 보아도 무방할 것이다. 이를테면 고대 일본에서는 불교가 그리고 근세에는 유교가 일본문명을 발전시켰지만, 유신 직후의 신도국가주의를 거친 당대에 이르러 종교정신이 쇠퇴했다고 보는 관점이 그것이다. 한편 전술한 니시무라 시게키와 교육학자 노세 사카에(能勢榮, 1852~1895)는 후쿠자와 유키치의 계몽주의적 관점에서 더 나아가 진화론적 종교론을 내세웠다. 이들에 의하면 종교란 인간정신을 속박하는 것이며, 문명화가 진전될수록 종교의 필요성이 감소되어 간다는 것이다.[25] 이와 같은 문명론적·계몽적·진화론적 종교관이 지배적이었던 메이지 초기에 신도는 '종교' 범주에 들어가지 않았으며, 오히려 신도에 대한 부정적인 통념이 유포되어 있었던 것으로 보인다.

2) 신도에 대한 부정적 통념

신사신도가 종교가 아니라고 하는 주장이 정착하게 된 이면에는 19세기 후반 일본 지식인들 사이에 퍼져 있던 신도에 대한 부정적인 통념이 크게 작용하고 있음을 간과해서는 안된다. 가령 전술한 니시무라 시게키는 신도가 문명 시대에 적합하지 않으며 지적 수준이 낮은 고대 의례의 유풍에 불과한 것이라고 비판하고 있다. 즉 신도는 시대착오적인 것이며 국민을 교화할 힘이 없다는 것이다. 한편 노세 사카에에 의하면, 신도란 조상을 숭경하는 것, 국가에 공로 있는 자를 신으로 모시는 것, 청정결백을 신의 마음으로 삼는 것을 내용으로 하고 있으므로 일종의 종교로 볼 수도 있지만, 그러나 문명화시대의 종교로서는 미흡한 점이 많다고 지적한다. 하지만 신도와 황실의 관계를 고려하여 신도를 종교 영역 바깥에 배치시켜 그것을 다만 일본의 황조신 혹은 국가 유공자를 모시는 일에만 관여하게 해야 할 것이라고 주장했다. 이런 입장은 정토진종의 진보적 승려인 시마지 모쿠라이(島地默雷, 1838~1911)[26]에게서도 찾아볼 수 있다. 그는 1872년부터 1873년에 걸쳐 서구의 근대적인 종교상황을 널리 견문하면서 근대적 종교시스템 확립의 필요성을 절감했다. 그리하여 그는 서구여행 중인 1872년에 이미 「3조교칙 비판 건백서」(三條敎則批判建白書)를 제출하고 귀국 후에는 「대교원 분리 건백서」(大敎院分離建白書, 1873)를 제출하는 등 종교의 자유를 제창했다. 1889년의 제국헌법에 종교자유 항목이 들어간 것은 바로 이 시마지 모쿠라이의 의견이 반영된 것이라고 보아도 좋다.

　그러나 시마지 모쿠라이가 처음부터 종교의 자유를 제창한 것은 아니었다. 가령 그는 「교부성 개설 청원서」(敎部省開設請願書, 1871)에서 "정치와 종교는 서로 떨어질 수 없는 것으로서 원래 바퀴의 양 날개 같은 것"이라 하면서 왕법(王法)이 불법(佛法)보다 우위라는 전통적인 관점에 서 있었다. 이는 종교에 대한 정치의 우위성을 인정하는 입장이었다. 이와 더불어 시마지 모쿠라이는 그리스도교를 '요사스런 종교'라고 비판하면서 반(反)그리스도교 진영의 구축이 시급함을 역설했고 이를 위해 신도·불교·유교의 일치를 주장하기도 했다. 이 당시만 해도 그는 신도측에서 설치한 신기관 제도에 대해 "이는 실로 국체가 지향하는 바로서, 이치에 합당하여 전혀 비난할 구석이 없다"고 평가했다.

하지만 그로부터 1년 뒤에 그의 입장은 크게 바뀌었다. 신도에 대한 불교의 우위성을 주장하면서 정교분리를 내세우게 된 것이다. 예컨대 그는 「3조교칙 비판 건백서」에서 다음과 같이 정교분리원칙을 주장했다. "정치와 종교는 원래 다른 것이므로 섞여서는 안된다. 정치는 인사(人事)이며 외적인 것을 다스리는 데 한한다. 종교는 신에 관한 것으로서 마음을 다스린다. 이런 구분은 세계의 모든 나라에 통용된다. 정치는 타인을 고려하지 않으며 오로지 스스로를 이롭게 하고자 애쓴다. 종교는 그렇지 않으니, 추호도 스스로를 고려하지 않은 채 타인을 이롭게 하고자 원한다." 여기서 시마지 모쿠라이가 종교를 마음의 영역, 즉 사적인 영역에 속한 것으로 본 것은 근대적인 종교개념과 근접하지만, 역으로 종교를 개인 내면의 문제에만 한정시킴으로써 정치에 대한 비판의 가능성을 닫아버리는 측면도 없지 않다. 또한 그에게는 불교의 일심(一心, 혹은 自心)의 원리와 근대적인 종교개념 간의 관계에 대한 자각이 아직 분명하지 않았다.

어쨌든 신도에 대한 불교의 우위성을 주장한 시마지 모쿠라이는 그 근거로서 진화론적인 계몽주의의 입장을 취한다. 이는 '3조교칙' 제1조 경신애국에 대한 그의 비판에서 잘 엿볼 수 있다. 그는 "소위 경신이란 종교이고 애국은 정치"라 하여 경신과 애국을 분리시킨 다음 거기서 경신을 문제 삼는다. 다시 말해 그는 다음과 같이 다신교인 신도를 원시적인 종교형태로 간주하고 그런 신도가 신들을 경신의 대상으로 삼는 것을 강력하게 비판한다. "만일 천신, 지기, 화수, 초목 등 이른바 팔백만신을 숭경한다고 하면 서구의 아이들까지도 우리를 멸시하고 비웃을 것이다. 그런 경신보다 더 미개하고 황당한 일은 없을 것이다. ……나는 일본을 위해 이를 부끄러워한다." 물론 신도를 떠받드는 것은 개인의 자유이지만 문제는 그 신앙을 강제해서는 안된다는 것이 시마지 모쿠라이의 입장이었다. 게다가 신도는 일본 원시시대의 풍속을 전해주는 치교(治敎)일 뿐이며 종교가 아니므로 그것을 종교로서 강제함은 오류라는 것이다. 그리하여 그는 "나는 신사에 관해서는 아직 잘 모르지만, 적어도 그것이 종교가 아니라는 사실은 잘 알고 있다. ……이른바 가미(神) 숭경은 종교적으로 우리 영혼을 구제해줄 신을 믿는 것이 아니라, 현세적 이익을 얻고자 함이다. 무릇 일본의 가미는 황실 역대의 조종 혹은 일반인들의 조상이나 국가에 공헌한 위인들을 제사지내는 대상일 따름"이라고 말한다. 이와 같은 시마지 모쿠라이의 신사비종교론은 향후 국가신도 및 야스쿠니 신사론의 한 근거를 제공해주었다. 그는 신도란 교조도 경전도 없고 다만 황실 혹은 국가에 공로 있는 조상을 모시는 관행일 뿐이며 불교와 동일한 차원의 종교가 아니라고 주장했다. 그러니까 국가신도는 종교가 아니라고 말할 때 그 이면에는 신도에 대한 근대 지식인들의 이와 같은 부정적인 통념을 적극적으로 재해석한 측면이 내포되어 있는 셈이다.

3) 자연종교로서의 신도

일본정부는 시종 신도는 국가의 제사이며 종교가 아니라는 태도를 견지함으로써 국가신도체제의 정당성을 주장했다. 그런데 이런 정당화를 가능케 한 최대의 요인은 바로 신사신도가 지닌 특이한 성격에 있었다. 즉 신사신도의 특이성은 발전된 민족종교이면서도 원시종교의 특성을 강하게 띠고 있다는 점에서 찾아볼 수 있다. 민족종교의 가장 큰 특성은 해당 민족의 집단적 정체성에 대한 완고한 집착에 있으며, 근대 천황제국가가 강조한 가족국가관이나 공동체의식도 그 연원을 따져보면 바로 이런 민족종교의 구조적 원리에서 비롯된 것이었다. 무라카미 시게요시에 의하면, 이런 민족종교의 원리는 개인적·내면적 계기를 완전히 결여한 원시적 자연종교 관념에 따른 것이

며, 따라서 근대사회에 도저히 통용될 수 없는 소박한 사고에 해당된
다. 그러므로 이와 같은 민족종교 혹은 원시적 자연종교에 입각한 신
사신도를 핵심으로 하여 창안된 국가신도는 실제 내용은 종교이면서
겉으로는 종교를 내세울 수 없었고 국민의 종교의식과 유리된 채 강
압적인 수단으로 국민을 통합하는 이데올로기로 기능하게 되었다는
것이다.[27]

4) 근세유교와의 기능적 상동성

이번에는 국가신도를 유교나 불교 등 다른 종교와의 상관관계 안에
서 고찰해보자. 국가신도가 현실적으로 종교로서 기능했다고 말할
때 그것은 과연 어떤 종교의 역할을 한 것일까? 참고로 에도 시대 일
본에서 유교·불교·신도의 상관관계가 어떠했는지 검토해보는 것이
도움이 될 것이다. 주지하다시피 일본 신도는 전통적으로 불교(및 유
교)와 습합하면서 발전해왔다. 이 경우 종교적 측면에서 볼 때 신도
는 주로 현실적인 삶을 위해 기능했다면 불교는 '장례 불교'라는 말
그대로 죽음의 영역에 할당되었다. 한편 유교는 불교와 경쟁관계에
있으면서 신도와의 습합을 꾀했지만, 종교성에 있어서는 전적으로
신도 및 불교에 의존했다고 말할 수 있다. 요컨대 유교는 그 자체로
는 비종교적인 존재로 머물면서 윤리적·정치적인 도(道)의 영역을
본령으로 삼았던 것이다.[28]

　여기서 우리는 일본 유교가 종교성을 주장하지 않았던 사실과 국
가신도가 종교성을 내세우지 않았다는 사실 사이에 어떤 구조적인
상동성이 존재한다는 점에 주목할 필요가 있다. 조선의 유교는 '주자
가례'라든가 복잡한 장례의식에 있어 통치 이데올로기의 측면뿐만
아니라 종교적 제의성 또한 충분히 내포하고 있었다. 하지만 일본의
유교는 달랐다. 일본에서 장례의식은 전적으로 불교의 소관이었으

며, 그 밖의 현실적인 민중생활은 주로 신도가 담당해왔다. 이런 상황에서 일본 유교는 특별히 종교성을 주장할 여지가 없었고 다만 통치 이데올로기로서 기능하거나 혹은 석문심학(石門心學)[29]의 사례에서 잘 엿볼 수 있듯이 국민의 윤리적 측면만을 담당하는 역할을 담당했다. 그렇다면 국가신도의 경우는 어떠했을까? 국가신도 또한 교육칙어의 사례에서 뚜렷이 나타나듯이 유교적 덕목으로써 천황제 가족국가의 이데올로기를 지탱하고자 했다. 요컨대 근대 천황제 국가는 민중의 내면적인 종교생활은 불교와 교파신도에 맡기고 과거 에도 시대에 유교가 했던 역할을 국가신도가 담당하게끔 하는 새로운 판을 짰던 것이다.

5) 종교민족주의

그러나 국가신도의 역할수행은 에도 시대 유교의 역할과는 달랐다. 우리는 이 점을 신사비종교론의 역사적 전개과정에서 확인할 수 있다. 일본에서 신사비종교론이 처음 등장한 것은 1882년 신사신도가 국가의 제사로서 일반 종교로부터 분리되고 이윽고 초종교적 지위를 부여받게 된 무렵이다. 메이지 초기의 신도국교화정책은 문명개화, 부국강병의 근대화정책과 잘 어울리지 않았다. 그리하여 신도국교화정책은 점차 국민교화정책으로 수정되었고 그 결과 국가신도의 비종교화가 정책적으로 수행되기에 이른 것이다. 이후 국가신도는 종교적 기능을 교파신도 및 불교, 그리스도교 등에 넘겨주고 일반 종교와는 차원을 달리 하는 국가의 제사에만 관여하게 된다. 그리하여 마침내 1889년 제국헌법은 이런 원칙을 법적으로 명문화시킴으로써 공식적인 국가신도체제를 출범시켰고, 전술했듯이 1890년 교육칙어는 국가신도의 이념을 교육의 기본원리로 정착시켰다. 이리하여 1891년 이후에는 소학교에서 교육칙어를 봉독하고 천황의 초상화를 배례하는 의식이 제도화되었다. 그럼으로써 국가신도는 다른 종교를 통제함과 아울러 신앙의 자유 및 정교분리를 규정한 헌법조항과의 형식적 절충을 기할 수 있었다. 여기서 우리가 주목할 것은 이와 같은 강력한 이데올로기가 '팔굉일우'라든가 '대동아공영권' 등과 같은 제국주의적 민족주의 논리와 결부되어 일종의 종교민족주의(religious nationalism)로 전개되어 갔다는 점이다. 본고의 맥락에서는 이를 '국가신도 내셔널리즘'이라고 부를 수 있겠다. 국가신도의 이와 같은 성격은 에도 시대 유교의 역할과는 근본적으로 다른 측면이다.[30]

6) 종교의 자유 담론

앞서 언급했듯이 메이지 초기에는 일본인은 종교에 대해 담백하며 무종교적이라는 통념이 존재했다. 서구의 경우 종교의 자유는 격렬한 종교분쟁의 결과인 데 반해 일본의 경우는 다르다. 당시에는 종교의 정치개입을 배제하려는 경향이 정치가들 사이에 팽배해 있었고 종교의 자유론은 그런 분위기를 반영하여 나온 것이기도 하다. 그 배경에는 유신 직후의 우라가미(浦上) 기리시탄 문제,[31] 신불분리, 진종 등 불교 교단의 내분, 대교원의 제신논쟁 등에 수반된 사회적 혼란에 대한 경계심이 깔려 있었기 때문이다. 다시 말해서 정부가 종교의 자유를 허용하기로 한 정부의 결정에는 종교를 정치 바깥으로 밀어내고, 종교가 정치에 개입하지 못하게 하며, 종교가 자기 본분을 지키게 하려는 뜻이 담겨 있었다. 그래서 제국헌법 제28조는 "안녕질서를 해치거나 신민의 의무에 반하는 일이 없어야 한다"는 전제를 달고 나왔던 것이다. 그 후 이와 같은 종교의 자유담론은 전술한 시마지 모쿠라이 등의 건의 내용을 반영하면서 명확히 신사(신도)는 종교가 아니라는 주장으로 전개되었다.

신사비종교론은 일본인은 무종교적이고 종교에 대해 담백하다고 하는 당대의 일반적 통념, 신도에 대한 지식인들의 부정적 통념, 자연종교로서의 신도에 내포된 모순, 근세유교와의 기능적 상동성, 종교민족주의 종교의 자유론 등을 기본 맥락으로 해서 생겨난 것으로 근대일본에서 국가신도의 이론적 토대가 되었던 담론이라 할 수 있다. 이런 신사비종교론은 국가신도에 대한 현대적 해석에 있어 크게 두 가지 방향성을 지시한다. 하나는 무라카미 시게요시처럼 국가신도를 종교로 보는 관점인데 이는 신사비종교론에 반대되는 입장이라 할 수 있다. 다른 하나는 신사비종교론의 연장선상에서 국가신도를 하가 쇼지(羽賀祥二)처럼 하나의 '역사'로서 이해하는 입장이다.[32]

4. 근대 국민국가와 신사

이상의 논의에서 우리는 국가신도라는 용어 자체는 GHQ의 신도지령에서 비롯된 것으로 패전 전의 일본정부나 일본학자들이 사용한 용어는 아니라는 점에서 외부의 시선을 전제로 한 것이며, 이에 비해 '신사비종교론'은 근대일본의 정부를 비롯하여 지식인들 자신이 직접 사용했다는 점에서 내부의 시선에 입각해 있다는 사실에 유의할 필요가 있다. 요컨대 국가신도와 신사비종교론은 외부와 내부의 관계에 있으면서 서로 맞물려 있는 쌍개념이라 할 수 있다. 그런데 국가신도라는 용어를 사용하지 않고 신사비종교론을 논할 수는 있어도 그 역은 성립하기 어렵다. 이런 의미에서 이 글에서는 국가신도의 정의 문제로부터 우회하여 신사제도를 중심으로 국가신도의 형성과정을 살펴보았고, 나아가 신사비종교론의 다양한 맥락에 대해 검토함으로써 일본 근대 국민국가에 있어 신사는 무엇이었나를 고찰하는 회로를 택한 것이다. 이 글에서 밝히고자 하는 이 궁극적인 물음과 관련해서는 세 가지 관점에서의 이해가 가능할 것이다. 신사제도의 관점, 종교 개념의 관점, 국민국가 개념의 관점이 그것이다.

첫째, 신사제도의 관점에서 볼 때 근대일본 국민국가에 있어 신사는 '국가의 종사,' 즉 국가의 제사를 담당하는 제사시설로 새롭게 자리매김되었다. 메이지 시대 신사제도의 개혁을 간과한 채 현대일본의 신사를 생각할 수 없는 것이 사실이다. 게다가 신사의 존재의미 가운데 가장 중요한 요소라 할 수 있는 제사형식도 메이지 유신 이후 많이 바뀌었다. 메이지 정부는 신사의 사격을 정비함과 동시에 신사제사도 전국적으로 통일시켰던 것이다. 이를 역사적으로 연속성을 가지는 '신사의 공공성'이라고 높이 평가하는 입장도 있지만,[33] 신사에 대한 통일적인 국가관리가 시대와 지역에 따라 다양하게 살아온 민중의 삶이 배어 있는 신사의 다양성과 일상성을 심각하게 훼손시킨 측면 또한 함께 고려되지 않으면 안될 것이다.[34]

둘째, 종교 개념의 관점에서 볼 때 근대일본 국민국가에서 신사는 서구적 종교 개념과는 상이한 일본적 종교 개념과 일본형 정교분리가 정착할 수 있게 하는 데 핵심적인 매개역할을 했다. 이런 입장과 관련하여 근대 국가신도라는 사회체제는 서양의 종교 및 정교분리 개념이 일본사회에 정착하는 과정에서 그런 서양화에 대해 일본사회가 반발적으로 보여준 하나의 반응이었다고 보는 연구도 나오고 있다.[35] 이와 관련하여 이소마에 준이치(磯前順一)는 국가신도라는 말을 "신사를 통해 천황제 내셔널리즘을 국민에게 교화시키고자 했던 전전의 사회체제"라는 의미로 쓰면서, 그것을 "일본사회가 서양 근대화의 파도 앞에서, 한편으로 그리스도교에 대항하는 형태로 일본의 토착신앙과 전통적인 궁중제사를 결부시키면서도 동시에 그것을 서양적인 정교분리 및 국민국가의 이념과 합치시키기 위해 변화시켜 나가고자 했던 종교정책"으로 이해하고 있다. 그런 국가신도를 정당화하기 위해 취해진 논리가 바로 신사비종교론이었다는 말이다. 그리하여 신사비종교론은 신사를 종교가 아니라 공공도덕에 속한 것으로 규정함으로써 그리스도교와 불교 등 개인의 종교적 신조와 상관없이 신사숭경을 국민들에게 강제할 수 있었다는 것이다.[36)]

셋째, 국민국가 개념의 관점에서 볼 때, 근대일본의 신사는 국민국가의 본질적인 종교성과 제사성에 있어 가장 효과적인 대응물로 간주된다. 국가신도는 과거만의 문제가 아니라 현대 일본사회의 핵심적인 문제이기도 하다는 고야스 노부쿠니(子安宣邦)에 의하면, 일본 근대국민국가는 신성한 천황국가를 목적으로 삼은 이념적 구성물에 불과하다. 이때 주목할 것은 그런 근대국민국가가 세속적인 국가권력 자체의 성립과 영속을 위해 제사를 지냈다는 점이다. 이와 같은 국가의 제사성은 일본 근대국민국가에 있어 정교분리 원칙을 넘어서서 국가 자체가 내포했던 종교성이며, 야스쿠니 신사야말로 국가의 종교성과 제사성을 단적으로 드러내 보여주는 사례라는 것이다. 일본 근대국민국가는 국가를 위해 싸우다 죽은 사자의 영속성을 위해 제사를 지냈다. 그런데 일본은 신도적 제사를 지냈다는 점에서 특수성을 갖지만, 국가의 종교성과 제사성이라는 문제 자체는 결코 근대일본에만 특유한 문제가 아니며, 그것은 서구 근대국민국가 일반에 대해서도 말할 수 있다는 것이다. 그러니까 중요한 것은 이런 근대국가의 제사성이라는 보편적 문제를 전제로 하면서, 일본이 근대국민국가로서 그 종교성과 제사성을 어떻게 성립시켰는가를 규명하는 데 있다. 요컨대 국가신도와 신사비종교론의 문제는 곧 일본 근대국민국가에 내포된 제사성과 종교성의 문제라는 것이다.[37)]

일본 근대국민국가에 있어 신사가 무엇이었는가를 보다 입체적으로 이해하기 위해서는 이상의 세 가지 관점이 모두 필요할 것으로 보인다. 이때 우리는 국민국가도 신사비종교론과 마찬가지로 양면성을 지니고 있다는 점에 유의해야 할 것이다. 즉 국민국가는 정교분리를 그 기본적인 구성원리로 하면서도 동시에 통합된 국민의 창출을 위해 종교를 필요로 한다. 근대일본 국민국가의 경우 이런 양면성은 신사비종교론을 통해 '제사와 종교의 분리'라는 매우 독특한 방식으로 표출되었다. 결국 국가신도의 모순은 국민국가(Nation State)라는 서구적 테제가 근대일본에 수용되는 과정에서 국민국가를 구성하는 두 요소, 즉 국민(Nation)과 국가(State)가 신사 혹은 종교와 결부되면서 생겨난 모순이 아니었나 싶다.

무상과 무상법:
와쓰지 데쓰로의 국가론을 둘러싼 고찰

이이화*

1. 관점의 문제

사상사의 모든 물음이 그러하듯 국가에 대한 물음 역시 '나,' 총체적으로는 '인간'을 근저로 한다. 그러기에 고찰 당사자가 보여주는 관점은 그들의 인간 이해만큼 다양하다. 와쓰지 데쓰로(和辻哲郎)의 근대국가론은 물론이요, 그의 사상이 다양한 각도에서 고찰되고 또한 그 수만큼 현재 우리에게 다양한 각도에서 제공되는 것은 관점의 다양성이라는 관점에서 생각하면 지극히 당연한 전개이다. 우리는 이러한 관점의 다양성을 언어를 선택하고 그 언어에 자신을 담는 사상가의 작업 속에서 손쉽게 엿볼 수 있다. 관점의 다양성은 우리가 통상 인지하는 언어의 안쪽, 달리 말하면 한 단어의 뒷면에서 활개 치는 수많은 가능성이 활자로 고정된 한 사상을 다시 여러 언어로 번역하며, 또한 그것의 활자화가 다른 가능성을 배제해 가는 과정의 연속 속에서 경험된다. 이처럼 관점의 다양성은 지금 현재 내가 나인 까닭은 내가 지닐 수 있는 수많은 또 다른 나의 가능성을 지금 현재 내가

* 1969년에 태어났다. 이화여자대학교 철학과를 졸업하고 도쿄대학 윤리학과에서 석사 및 박사 학위를 받았다. 현재 한국 외국어대학교 강사이다. 저서로『よみがえる和辻哲郎』(공저), 『위대한 아시아인』(공저)이 있고, 주요 논문으로 「國學と人倫」, 「국학의 관점에서 본 일본인의 삶과 사상」 등이 있다.

배제함으로써 나인 것처럼 수많은 타(他)를 예상하고 있는 것이다.

하지만 통상적인 우리의 삶은 삶 속에 열려 있는 수많은 가능성 중 오직 하나를 자신으로 선택하고 그것을 필연으로 간주하며 살면서도 이것을 인식하지 못한다. 마치 어제의 나와 오늘의 나가 무상의 법칙을 거부한 동일아(同一我)라도 되듯 말이다. 우연, 변화 등등에 대항하며 기필코 필연의 법칙을 만들고 마는 것, 이것이 우리의 통상적인 삶이라는 말이다. 이는 한 사람의 사상이 그 사람은 물론, 왜 수많은 관점 속에 등장할 수밖에 없는가에 눈을 돌리지 않고는 사상에 대한 올바른 접근 자체를 기대하기 어렵다는 것을 뜻한다. 관점의 다양성이라는 근원에 눈을 돌리지 않음은 내가 내 자신의 근원을 모른 체하는 것과 동질의 사건이기 때문이다. 자신의 수많은 가능성 중 단 한 가지 가능성만이 오직 내가 나로서 살아갈 수 있는 길이라 할지라도 이러한 인식이 또 다른 나의 가능성에 대한 인지 위에 서 있느냐 아니냐는, 나와 나의 또 다른 나로서 타인을 보는 관점을 180도 돌려놓는다. 관점의 다양성과 상대성은 내 속에서 끊임없이 나를 위협하는 또 다른 나처럼 어쩌면 지극히 당연한 삶의 모습인 까닭이다. 그러기에 문제는 오직 이러한 사건을 경험하는 인간들로 돌아간다.

이것은 와쓰지의 근대국가론 그리고 그의 사상을 고찰하는 우리 역시 잊어서는 안되는 기본원칙일 것이다. 따라서 이 글은 그의 국가론의 문제를 그가 경험한 인간의 문제로서 고찰해 가고자 한다. 그가 우여곡절 끝에 선택한 하나의 필연이 근대국가 일본을 어떤 식으로 도식화했고 그 속에 살아 움직이는 구체적 힘은 무엇인가, 이것을 명확히 하는 것이 이 글의 주제이다.

2. 와쓰지의 관점

와쓰지의 사색방법의 특징은 무엇보다도 자신의 몸속에 생생히 살아 움직이는 역사를 통해 인간을 바라보고 현재를 살아가야 하는 자신을 응시한다는 점에 있다. 자신의 몸을 타고 흐르는 역사를 통해 인간을 바라봄은 지금도 더불어 살고 있고 또한 살아가야 하는 구체적 존재, 즉 추상적·보편적 인간이 아닌 지금을 살고 있는 인간 속에 담겨 매순간 표출되고 있는 살아 있는 역사가 그의 관심이라는 말이다. 눈앞에 생생히 표출되고 있는 인간의 모습, 구체적으로는 역동적 인간관계가 내뿜고 있는 표현들을 간과하고서는 나 자체 혹은 너 자체를 묻는 물음에 들어설 수 없다는 것, 이것이 그의 기본입장이라는 말이다. 살아 움직임에 주목함은 그가 인간을 단지 관찰대상, 달리 말하면 단지 객관적 관찰로서는 파악되지 않는 구체적 존재임을 이미 그 자신이 감지하고 있었음을 뜻한다. 과학적 방법론이 발견한 생리적 인간, 더 나아가 관계로부터 절단당한 개인적 나도 아닌 이 땅에서 더불어 살고 살아왔던 자들이 형성해온 표현들을 통해 인간을 바라보는 것, 이것이 그가 인간을 묻는 제1원칙이다.

이런 그의 사색방법은 나는 어디서 왔으며 또한 어디로 가는가라는 형이상학적 물음을 자신의 일차적 물음대상에서 제외시키는 제2원칙으로 이어진다.[1] 그의 불교 관련 저서 중 특히 『원시불교의 실천철학』[2]은 이 문제를 생각함에 있어 매우 시사하는 바가 크다. 사실 인간을 바라보는 와쓰지의 기본시각이 그의 불교연구를 통해 형성되었음은 이미 다른 논문[3]을 통해 수차례 지적한 바 있다. 그럼에도 불구하고 이 글에서 와쓰지의 불교연구에 주목하는 까닭은 와쓰지가 어떤 연유에서 나는 어디서 왔으며 또한 어디로 가는가라는 형이상학적 물음을 그의 일차적 물음대상에서 제외시키게 되었으며, 결국

에는 근대국가 일본을 삶의 궁극적 장소로 확정하게 되었는가를 알
아보기 위해서이다.

원시불교(이하 불교로 총칭)의 특징은 무엇보다도 인간을 어떤 본
질적 존재로 규정하지 않는다는 데 있다. 오히려 주제는 현실 속 자
신의 모습이 어떠하기에 이토록 고통스러운 삶이 수반되는가를 보여
줌으로써 그 고통에서 자유로워지는 행복한 삶을 제시하는 데 있다.
여기서 제기되는 물음들이, 인간은 본래 마음이 고요한가 어떤가, 인
간은 본래 선한가 악한가라는 문제와 일정한 거리를 두는 것은, 이처
럼 불교의 주제가 처음부터 인간의 본질 구명과는 동떨어져 있기 때
문이다. 중요한 것은 주어진 삶이 어떤 존재양식하(제약)에 있기에
이 삶이 이토록 고통스러운가, 더 나아가 이런 제약 자체는 도대체
무엇을 근원으로 하는가이며, 이러한 층층의 물음에는 그 층들을 우
리가 제대로 볼 수만 있다면 이러한 봄을 실천함으로써 정의 자체가
불가능하나 지고의 행복(해탈)을 이 세상에서 누릴 수 있다는 기대가
반영되어 있다. 이 세상의 진리를 보면 인간은 진정 행복해지리라는
것, 이것이 부처가 출가한 이유인 동시에 그가 다시 우리의 삶 속으
로 들어온 이유이며 아울러 우리가 그에게 끌리는 이유일 것이다. 그
리고 여기서부터 무엇이 진리인가라는 물음이 시작된다.

우선 『원시불교의 실천철학』에는 나의 유무(有無) 등등을 논하는
형이상학적 문제에 대해서 부처가 침묵하는 것은 이런 질문이 법
(法)에 상응치 않는 참다운 철학적 문제가 아니기 때문이며, 따라서
이런 물음이 해탈을 위한 진실한 인식방법이 아니라고 명시되어 있
다(5권, 92-94). 또한 『숫타니파타』에는 욕망(속박이자 집착)이 형이
상학적 독단(편견)을 낳으며(866-867), "진정한 수행자는 다른 사람
에게 이끌려가지도 않으며 또 이 모든 것에 대해 단정을 내려 고집하
지도 않는다. 모든 논쟁을 초월해 있으며 다른 여러 가르침을 특별히

우러러보지도 않는다"(907)고 되어 있다.[4] 이는 형이상학적 문제에 관한 인간의 철학적 사유형태에 깊숙이 뿌리박혀 있는 숙명적 모순을 이미 부처가 주시하고 있었음을 시사한다. 이러한 주시 위에서 우리의 일상생활을 성립시키는 범주, 달리 말하면 우리의 소박한 현실세계의 경험이 따르는 질서 및 그것의 가능 근거에 관한 설법이 행해졌다는 말이다. 이것은 무엇이 진리인가라는 물음에 우리의 소박한 현실세계의 경험이 의거하는 질서가 그 통로 역할을 제공하고 있음을 보여준다.

와쓰지의 원시불교 연구를 보면, 우리의 일상생활을 성립시키는 범주(질서)는 오온·육입처·연기이나 이것들은 직접적으로는 진리와 관계없는 우리의 상식적 경험을 가능하게 하는 범주라고 되어 있다. 오온·육입처·연기는 단지 소박한 현실존재의 사실적 모습을 성립시키는 틀이며 이 틀을 제대로 보는 곳, 달리 말하면 이 틀이 어떤 식으로 우리의 일상을 제약하고 있는가를 제대로 보는 곳에 참다운 인식이 있다고 보는 것이다. 와쓰지는 우선 오온·육입처·연기를 제대로 봄은 우리가 경험할 수 있는 일체가 시간적(변화생멸함)으로 존재함을, 즉 무상의 원리 속에 있음을 봄이라 말한다(5권, 113). 변화생멸함이 존재자의 존재양식이라는 말은 여기에 고집할 자기동일성을 지닌 나는 없다는 것, 즉 집착된 나는 내가 아님(非我·無我)을 뜻한다. 내가 범부·중생이라고 불리는 이유를 무엇보다도 일상생활 속의 일체가 매순간 시간적 존재양식 속에 있음을 모르고 있다는 데서 찾고 있는 것이다. 그러기에 나에 집착하고 이 집착이 좌절될 때 고통을 느낀다는 말이다. 윤회를 꿈꾸고 고통받는 중생의 원인을 법에 대한 무지에서 찾고 있는 것이다.

윤회는 이것이 업(과거의 행위의 결과)에 의한 것이든 무엇이든, 단도직입적으로 말하면 살아서도 죽어서도 자기동일성을 유지하고자 하는 인간 최대의 욕망이다. 하지만 삶의 매순간이 변화생멸 즉 무상의 진리로 관철되고 있는 곳에서 사후는 과연 어떤 의미가 있는가. 무상이 삶의 매순간을 비추는 한, 사후의 문제는 육체적 사후가 아닌 순간의 멸, 즉 현재의 매순간으로 이동한다. 자기에 대한 집착·욕망이 윤회의 본산지인 한 윤회는 단순히 사후의 문제가 아닌 매순간 우리에게 일어나는 현재의 문제이기 때문이다. 오온·육입처·연기라는 존재방식에서 나를 고집하는 삶이 윤회인 것도 바로 이 때문이다. 여기서부터 오온·육입처·연기, 즉 윤회를 보는 것이 고통의 생겨남을 보는 것이요 동시에 고통의 없어짐을 보는 것이라는 입장이 열리게 된다. 결국 모든 고통은 오온·육입처·연기, 즉 현실존재의 존재방식의 무상을 모르고 거기에 집착하는 무지(無知)에서 비롯된 것이며 이 무지 때문에 나는 범부가 되는 것이다. 와쓰지는 이처럼 범부로서의 인간의 존재양식을 제시한 후 이러한 존재양식을 없애 가는 길에서 인간학이자 윤리학으로서의 불교의 가능성을 제시한다. 풀어서 말하면, 고통 속에 있는 인생의 사실적 모습을 제대로 볼 때, 이 고통을 없애 가는 길, 즉 행복을 향한 길이 비로소 내가 걸어가야 할 길(당위)로서 나타난다는 말이다. "진정으로 안다는 말의 뜻은 됨"(5권, 260) 속에 있으며 따라서 "진실된 인식은 체현"(5권, 167)이라는 와쓰지의 말은, 최종적으로 그가 지향한 진리가 그의 학적 탐구과정에서 어떤 모습을 띠고 나타날지를 예상하게 한다.

　정리하자면 첫째, 와쓰지에게 진리는 어디까지나 이 땅에 살아가고 있는 우리의 삶 속에 체현되는 주체적 진리이고, 둘째, 이러한 진리는 우리의 행복한 삶과 직결되는 진리이며, 따라서 셋째, 이러한 진리는 현실 속의 우리를 통로로 해서 찾아갈 수밖에 없으며, 넷째, 사후·생전의 문제, 더 나아가 우리는 무엇 때문에 태어났는가라는 등등의 문제는 적어도 와쓰지의 직접적인 관심대상은 아니라는 점이 여기서 확인되면 충분하다.

3. 문제제기

와쓰지의 관점에 관한 고찰은 그의 주요 관심이 추상이 행해지기 이전의 구체적 인간 삶에 있으며, 이러한 삶의 모습을 통해 그 속을 관통하는 인간의 진리를 보고 체현함에 있음을 여실히 보여준다. 그렇다면 와쓰지는 도대체 어떤 방법을 통해 인간존재의 진리에 접근하고자 했는가. 앞서 언급했듯이 『윤리학』에는 주체적인 인간의 표현물, 예를 들면 언어 같은 문화적 표현을 통해 그 속에 담겨 있는 인간의 동적 움직임을 바라보고 그 속에서 찾은 인간존재의 진리를 지금의 이 삶 속에서 능동적으로 실천하고자 한 와쓰지의 모색이 엿보인다. 여기서는 한 예로 인간(人間)이라는 말에 대한 그의 분석을 들어보기로 하자.

> 일본인이 받아들인 중국 문예·불교 경전에도 인간은 항상 세상·세간의 뜻으로 쓰이고 있다. (그런데) 일본인은 긴 역사생활을 통해 이 말을 개체적 사람의 뜻으로 전용하기에 이른다. ……(중요한 것은) 어떤 매개에 의한 것이건 세상(전체)을 의미하는 인간이라는 말이 사람(개인)이라는 뜻을 짊어지기에 이르렀다는 역사적 사실이다. 인간은 세상이면서 세상 속에 있는 사람이다. 단순히 개인인 것도 아니며 단순히 사회인 것도 아니라는 말이다. 인간은 이러한 이중성격의 변증법적 통일인 것이다.(10권, 17)

그는 이처럼 인간이라는 말 속에 인간의 개별성과 전체성의 계기가 결코 따로따로가 아닌 변증법적으로 통일되어 있음을 보고 있다. 이어서 "사람은 주체적으로 행위함 없이는 어떤 관계 속에도 있을 수 없고 또한 어떤 관계 속이 아니면 행위 자체가 불가능하다"(10권, 20-21)는 그의 말은, 끊임없이 개인을 생산하면서 그 개인을 전체 속으로 사라지게 하는 행위적 연관 있음에서 없음으로 없음에서 있음으로의 행위적 전환 속에 인간이라는 말이 역사적으로 형성되었음을 보여줌으로써 인간은 어디까지나 인간관계(전체) 속에서 살아가는 나(개인)이지 이 관계를 떠난 곳에 인간은 없다는 입장을 분명히 하고 있다. 이것은 동적 관계 속에서 되어가는 주체가 바로 그가 본 인간임을 보여주는 것으로, 그는 이러한 인간의 '되어감'을 우리의 '행위'를 통해 지적한다.

핵심부분(10권, 246-256)을 요약하면, 인간은 태어남과 동시에 일정 사회 속에 포섭되고 그러는 한 이미 형성된 다른 관계 속에 태어난다. 따라서 행위는 반드시 기존의 인간관계를 등에 업고 가능한 인간관계를 형성하는 방향으로 움직인다. 흘러간 과거는 소실됨 없이 변모된 과거로서 매우 특수하게 현재 우리의 행위양식을 규정한다는 말이다. 인간관계가 이루어지는 장소에서 과거의 인간관계에 규정되면서 미래의 인간관계로 움직여가는 운동, 이 속에 구체적 행위가 있다는 말이다. 과거의 인간관계를 부정함은 이미 형성된 전체성에 대한 배반 즉 부정으로 개인이 드러나는 장이기는 하나, 이 개인 또한 미래의 인간관계를 향해 움직이는 한 이 개인은 전체성을 회복하는 운동의 방향으로 돌아간다. 이러한 부정의 운동 속에 있는 것이 인간이며, 인간이 근원적으로 이러한 부정의 운동 속에 있다는 것은, 인간존재의 근원이 부정 그 자체 곧 절대적 부정성이며, 이러한 부정 그 자체로 '돌아감' 속에 인간의 '되어감'이라는 사태가 일어난다는 말이다.

이처럼 와쓰지는 우리가 일상생활 속에서 이미 무의식적으로 실
천하고 있는(실천적 이해) 이러한 관계형성의 장면들을, 역사적으로
표현된 표현물들을 통해 의식화하고 자각화하는 노력을 하고 있다.
이것은 이러한 무자각적 과정이 자각화됨으로써 비로소 당위로서 내
가 걸어가야 할 길이 명확해지기 때문이며, 이 자각 속에 단지 '있음'
이 아닌 '됨'이라는 진정한 인간의 모습이 열리리라 확신했기 때문일
것이다. 인간이 되어감은 이미 관계 속에 내재한 인간의 존재양식이
자각된 것이지 우리의 일상과 양태 면에서는 별 차이가 없다. 하지만
부처의 깨달음이 우리의 일상을 어떤 식으로 변모시켰는가를 떠올려
보면 자각 이전과 이후는 의식의 질적 전환이자 인간의 전환으로서
의 의미를 띠게 된다. "만일 우리가 진정으로 자신의 진상이 공(空)
임을 깨달았다면 여기엔 바로 자타불이의 행(行)이 현전되고, 이것
은 자비의 실천으로 드러난다"(10권, 317)는 그의 말은 자각의 입장
이 일상 속에 어떤 식으로 되어가는 존재인 인간의 등을 떠밀고 있는
가를 역력히 보여준다. "개인도 전체도 그 진상(眞相)은 공(空)이며
이게 절대적 전체성이다. 이 근원에서부터 부정의 운동으로 인간존
재가 전개된다. 부정의 부정은 절대적 전체성의 자기귀환적 실현운
동이며 이게 인류이다"(10권, 26)는 실로 이러한 자각의 입장을 정식
화한 것이다. 공을 실천할 장소 곧 "사적 존재인 나를 멸하는"(去私滅
我)(10권, 591) 부정의 운동이 실현될 장소는 어디인가라는 물음은
바로 이러한 자각의 입장에 기초하여 대두되고 있는 것이다.

　이 글에서는 이 문제를 인간존재의 진리로서 무상과 무상이 실현
되는 장소의 문제로서 논할 것이다. 이것은 인간존재의 질적 전환을
꾀한 『원시불교의 실천철학』과 인간존재의 장소로서 『풍토』를 고찰
함으로써 왜 『윤리학』에서 와쓰지의 근대국가론이 폐쇄적 국가론으
로 끝날 수밖에 없었는가를 보려고 하는 시도이다.

4. 무상

1) 무상법

무상법을 고찰함에 있어 우선적으로 구별을 요하는 점은 무상관(無常觀)과 무상감(無常感)의 차이다. 경전에 셀 수 없이 등장하는 "(색 등) 무상은 성제자만이 보는 진리요, 이것을 보면 욕탐을 떠나 해탈하게 된다"[5]의 무상은 우리가 흔히 떠올리는 인생무상 등등의 무상감 곧 존재자의 무상일 수는 없다는 점에 먼저 유념할 필요가 있다. 왜냐하면 만일 무상이 모든 존재자가 일상생활 속에서 경험하는 변화생멸에 대한 감상적 느낌만이라면, 이건 범부라도 경험 가능한 일이며, 오히려 이런 경험이 있기에 무상이 고(苦)로 다가오고 거기서 벗어나고자 발버둥치는 것이기 때문이다. 성제자만이 보는, 달리 말하면 범부들이 모르는 해탈과 직결되는 무상은 무엇인가라는 물음은 바로 여기서 등장한다. 일상적 경험 속의 무상이 아닌 불교의 진리로서 무상, 달리 말하면 자각적 입장이 보는 무상은 무엇인가를 와쓰지의 사상을 통해 확인하는 것, 이것이 우리의 첫 번째 과제이다.

　우선 여기서는 와쓰지에 직접 부딪치기에 앞서 고바야시 히데오의 말을 통해 무상이라는 말의 폭과 질을 확인해두고자 한다. 그는 에세이 「무상이라는 것」[6]에서 "이 세상이 무상하다는 것은 결코 불교의 설법 같은 게 아니리라. 그것은 언제, 어떤 시대에도, 인간이 처한 일종의 동물적인 상태이다. 현대인들은 가마쿠라 시대 어딘가에 살던 풋내기 여자만큼도 무상을 알지 못한다. 항상 존재하는 것을 미처 보지 못했기 때문이다"라고 말한다. 여기서 고바야시에 주목하는 것은 불교의 무상을 이해함에 있어, 이 세상이 무상하다는 것은 결코 불교의 설법 같은 게 아니라고 말하는 그의 말 속에 역설적으로 불교의 무상이 가리키는 바가 찬란히 그 빛을 드러내고 있기 때문이다.

이 말은 우선적으로 불교의 진리로서 무상을 부정한 말이라기보다는 말로 드러난 불교의 설법 이전에, 달리 말하면 무상에 관한 개념이 아닌 무상 그 자체에 직접 부딪치고자 하는 그의 의지 표명으로 이해된다. 뒤에 언급하겠지만 "무상은 인간이 처한 일종의 동물적 상태"라는 그의 말은 역설적이나 무상을 직선적 시간으로 이해하는 것, 달리 말하면 다시는 돌아오지 않는, 아니 다시는 돌아올 수 없는 죽어버린 시간으로만 과거를 보는 이해방식에 대한 강한 부정적 의식의 표출로 보인다. "죽어 버린 인간처럼 제대로 된 인간의 형상을 하고 있는 것은 없으며 그리고 보면 살아 있는 인간이란 인간이 되어가는 일종의 동물일지도 모른다"는 연이은 말들은 무상을 직선적 시간으로 받아들이는 일상의 우리에 대한 그의 통렬한 비판을 떠올리지 않고는 도저히 이해되지 않는 내용이다. 우리를 이러한 일종의 동물스러움에서 구해주는 것은 기억이 아니라 잘 떠올림 속에 있으며 "많은 역사가가 일종의 동물스러움에 머무르게 되는 것은 머릿속을 기억으로 가득 채우기 때문에 마음을 비우고 떠올릴 수 없기 때문이 아닐까"라는 그의 말은 이를테면 일상적 우리에 대한 경고이자 우리가 불교의 무상을 어떤 자세로 받아들여야 하는가에 대한 그의 염려를 담고 있다. 기억이 아닌 잘 떠올림 곧 상기(想起)의 논리의 등장이다.

그의 말들에는 확실하게 항상 존재하는 것을 봄 없이는 무상을 결코 알 수 없으며, 따라서 무상은 지나간 과거의 사실만으로 머리가 가득 찬 자에게는 무연한 것, 달리 말하면 죽을 때까지 볼 수 없는 진리임이 시사되어 있다. 위의 "이 세상이 무상하다는 것은……언제, 어떤 시대에도, 인간이 처한 일종의 동물적인 상태이다"라는 그의 말은 말하자면 "자기 일이든 타인 일이든 제대로 모르는 상태, 시간을 과거에서 미래로라는 일직선적 흐름 속에서만 보는 상태"의 무상이며, 이 상태에서는 이 세상이 무상으로 보이나 이것은 어디까지나 동물적 상태의 눈에 그렇게 비친다는 뜻이다. 항상 존재하는 것을 보지 못하는 현대인의 눈은 인간의 심안(心眼)이 아닌 동물적 육안(肉眼)에 불과하며 그들은 이 세상을 무상하다 말하지만 이것은 생리적 육안에 비친 이 세상을 말하고 있을 뿐이라는 말이다. 위의 문장에 보이는 이 세상의 무상이라는 말과 동물적 상태의 결합은 결국 이 상태에서는 성제자가 보는 무상이 드러나지 않음을, 눈 뜬 장님으로서 우리를 시사하고 있는 것뿐이다. 이러한 고찰은 고바야시가 말하는 사실의 기억만으로 머리를 가득 채우는 시간적 존재자가 궁극적으로는 불교의 범부이며, 불교의 무상이 아닌 무상은 바로 이런 범부의 눈에 비친 무상임을 시사한다.

이러한 이중의 무상이 와쓰지의 경우 각자와 범부라는 이중의 인간존재를 통해 논해지고 있는 것이다. 이 글에서는 해탈 후 "이제 더 이상 이 존재는 없다"(5권, 167)고 설한 부처의 말에 대한 그의 이해 속에서 그의 무상관을 찾아가 보고자 한다. 와쓰지는 이러한 부처의 말을 "윤회가 끝났음을 의미하는 게 아니라 이러한 존재(범부적 존재 양식)가 지양되어 새로운 상태가 실현된 것"을 뜻하며 따라서 "이러한 인식은 단순히 이론으로 멈추지 않는"(5권, 168) 실천적 인식임을 명언한다. 이러한 존재란 "무상을 쾌락과 대비되는 고통으로 받아들이는 삶, 시간적 존재자로서의 삶, 자연적 입장의 삶"(5권, 167)으로 쉽게 말하면 범부의 삶이되 범부가 모르는 자신의 삶의 양식이다. 따라서 이러한 존재의 지양은 당연히 범부가 모르는 범부 자신의 존재 양식을 보고 그럼으로써 범부가 아님이 되는 사태를 뜻한다. 변화생멸을 뜻하는 무상을 고통으로서 받아들이던 시간적 존재자가 바로 지금 이 심신에서 사라지는 사태가 바로 "이제 더 이상 이 존재는 없다"는 말이다.

와쓰지가 "이제 더 이상 이 존재는 없다"는 말을 "윤회의 끝남"으로 한정지어 말하지 않은 것도 이런 맥락 속에서 비로소 이해할 수 있다. 첫째, 윤회가 나에 집착한 무지의 입장에서 몽상되는 시간적 존재양식인 한, 깨달은 자에게 사실 윤회는 원래 시작될 것도 없고 끝날 것도 없는 범부의 환영에 불과하기 때문이다. 윤회가 더 이상 의미를 갖지 못한다는 말이다. 여기서 윤회의 끝남을 이번 생의 끝으로 망상하고 이러한 끝남에도 불구하고 여전히 눈앞에 현전하는 부처의 육신 앞에서 우리가 당혹스러워한다면 이러한 우리에게는, 둘째, "더 이상 이 존재는 없다"에 함축된 '존재(범부)의 지양'이라는 새로운 삶의 모습이 눈에 보이지 않기 때문이다. 오온 등등의 법들에 의거하여 살아가던 존재양식의 멸 곧 이것들을 나라고 간주하며 집착했던 삶이 사라지는 순간 "이 존재는 없다"와 함께 "이 존재가 아님"이라는 형식을 통해 다시 말하면 무상의 양식을 떠난 무한한 주체의 가능성이 열림을 보지 못한다는 것이다. 와쓰지가 말하는 성제자만이 보는 진리로서 무상은 이처럼 "무상의 양식을 떠난 무상"[7]이 아니고는 도저히 이해되지 않는다.

의식의 전환이 삶 전체를 뒤집고 그 속에서 비아(非我, 이 존재는 없다)로서의 삶이 시작되는 곳에 육체적 생사는 도저히 들어올 수 없다. 무상법을 사는 주체가 이처럼 육체적 생사를 떠나 있는 한, 비아(非我)로서의 삶에 범부의 나와 너의 구별은 끼어들 틈도 없다는 말이다. 부자관계, 남녀관계 속에 있는 사적(私的) 정애(情愛)가 비아적 삶에서 자타불이의 자비로 전환되는 것은 바로 이러한 자각의 입장 위에서인 것이다. 법 속에서 나의 부정(非我)을 보는 것, 어떤 법에 취착함 혹은 취착됨도 없는 세계에서는 이것만이 옳다고 주장될 특수한 법은 없다. 즉 모든 법의 무상을 본다는 것은(諸行無常) 이러한 법 속에 내가 없음을 보는 것이요(諸法無我), 무차별(自他不二)을 실현하는 자비는 이런 봄이 자연히 나아가는 진리의 길이라는 것, 이것이 와쓰지가 무상을 보는 눈이다.

와쓰지가 『윤리학』에서 나(개인)를 멸한 자타불이의 전체성을 인류의 길로 제시한 것은 그가 불교를 하나의 실천철학으로 이해한 것과 동일 구조 위에 있다.[8] 와쓰지의 인륜체계는 이처럼 무상법에 사는 자를 주민으로 삼는다. 나는 어디서 왔으며 어디로 가는가라는 문제는 무상을 보는 것 외엔 근본적인 답이 없다. 그리고 이처럼 오는 자도 가는 자도 없는 곳에서는 오직 있는 그 자리에 드러난 진리를 어떻게 구체적으로 실천해야 하는가만이 문제로 등장한다. 그리고 여기서부터 이처럼 깨달은 자가 왜 한 국가의 주민, 달리 말하면 있는 자리를 한정당한 국민이어야 하는가라는 우리의 물음이 시작된다. 즉 무상법의 실천장소, 이것을 명확히 하는 것이 우리의 두 번째 과제이다.

2) 무상법의 적용범위

자타불이의 실천이 궁극적으로 인간존재의 전체성을 지향하는 한 이 실천은 기본적으로 자비가 전 인류로 침투될 때까지 멈추지 않는 것이 구조상의 원칙일 것이다. 하지만 와쓰지는 이러한 무한정 확대가 현실상의 인간에게는 이념으로서만 가능할 뿐 실상은 불가능하다는 입장을 내세운다. 보편으로서 인류라는 이념과 특수로서 국민(인간존재의 유한성)의 관계에 주목하고 있는 것이다. 이러한 문제를 가장 구체적으로 논한 저서가 바로 『풍토』[9]이다.

여기서는 『풍토』 서론(8권, 19-20)을 통해 대략적이나마 와쓰지가 말하는 풍토의 이미지를 소개해 두고자 한다. 먼저 와쓰지는 인간의 역사적 존재가 어느 국토 어느 시대의 인간존재인 것은 인간이 단지 일반적으로 과거를 짊어지는 것이 아니라 특수한 풍토적 과거를 짊어지기 때문이라 말하며 다음과 같은 예를 제시한다. 우리들은 추위나 더위에서 자기를 이해함과 동시에 자기의 자유에 기반하여 막기 위함이라는 일정한 방향을 취한다. 추위·더위의 계기 없이 자발적으로 의복을 만들지는 않는다는 말이다. 여기에는 이미 풍토적인 자기 이해가 나타나 있다. 바로 그 때문에 의복은 따뜻하게 혹은 시원하게 등등으로 제작된다라고.

여기엔 첫째, 풍토가 단순한 자연현상이 아닌 인간이 자신을 이해하는 방식으로서 자기 발견 즉 자기의 객체화이며, 인간존재의 구체적 존재방식이 특수적으로 자각된 모습이라는 와쓰지의 입장이 분명히 드러나 있다. 풍토는 인간의 발길이 닿지 않는, 즉 인간 삶과 아무런 연관도 없는 추상적 개념의 자연, 더 나아가 자연을 자연환경으로서 고찰하는 입장도 아닌, 어디까지나 인간이 역사와 함께 자기를 이해하는 방식이라는 것, 이것이 와쓰지의 풍토 개념임에 유념할 필요가 있다.

두 번째로『원시불교의 실천철학』과 연관하여 주목할 점은, 풍토는 인간존재의 구체적 존재방식이 특수적으로 자각된 모습이라는 그의 말에서도 알 수 있듯이,『풍토』는 범부가 다양하게 파악한 그들 삶의 사실적 모습을 주제로 한다는 점이다. 따라서 여기서 이야기되는 풍토현상은 기본적으로 당위적 가치가 아닌 인간이 현실 속의 구체적 삶을 통해 추구한 사실적 가치와 직접적으로 연관되어 있다는 점에 주목할 필요가 있다. 사실적 가치란 그것이 어떤 영역이건 삶의 욕구에 따라 형성된 것으로 우리의 집착으로부터 자유롭지 못한 가치(명예, 부 따위)를 뜻한다. 그리고 여기서부터 왜 와쓰지가 이러한 구체적(특수적) 존재방식 속에 종교를 자리매김하였는가라는 우리의 물음이 시작된다. 왜냐하면 "우리는 이러한 풍토의 현상을 문예·예술·종교·풍습 등 모든 인간생활이 낳은 표현 속에서 발견할 수 있다. 풍토가 인간의 자기이해(了解)의 방식인 한 이것은 당연한 일이다"(8

권, 13)라는 그의 말은 액면 그대로 보아서는 그의 불교관(진리관)과
상충될 뿐만 아니라 그가 인간존재의 근원으로 본 절대공마저 이해
불능 영역으로 만들어버리기 때문이다.

　우선 여기서는 『윤리학』을 통해 위의 와쓰지의 발언이 과연 어떤
관점 속에서 나오고 있는가를 확인해 두고자 한다.

> 종교도 예술·학문과 마찬가지로 형성된 것이면서 동시에 형성하는
> 작용이다. 이러한 종교활동은 하나의 형성작용으로 다양한 종교적
> 상징을 만든다. 즉 인간존재의 근원인 절대적 전체성에 이름과 형태
> 를 부여하고 이것과 관계하기 위한 의례 및 수도법을 만들며 또한
> 그 유래를 밝히는 이야기와 도리를 설하는 교리 등을 형성한다. 이
> 처럼 종교활동은 절대성과의 관계를 항상 특수한 형태로 한정하는
> 측면을 지닌다. 그리스도교·불교 등등 현실 속에서 종교로 인정되
> 는 것은 모두 역사적으로 형성된 특수한 형태이며 그러한 경우 문화
> 재이다. ……(종교활동의 종교성은) 사람이 근원을 돌아보고 절대성
> 과 만나는 곳에서 성립한다. 단지 관계 속에서 생기는 것이 아니라
> 관계가 유일한데 근거하여 생기는 것이다. ……사실 인간존재의 유
> 한성은 인간존재의 어떤 계기에도 나타나 있다. ……유한함을 통감
> 하는 개인에게는 그를 감싸는 가족, 부족 그리고 민족이 그를 구하
> 는 성스러운 힘, 즉 나와 질서를 달리하는 강한 존재로 숭앙되며 이
> 러한 살아 있는 전체성이 종교적 감동의 원천이 된다. 그러나 이런
> 전체성을 대표하는 민족의 유한성은 타 민족과의 충돌이 보여주듯
> 바로 그 한계성을 드러낸다. 하지만 이것을 넘어선 전체성은 우리의
> 현실 속에 드러난 바 없다. 사람들은 여기서 인간존재의 유한함을
> 보았던 것이다. 그리고 이 한계를 넘어선 전체성을 구할 때 사람은
> 유한한 전체성으로 자신을 드러내는 절대적 전체성을 흘낏 쳐다보

게 된다. ……절대적 전체성은 인간존재로서 자신을 드러내며 따라서 유한한 전체성이다. 절대 즉 상대이자 유한 즉 무한이다.(10권, 559-564).

앞에서도 언급했듯이 이러한 그의 말들은 액면 그대로 보아서는 이것이 과연 무상을 논하던 자의 말인가가 먼저 의심스러워진다. 그렇다면 도대체 이 인용문은 종교 및 신에 대해 무엇을 말하고 있는지 다시 한번 살펴보도록 하자. 여기에는 분명 개인을 구하는 살아 있는 전체성이 종교적 감동 곧 성스러움의 원천이라 할지라도 이러한 전체성의 유한함을 자각하지 않는 곳에 종교적 체험은 있을 수 없음이 명시되어 있다. 현실적 인간관계 속에서 그 관계의 유한함을 통감하는 곳에 종교적 체험이 있다는 말이다. 하지만 "타민족과의 충돌에서 드러나는 민족의 유한함을 통해 인간존재의 유한함을 보고 이 한계를 넘어선 전체성을 구했을 때 유한한 전체성으로 자신을 드러내는 절대적 전체성을 흘낏 쳐다보는" 자와 "인간관계 자체가 언제나 유한함을 근거로 하여 생함을 봄으로써 자신의 근원을 돌아보고 거기서 절대적 전체성을 만나는" 자가 경험하는 절대성은 결코 동질일 수 없다. 인간관계를 바라보는 눈이 다르기 때문이다. "절대 즉 상대, 유한 즉 무한"으로 자신을 드러내는 절대적 전체성을 보는 것은 연기(관계)적 존재인 자신을 철저히 본 각자(覺者)이지, 연기 곧 인간관계의 양적 확대를 꾀하고 그 속에서 그 한계를 보는 우리(凡夫)는 아니기 때문이다. 하지만 와쓰지는 이러한 한계를 철저히 관계의 양적 확대(위의 경우 민족) 그리고 좌절문제로 전환해간다. 육체적 생존의 문제로 전환하고 있다는 말이다. 인간관계의 유한함은 이 관계의 양적 확대를 통해 좌절까지 갈 필요도 없이 실은 매순간 경험하게 되는 무상법과 같음을 알고 있음에도 불구하고 말이다. 이런 관점에서 보면 위의 와쓰지의 서술은 "현실 속에서 종교로 인정되는 것은 문화재"라는 그의 말에서도 엿보이듯이, 일상적인 종교활동 및 그 체험, 달리 말하면 종교의 역사적 전개가 주요 논점대상이 되고 있음을 알 수 있다. 여기서 말하는 문화재로서의 종교는, 적어도 무상법 속에 열리는 행복·진리를 뜻하는 종교가 아니라, 일상적 삶 속에서 우리가 사실적 가치로 욕망하는 종교라는 점이 주목할 필요가 있는 것이다. 자신을 바라봄 없이 구제와 해탈을 밖에서 구하는 자가 범부인 것은 의심할 여지가 없다. 이런 삶은 내 욕망을 실현시켜주는 전체성을 쫓아다니는 삶일 뿐 진정한 진리나 행복과는 무관하기 때문이다. 그래서 그 유한성이 드러나는 순간 무상감을 느끼며 흘낏 절대적 전체성에 눈을 돌리는 것이다. 하지만 이미 드러난 진리인 "절대 즉 상대, 유한 즉 무한"은 흘낏 나타날 것도 없는 진리이다. 거기서 늘상 눈을 돌리는 쪽은 다름 아닌 우리이기 때문이다.

이런 고찰을 통해 알 수 있는 것은, 와쓰지의 윤리학 체계가, 적어도 그의 불교연구에 드러난 틀 안에서는 부처가 범부를 향해 설한 설법의 구조를 취하고 있다는 점이다. 범부의 말로서 범부가 실천 가능한 길을 각자의 능력에 맞게 8만 가지로 설한 부처처럼 그의 윤리학은 우리의 현실 존재의 예들로 가득 차 있다. 다수의 범부와 극소수의 각자가 더불어 살아가는 세상이 『윤리학』의 중심무대 곧 일상인 경우, 무대의 주인공은 당연히 설법을 듣는 자인 범부이게 된다. 각자는 무대 뒤에서 그들의 구조를 밝히고 삶의 방향을 제시하면 충분하기 때문이다. 또한 이러한 양자간의 관계가 와쓰지의 출발점이자 대전제인 일상인 경우, 모든 인류의 출가를 꿈꾸는 것은 원칙적으로 불가능하게 된다. 그리고 사실 와쓰지 자신도 이미 인정하고 있듯이 이 세상은 모든 이의 자각적 입장을 한 번도 드러낸 적이 없으며,[10] 언제나 범부로 태어나 각자의 가능성을 안고 살아가다 죽는 인간들로 가득하다. 인간이 깨달음을 얻을 수 있는 장소, 달리 말하면 인간이 최소한 인간으로서 바라보이며 살 수 있는 장소에 그가 고민한 것은, 그가 본 우리의 일상이 지닌 바로 이러한 성격 탓이다. 예를 들면 일상적 삶 속의 우리는 우리 자신 안이 아닌 밖을 통해 신을 구하며 그것에 상징적 표현을 부여한다. 또한 자신이 부여한 상징적 표현에 집착함으로써 자신과는 다른, 언어와 토지를 달리하는 자들이 산출한 상징적 표현을 인정하지 않는다. 같은 인간존재로서 취급하지 않는다는 말이다. 수많은 투쟁이 일어나며, 그 결과 진리·행복을 접할 수 있는 마지막 가능성 곧 장소마저 사라지게 된다. 종교와 신을 문화활동 속에 포함시키는 와쓰지의 구상은 역설적이지만 오히려 이런 자리매김을 통해 그가 살고자 한 절대공을 문화재로서의 종교와 구별짓고, 그럼으로써 절대공을 살 수 있는 가능성을 확보하고 있는 셈이다.

　정리하자면, 와쓰지의 이러한 역설적 방법은 범부의 신이 절대화되는 곳에서 발생하는 무한한 갈등을 예견하고 있으며, 그러기에 이러한 유한성의 한계를 확실히 지적함으로써 신의 절대화 곧 하나의 특수가 보편으로 절대화되는 길을 막고 있다. 각자와 범부가 더불어 사는 세상은 자국과 타국이라는 한정 아래서 곧 인간이 깨달음을 얻을 수 있는 장소인 국가 안에서 서로의 가능성을 보장받는 것이 무엇보다도 요청됨을 말해주고 있는 것이다. 그가 종교를 문화활동에 종속시키면서 여전히 절대적 전체성에 대한 인간의 한정된 시각을 용서치 않는 것은 그에게 인간의 심안(心眼)과 육안(肉眼)이 분명히 구별되어 있지 않고서는 불가능한 시도인 것이다. 감성의 영역을 벗어나면 곧 삶의 공동을 달리하면 나와 네가 같이 더불어 사는 존재(연기적 존재)임을 망각하는 존재가 범부인 한, 이 범부에게 제공될 수 있는 최대한의 배려는 그가 인간으로서 단지 '있음'이 아닌 '됨'으로

갈 수 있는 장소의 확보이기 때문이다.

이와 같은 문제, 곧 왜 국가 밖의 존재가 동일한 인간존재로 취급되지 않는가라는 문제를 구체적으로 다룬 저서가 바로 『풍토』인 것이다. 여기서는 그 중 사막과 몬순 지역에 관한 와쓰지의 말을 소개함으로써 그의 국가관이 왜 폐쇄적으로 끝날 수밖에 없었는가의 문제에 답해 보고자 한다.[11]

먼저 몬순 지역에 관한 와쓰지의 서술이다. 습윤은 인간이 아무리 견디기 힘들어도 인력으로 제어가 안되는 이상 이것은 인간 내부에 자연을 향한 반항심을 불러일으키지 못한다. 아울러 습윤이 인간에게 자연의 축복으로 다가오는 한 자연은 죽음이 아닌 삶을 뜻한다. 죽음은 오히려 인간 쪽에서 발견된다. 따라서 사람은 세계를 대항적이 아닌 수용적 자세로 받아들이게 되며, 자연적으로 이 거대한 생명의 힘에 인종하게 된다. 특히 인도처럼 열기가 습기와 결합했을 때 사람은 참는 것 외엔 길이 없다. 결국 몬순은 사람의 대항을 단념시킴으로써 사람을 감수성이 뛰어난 수용적 인간으로 만든다. 이런 경우 수용적 인간의 숭배대상은 당연히 자연의 신비한 힘이다. 그것이 바로 신이다. 그러나 이 경우 신은 결코 한 부족의 신으로 한정되지는 않는다. 모든 부족을 평등하게 축복하는 자연의 힘은 인간에게 대항심을 불러일으키지 않으며 어느 한 부족의 전투신으로 나타나지는 않기 때문이다. 따라서 여기서 인간과 신의 관계는 신의 축복을 받아 감사하는 관계이지 사막적인 절대복종은 아니다. 이들은 신에게 복종을 맹세하고 신의 명령에 따름으로써 구원을 구하는 게 아니라 단지 신들을 영탄함으로써 지상이 더더욱 풍요롭기를 바랐다. 이런 신들은 인격화되었다 할지라도 사막의 신처럼 결코 인간의 인격에 끊임없이 관여하는 인격신이 될 수는 없었다는 말이다.

이에 반해 사막의 건조함은 인간에게 죽음의 위협 곧 사람을 살리는 힘이 아닌 죽음으로 다가온다. 이 힘에 인종함은 곧 죽음을 받아들이는 것이 된다. 따라서 인간은 자신의 힘으로 죽음의 위협에 대항하는 능동적 인간으로 형성된다. 사람이 자연에서 죽음을 보는 한 생명은 오직 사람 쪽에만 있게 된다. 생산하는 자는 오직 사람이며 자연에게 생산의 축복을 기대하는 건 죽음을 기다리는 것이나 마찬가지다. 따라서 이 경우 사람과 세계와의 관계는 당연히 대항적이자 전투적으로 나타난다. 단지 기다리는 자에게 물의 축복이 주어지지는 않기 때문이다. 우물은 인간단체간 분쟁의 씨앗으로, 살기 위해선 다른 인간의 위협과 끊임없이 싸우지 않으면 안된다. 또한 인간은 사막에서 홀로 생존할 수 없는 만큼 다른 어느 곳보다 강한 공동체를 만든다. 다른 부족에게 우물을 빼앗기는 일이 자기 자신은 물론이고 자기 부족의 생명과 직결되는 한 인간과 세계(타 인간세계)의 관계는 투쟁적이 될 수밖에 없다는 말이다. 부족의 전체성이 있어야 개별적 삶이 가능한 곳에 사는 인간, 즉, 사막 같은 인간에겐 전체성에 철저히 복종하는 것이 삶의 필수조건이 된다. 신앙의 출발점은 이처럼 부족의 전체성 속에 꿈틀대는 신적인 힘으로 와쓰지는 야훼 역시 그 중 하나로 보았다. 여기서 신은 어디까지나 자연에 대항하는 인간의 전체성에 대한 자각이지 자연의 힘이 아니다. 따라서 자연이 죽음인 곳에서는 신은 오직 인격신으로만 등장한다.

앞서 언급했듯이 이러한 풍토적 서술은 일반적으로 일상적 삶 속에 있는 우리가 신을 상상하는 방식을 보여준다. 여기서의 신은 풍요로움에 대한 감사 혹은 풍요로운 삶을 약속하는 사실적 가치의 표상이다. 그리고 사실 일상 속의 우리는 자신을 구원해주는 존재로 신을 생각하지 나와 아무런 상관도 없는 곳에 신을 상상하지는 않는다. 신이란 우리의 현실적 욕망을 극대화한 상징적 표상인 것이다. "인류의 길이 당위로서 요구되는 것은 우리의 삶이 자연적 경향으로 꽉 차 있

는 탓"(10권, 618)이라는 그의 말은, 그가 우리의 삶을 있어야 하는
삶의 형태가 아닌 단지 현실적 욕망에 따라 있는 삶임을 아는 데서
비롯되고 있다. 자연적 경향으로 가득 찬 삶은 단지 인생의 사실적
모습일 뿐 있어야 하는 인생의 모습은 아니라는 것, 그 속에는 우리
의 끝없는 욕망과 그 결과로서 고통이 있을 뿐 실로 가치라 부를 만
한 것은 없다는 것, 이러한 와쓰지의 모든 심정이 이 구절 속에 응축
되어 있는 것이다. 있는 그 자체의 모습 속에는 진정한 행복이 없다
는 말이다. 그럼에도 불구하고 와쓰지가 인생의 사실적 모습을 있어
야 하는 모습, 즉 당위를 보기 위한 통로로 삼은 것은, 이해한 불교가
그러했듯, 고통스러운 이 길을 제대로 봄 없이는 이 길을 벗어날 수 없
으며, 또한 무상고에서 무상으로 가는 길은 오직 이 길밖에 없음을 확
신했기 때문이다. 그리고 이러한 통로를 통해 부처의 삶을 만났을 때,
비로소 그는 부처가 펼친 8만 설법의 심의(深意)를 접했을 것이다. 그
리고 거기서 무상법을 국가 안에 한정하는 그의 국가윤리학이 탄생한
다. 범부와 각자가 함께 하는 세상이 우리의 일상이기 때문이다.

5. 맺음말

와쓰지의 국가윤리학은 이처럼 논쟁·투쟁 속에 있는 범부들의 삶을
드러냄으로써 왜 국가가 우리에게 무상법을 실천할 수 있는 최후의
장인가를 말해준다. 동서의 만남이 먹고 먹히는 관계로 치닫는 상황
에서『원시불교의 실천철학』은『풍토』를 만나『윤리학』을 낳고 그 결
과 국가윤리학이라는 일상의 방파제를 산출하게 된 것이다. 어떻게
살아야 하는가라는 문제가 삶의 장소 확보의 문제로 전환되는 건, 이
처럼 어떻게 살아야 하는가라는 문제의 답을 불교를 통해 만난 와쓰

지의 시선에 수많은 범부가 들어오지 않고서는 불가능한 시도였다.

각 국가 안에서 나를 버리고 전체성에 귀의하는 삶이 인간이 인간으로서 사는 삶이라는 그의 국가 중시 사상은, 우리 자신이 자신을 보고, 봄을 통해 지양된 삶을 살 기회조차 박탈당하는, 다시 말하면 각자의 설법을 듣고 그에 감동하는 일상마저 박탈당하는 처지로 전락하는 것을 막는 장소 그곳이 바로 국가이며, 국가의 이러한 특수성의 자각 위에 비로소 세계의 공존이 가능함을 본 까닭이다. 이것은 첫째, 국가를 넘어선 영역을 같은 인간세계라 보지 못하는 범부에게 그가 적어도 인간으로서 있을 수 있는 공간을 보존해주며, 둘째, 이러한 인간의 범부성을 인간의 유한함·특수성의 구조에 넣음으로써, 일상 속의 우리의 한계를 명확히 보여주고 그럼으로써 오히려 각 국가 간의 공존을 가능하게 한다. 인간존재의 범부성과 각자성이 동시에 작용하는 공간에 대한 자각이 국가로 드러나고 있는 것이다. 국가 안과 국가 밖의 원리가 감성과 이성으로 나뉘는 것도 굳이 말하자면 그의 범부와 각자의 인식과 별반 다르지 않다.

이것이 그의 근대 국가론이다. 실로 근대라는 한정이 무색할 정도로 그의 사상은 부처의 법 속에 있으며 그 법의 현실적 가능성을 모색하는 과정의 연속이다. 그는 부처의 법을 통해 현재를 살고자 한 것이며 여기에 시대적 한정은 별 의미를 지니지 못한다. 어떤 시대이건 절실함이 빠져 있는 시간은 없다. 이런 의미에서 보면 와쓰지의 근대국가론은 역사 속의 수많은 사상가가 그러했듯 그 순간의 절실함을 전신으로 받아들여 토해낸 인간의 역사이다. (현실적) 행동을 멈추고 인간을 보고 그 봄을 통해 (현실적) 인간을 살아가고자 한 자가 바로 와쓰지 데쓰로인 것이다.

인간을 보고 그 근거가 절대공임을 아는 자는, 바로 절대공이 연기적 존재 곧 관계 속에 있는 자신을 드러내는 장소임을 아는 자다. 삶의 주체가 전환되는 것이다. 이때 내 속에는 주장될 어떤 신도 없으며 또한 들어오지 못할 어떤 신도 없게 된다. 모든 신들은 절대공 안에서 자유롭기 때문이다. 우리의 현실적 욕망이 좌절 없이 채워지는 것은 우리가 사실상 현실적 욕망을 떠날 때인데, 이런 모순적 사태가 여기서 벌어지고 있는 것이다. 우리가 실제로 구하는 현실적 욕망 역시 궁극적으로는 고통을 떠난 영원한 행복을 지향하는 것이지, 결코 무상고를 원하는 것은 아니기 때문이다. 무상법을 살고 있다면 그는 어떤 형태의 신을 믿든 불교(진리)에 저촉되지 않는다. 그가 어떤 방식으로 인간을 이해했고 살아가고자 했는가 이러한 문제의식 속에 그의 근대국가론이 자리하고 있다는 말이다. 범부인 우리가 신 혹은 종교를 어찌 내세우건, 와쓰지가 인간존재의 이법(理法)으로 본 절대공은 꿈쩍도 하지 않는다.

일본 근대국가 형성기의 '공론'

박진우*

1. 머리말

일본이 근세국가에서 근대국가로 전환하는 과정에서 정치체제의 변혁은 지배의 정당성에 근거를 제공하는 정치적 공공관념의 전환을 수반하는 것이었다. 막말유신기 이러한 변화에 결정적인 계기를 가져다준 것은 페리 내항이었다. 막부는 페리 내항의 정치적 위기에 직면하여 종래의 전제적인 지배질서를 전환하지 않을 수 없었으며 그것은 구체적으로 막부가 제 다이묘(大名)에게 대외정책에 관한 자문을 구하는 정치적 커뮤니케이션의 확충, 그리고 이제까지의 정치과정에서 소외되어 왔던 조정과의 제휴라는 형태로 나타났다. 그러나 이후의 정치과정을 보면 막부의 의도와 달리 '공론'[1]이라는 개념은 낡은 정치질서를 해체하고 근대적인 국민국가가 형성되어가는 과정에서 새로운 지배질서의 정당성을 부여하는 핵심적인 정치이론으로 등장하게 된다.

　페리 내항을 계기로 확산되는 '공론'의 개념은 막말유신기의 갖가

---

* 1956년 대구에서 태어났다. 계명대학교 사학과를 졸업하고 일본 쓰쿠바 대학에서 국제학석사학위를 받았으며 히토쓰바시 대학에서 사회학 박사학위를 받았다. 현재 숙명여자대학교 일본학과 교수이다. 저서로 『일본근현대사』(공저, 1999), 『근대일본형성기의 국가와 민중』(2004) 등 다수가 있다.

지 권모술수와 폭력적인 권력투쟁이 난무하는 가운데서도 제각기 자신의 정치적 입장을 정당화할 수 있는 유일한 근거로 이용되고 있었다. 그런 의미에서 당시 폭넓게 사용되고 있던 '공의여론' '공론정의'와 같은 개념은 지극히 애매한 것이기도 했다.[2] 그러나 한편으로 '공론'은 기성 정치권력에서 분리되어 하나의 '정치적 공공권'을 형성하고 있었으며 막부측에서도 이를 무시할 수 없는 관계가 성립했다는 의미에서 그것은 일본이 광의의 국민국가 형성으로 향하고 있었다는 가장 큰 증거라고도 할 수 있는 것이었다.[3]

일본의 근대국민국가 형성기에 등장하는 이러한 '공론' 개념이 가지는 의미와 그 역할을 검토하고자 할 때 먼저 근대사회 성립에 불가결한 요소인 신문을 비롯한 언론매체가 어떻게 발달하고 수용되면서 당시의 정치와 사회에 영향을 미쳤는가 하는 문제를 생각할 수 있을 것이다. 특히 근대사회에서 '공론'을 조직하는 사회적 매체가 신문이라고 할 때 근대일본 형성기에 나타난 각종 미디어의 출현은 가히 주목할 만한 것이었다. 그것은 일본사상 미증유의 광범위한 '국민적 여론'='공론'적인 세계를 형성하고 있었으며 당시의 정치와 사회의 움직임에도 지대한 영향을 미치고 있었다.[4]

그러나 이와 같이 신문을 비롯한 정보전달 매체의 발달사적인 측면에 중점을 두고 '공론'의 문제를 검토할 경우, 당시에 여론 형성의 정치사적인 배경과 그것이 사회에 미친 영향의 전체상을 이해하는 데는 한계가 있을 것이다. 근대일본의 경우 페리 내항을 계기로 분출되는 '공의여론' '공론정의' '공론' 등의 개념은 대외적인 위기에 대응하는 민족적인 과제를 대전제로 하고 있었다는 점에서는 정보전달 매체의 발달이라는 측면만으로는 이해할 수 없는 의미를 내포하고 있으며 그것은 근대국민국가의 형성과도 밀접한 관련이 있는 것이었다. 특히 막말유신기의 격동하는 정치과정 속에서 갖가지 정치세력이 상쟁하는 가운데 '공론'은 정치투쟁의 중요한 대의명분의 도구로 이용되고 있었으며 정치적 주도권을 잡기 위한 정통성 원리의 중요한 근거를 제공해주는 것이기도 했다.

따라서 근대일본 형성기의 '공론'이 정치에 미친 영향을 보다 넓은 시야에서 이해하기 위해서는 언론매체의 발달을 배경으로 한 여론의 형성이라는 측면뿐만 아니라 '공론'이라는 개념이 구체적인 정치과정 속에서 어떻게 이해되고 영향을 미치는 것이었는가를 살펴볼 필요가 있다. 이 글은 이런 입장에서 페리 내항을 계기로 분출되는 '공론'의 내실이 구체적으로 어떤 것이며 또한 그것이 근대일본 형성기의 정치투쟁 속에서 어떤 의미를 가지고 전개되었는가를 검토함으로써 근대일본의 국민국가 형성과정의 특징을 생각해보고자 한다.

2. 막말유신기 '공론' 형성의 전제

근세일본의 막번제 사회에서는 막부의 전제적인 정치지배하에서 정치논쟁의 전개와 정치 정보의 공적인 유통이 금지되고 있었다. 1849년 아편전쟁을 주제로 한『해외신화』(海外新話)가 발금 처분되고 저자가 엄벌을 받은 것은 막부의 이러한 방침이 막말까지 일관되고 있었다는 것을 말해주고 있다.[5] 그럼에도 불구하고 막말의 격동하는 정치과정 속에서 정치정보가 전국적인 규모로 유통되면서 '공론'이 형성되고 있었다는 것은 국민국가의 형성과정을 생각하는 데 있어서 중요한 의미를 가진다.

특히 페리 내항을 계기로 민족주의적인 과제의식하에서 정치정보가 광범위하게 유통되는 배경에 관해서는 먼저 막부의 쇄국체제하에서도 갖가지 정보 루트를 통하여 외부세계의 정보가 유입되고 있었다는 점을 이해할 필요가 있다. 대표적인 예로 아이자와 야스시(會澤安)의 『신론』(新論)은 18세기부터 시작되는 러시아의 극동정책과 영국의 동아시아 진출에 대하여 정확한 정보를 바탕으로 대외적인 위기감을 나타내고 있으며 이러한 서양열강의 동향에 대한 판단의 기초는 막부를 비롯한 관계 제번(諸藩)과 지역에서의 풍문과 풍설서 등에 의한 정보 축적이 존재하고 있었기 때문이었다.[6] 그 밖에도 아라이 하쿠세키(新井白石)의 『서양기문』(西洋紀聞)의 보급과 난학자(蘭學者)들의 서양사정에 대한 지식, 그리고 하야시 시헤이(林子平), 구토 헤이스케(工藤平助) 등의 북방에 대한 경계심을 중심으로 한 해방론(海防論)은 막말기 해외정보가 확산되는 데 큰 도움이 되었다.[7] 특히 『신론』은 페리 내항 이후 '만세일계'(万世一系)의 황통을 중핵으로 '국체'(國體)의 절대성을 강조하는 존왕양이론의 '경전'으로서 여기에 실린 정보와 주장은 요시다 쇼인(吉田松陰)을 비롯한 존왕양이파와 지역의 호농·호상층에 이르기까지 그들의 사상 형성에 지대한 영향을 미치는 것이었다.

그렇다면 막부의 엄격한 통제에도 불구하고 막말기의 대외사정을 비롯한 정치정보가 어떻게 유통되면서 '공론'의 형성에 영향을 미치고 있었을까. 이 점과 관련해서는 막말기 호농·호상과 재촌지식인(材村知識人)을 중심으로 한 독자적인 정보전달매체의 발달이 민족적인 국가의식의 고취에 일정한 영향을 미치는 것이었다고 보는 최근의 연구에 주목할 필요가 있다. 예컨대 에도 시대(江戶時代)를 통해서 지방에서도 하이쿠(俳句)·와카(和歌)·다도(茶道)·생화(生花)와 같은 취미생활을 즐기는 자, 의학·유학·국학과 같은 지식과 학문을 익히는 자, 농업에 관한 신지식의 도입에 종사하는 자들이 증가하고 있었으며 지역적으로 농촌에 뿌리를 내린 이들은 주로 재촌지식인으로 불리고 있다. 이들 호농·호상과 재촌지식인은 다른 지역과의 상호교류를 통해서 정보를 신속하게 전달·수집하는 등 독자적으로 정치정보를 수집·교환·분석하고 있었다. 페리 내항 이래 이들을 중심으로 한 정보전파의 신속함과 그 방대한 양에 관해서는 이미 미야치 마사토(宮地正人) 등의 연구에서 확인되고 있다.[8]

미야치는 이러한 정치정보의 발신·수요 주체와 그들에 의해 수집된 방대한 자료군 '후세쓰도메'(風說留)[9]가 전국적인 규모로 성립될 수 있었던 배경에 관해서 전국적인 시장의 형성, 문화적 네트워크의 형성, 그리고 권력 말단과의 접촉의 장 형성이라는 세 가지 요인을 들고 있다.[10] 즉 경제적으로는 이미 18세기 후반에 호농·호상을 중심으로 한 전국적인 규모의 시장이 형성되고 있었으며,[11] 이 같은 경제발달은 문화활동의 활성화와 연동하고 있었다. 앞에서 예를 든 하이쿠·와카 등의 취미생활이나 유학·국학 등과 같은 지식과 학문이 경제활동과는 별도의 형태로 창조활동과 향수(享受)의 결합을 전국적인 범위로 실현시켜가고 이것이 정치정보교환의 또 하나의 토대가 되었다는 것이다.[12] 그것은 또한 18세기 후반부터 권력말단에 이르기까지 접촉의 장이 증대하면서 횡단적인 지식인층이 형성되는 데도 중요한 영향을 미치는 것이었다.[13]

막말기 '공론'이 형성되는 또 하나의 전제로서 근세 일본사회의 전통적인 정보전달 매체가 존재하고 있었던 점도 '후세쓰도메'의 형성과 관련하여 주목할 필요가 있을 것이다. 에도 시대를 통해서 시정(市町)의 정보전달 매체로서의 역할을 한 것으로는 기키가키(聞書)·가와라반(瓦板)이나 오토시부미(落文)·라쿠슈(落手)·하리가미(張紙)·하리후다(張札) 등과 같이 갖가지 형태를 취한 라쿠쇼 류(落書類)가 있었다.[14] 물론 라쿠쇼·기키가키·가와라반 등과 같은 전통적인 미디어는 기본적으로 1대 1의 커뮤니케이션으로서의 성격을 넘어서는 것이 아닐 뿐만 아니라 막번체제에서는 권력의 엄격한 검

열과 규제 아래 많은 제약을 받고 있었다는 점에서 한계가 있었다.[15]

또한 '후세쓰도메'를 통해서 막말유신기의 일본사회를 연구하는 데도 한계가 있다. 대부분의 '후세쓰도메'는 정치탄압을 우려해서 필자나 발신주체를 명기하지 않은 경우가 많고 정치정보의 수요 주체라는 사회층을 검토하는 데도 시각을 한정시킨다. 이 밖에도 '후세쓰도메'는 오늘날과 같은 정보의 공급과 유통, 그리고 수요라고 하는 도식이 성립되지 않는다는 한계를 가진다. 더구나 막부의 엄한 탄압하에서는 정치정보의 생산, 유통 면에서의 분업이 이루어질 수 없으며 전국적으로 성립된 정치정보의 수요층은 스스로가 정보수집과 발신의 주체가 되는 한에서만 비로소 정치정보를 등가교환의 형태로 입수할 수 있었다.[16]

그러나 이러한 한계를 인정하더라도 막말 단계에서 지방의 중간층을 중심으로 형성된 '후세쓰도메'의 세계가 막말유신기 '공의여론'의 형성과 메이지 유신 이후 신문이 사회적으로 정착하는 데 중요한 기초가 되었다는 점은 부인할 수 없을 것이다. 막말기에 호농·호상과 재촌지식인의 두터운 층이 존재하고 있었던 것은 메이지 유신 후의 새로운 정치동향에 대한 지방의 반응이 각지에서 거의 동시에 일어날 수 있었던 점과 결코 무관하지 않으며 자유민권운동이 전국적인 규모로 전개될 수 있었던 배경에 그들의 존재와 역할이 있었던 점도 간과해서는 안될 것이다.[17]

19세기 후반의 격동기에 대외적 위기의 심화와 막부의 대응은 실로 이들과 같은 '국민적' 범위의 호농·호상과 재촌지식인이 그 추이를 주목하는 가운데 전개되고 있었다. 요시다 쇼인(吉田松陰)이 미국과의 통상조약 조인에 대하여 "막부가 천조(天朝)를 등지고 중의(衆意)를 저버려 그 사의(私意)를 드러냄으로써 의지할 곳은 외이(外夷)의 도움뿐"[18]이라고 한 것은 '중의'가 '공론'의 중요한 요소가 되고 있음을 인식하고 있었다는 것을 말해주고 있다. 그것은 개국이냐 쇄국이냐의 문제가 아니라, 급속하게 형성되고 있던 '공의여론'과 막부의 전제적 지배 사이의 구조적 모순의 문제였던 것이다.

3. 막말유신기 정치투쟁과 '공론'

1853년의 페리 내항은 이러한 '공론' 개념이 막말의 정치무대에 본격적으로 등장하는 결정적인 계기가 되었다. 막부가 대외정책에 관하여 조정에 보고하고 여러 다이묘와 막신(幕臣)에게 자문을 구한 것은 막부의 전통적인 정치양식의 일변이며 막부 전제의 종언이었다. 이와 같이 페리 내항을 일본 근대의 출발점으로 획을 긋는 이유 가운데 하나는 정치적인 의사결정방식의 전환이 있었기 때문이다. 다이묘와 막신들에게 대외정책을 자문한다는 것은 전례가 없는 일이며 이를 계기로 '처사횡의'(處士橫議)의 풍조가 범람하여 막부의 권위를 약화시키고 멸망에 이르게 했다고 보는 것이 일반적이었다. 그러나 실은 이미 아편전쟁 직후 네덜란드 국왕이 개국을 권고할 때부터 국난의 시기에 즈음해서 거국일치체제를 위해서는 막부의 비밀주의를 버리고 널리 의견을 구해야 한다는 것이 당시 지배층의 공통된 인식이었다. 따라서 페리 내항에 즈음하여 '공론'과 '중의'를 모았던 조치는 막부의 지배력 약화나 무능함을 드러낸 것이라기보다는 오히려 중앙정부로서의 권위 강화를 꾀하기 위한 것이었다.[19)]

그러나 막부의 의도와 달리 이후 제각기 '공론'을 내세우는 다양한 정치세력이 등장하면서 조정의 정치적 발언권이 급부상하기 시작했다. 교토에서는 막부와 제번(諸藩)의 조정에 대한 정치공작이 활발히 전개되고 있었으며 막부와 번의 통제에서 이탈한 존양파 지사들은 새로운 사회집단을 형성하면서 조정에 접근하고 있었다. 이와 같이 조정의 권위가 급부상하게 된 배경에는 다양한 정치세력이 상호 대립하는 가운데 '공론'이 다원적으로 존재하면서 제각기 자신의 정치적 입장에 따라 달리 이해되고 있었기 때문이기도 했다. 이런 혼란스러운 상황에서 누구라도 납득할 수 있는 정통성의 근거를 제공할 수 있었던 것은 조정·천황의 존재 이외에는 없었던 것이다. 막부와 다이묘, 그리고 존양파 지사들이 제각기 '교토 입설'(京都入說)을 통해서 각자 자기편에 유리한 정보를 조정에 제공하고 이를 이용해서 자신들의 정치적인 목적을 달성하고자 했던 것도 이 때문이었다. 14대 쇼군의 후사(後嗣)를 둘러싼 히토쓰바시 파(一橋派)와 난키 파(南紀派)의 조정공작이나 '8·18 정변'을 전후해서 존양파와 쿠데타 세력의 각기 다른 두개의 조칙이 나돌고 있었던 것은 조정·천황을 장악하는 것이 곧 '공론'의 정통성을 획득하는 것이었다는 사실을 말해 주는 예라 하겠다.

이와 같이 혼란스러운 막말의 정치과정에서 '공론'의 무력적인 정치투쟁에 명분을 가져다준 최초의 사례는 이이 나오스케(井伊直弼)의 독단적인 통상조약 체결과 반대파에 대한 무력탄압에서 비롯되었다. 당시 '존왕양이'의 슬로건은 막부는 물론이고 조정, 다이묘에서 지사나 호농·호상층에 이르기까지 그 누구도 반대할 수 없는 '공론'적인 보편성을 가지는 정치이념이었으며 이이의 독단은 이러한 '공론'적인 이념에 등을 돌리고 외국의 압력에 굴복한 것으로 간주되었다. 이이 암살의 참간장(斬奸狀)에서 "공론(公論)·정의(正議)를 짓밟고 사사로이 권력을 휘두른 것은 중요한 죄악"[20]이라고 한 것은 '공론정의'와 전제적인 '사적'(私的) 권력을 대립시키고 전자를 실현하기 위하여 '천주'(天誅)를 정당화한 것이었다.

이이 암살 후 막말의 정치는 크게 공무합체운동과 존왕양이운동의 대립양상으로 변했다. 전자는 상하 양원 등 서구의 의회제도를 도입하여 무력충돌을 피하고 막번체제의 재건을 꾀하고자 하는 도사번(土佐藩)의 '공의정체론'에서 요시노부 쇼군의 대정봉환(大政奉還)으로 이어지는 정치노선이었다. 대정봉환의 상주문에서 "정권을 조정에 되돌리고 널리 천하의 공론을 다하여 성단(聖斷)을 받들고 동심협력하여 공히 황국을 보호한다면 반드시 해외만국과 나란히 어깨를 겨룰 수 있을 것"[21]고 한 것은 이러한 '공무합체론'의 귀착점이었다.[22]

한편 존왕양이운동은 막부와 번이라는 기성 정치단위에서 벗어나 천황과의 직접적인 결합을 기본 이념으로 하는 '일군만민사상'(一君萬民思想)의 초망의식(草莽意識)을 축으로 전개되고 있었다. 특히 교토를 중심으로 활동하는 과격파 지사들은 '안민제세'(安民濟世)의 정치이념과 '천하공론'의 도리를 내세워 벽보·투서·방화·암살·효수 등에 의한 천벌로 기성세력을 위협하고 있었다. 그러나 조정이나 막부·번이라는 기존의 정치 시스템에서 완전히 일탈한 과격파 지사들이 고립된 소수에 지나지 않았다는 것은 '덴추구미(天誅組)의 거병' '이쿠노의 변'(生野の變) 등과 같은 소규모 반란이 비참하게 막을 내린 점에서도 확인할 수 있다. 이러한 과격파 지사들의 한계를 넘어서 조정과 번의 세력을 배경으로 '공론정의'를 내세우면서 등장한 것이 이와쿠라 도모미(岩倉具視)를 비롯한 일부 공경(公卿)과 사쓰마(薩摩)의 사이고 다카모리(西鄕隆盛), 오쿠보 도시미치(大久保利通)와 조슈(長州) 번이 연대한 삿초(薩長)의 토막파 세력이며 이들의 마키아벨리즘적인 권모술수는 이윽고 막부를 타도하고 왕정복고의 쿠데타를 성공시키기에 이른다.[23]

1867년 12월 9일 왕정복고 선언 직후에 열린 교토 소어소(小御所) 회의에서는 쇼군 요시노부를 조의(朝議)에 참여시켜야 한다는

공무합체파와, 쇼군은 사관(辭官)·납지(納地)를 통해서 사죄를 표명
해야 한다는 토막파가 첨예하게 대립했다. 공무합체파의 주장대로
요시노부의 조의 참가와 구 막부(幕府)를 포함한 웅번(雄藩)의 연합
정권이라는 방향으로 갈 경우 서구의 입헌제도를 모방한 공의정체론
이 그 이론적인 바탕이 될 수 있었다. 그러나 토막파가 주장하는 쇼
군 배제의 방침은 천황의 권위를 전면에 내세운 절대주의 정권에 가
까운 것이었다. 다만 토막파도 자신들의 정치·군사적인 취약성으로
말미암아 처음부터 제후회의를 내실로 하는 공무합체파의 주장을 전
적으로 부정할 수는 없었다. 더구나 왕정복고의 정치적인 추이는 누
구의 눈에도 일부 공경과 소수의 토막파에 의한 정권찬탈 음모로 비
쳤으며 좌막파(佐幕派)는 토막파의 행위를 "간신들의 음모라는 것은
천하가 다 아는 일"[24]이라고 하며 격렬하게 규탄하고 있었다.

　이와 같이 토막파의 신정부에 대한 불신과 의혹이 분출하는 가운
데 위기상황을 타파하고 국가권력의 정통성을 확립하기 위해서 천황
의 권위를 '공론'과 결합시켜 설득력을 갖추는 것이 무엇보다도 급선
무였다. 특히 신정부가 도바(鳥羽)·후시미(伏見) 전투에서 승리하고
쇼군 요시노부를 '대역무도'(大逆無道)의 '적도'(賊徒)로 추토(追討)
하는 상황에서 '공론'은 기존의 정치세력과 구체제로부터 벗어나 천
황의 신권적 권위성과 결합하여 더욱 추상화되어 갔다. 메이지 초년
부터 각지에 하달된 고유서(告諭書)에서 천황이 아마테라스 오미카
미(天照皇大神)의 자손으로서 일본의 주인이며 "한치의 땅도 한 사
람의 백성도 천황의 것"[25]이라는 왕토왕민적인 설교는 천황의 전통
적인 권위를 빌려 신정부의 권위를 정당화하려는 것이었다. 토막파
가 절대적인 권위성을 가진 정치카리스마로서의 천황상을 창출하고
이를 '공론'과 결합시켜 전면에 내세웠던 것은 현실적으로 권력찬탈
자라는 비난을 피하고 자신들의 취약한 권력기반을 보강하기 위한

것이었지만 한편으로는 다른 세력에 비하여 기성의 정치세력이나 통념으로부터 구속받지 않았기 때문에 그만큼 자유롭게 천황의 권위를 창출하여 변혁의 계기들을 조작할 수 있었던 것이다.[26]

그러나 그들이 내세운 '공론'도 전혀 새롭게 창출된 것은 아니었다. 「왕정복고의 대호령」에서 "공경대부와 무사 기타 계급의 구별 없이 지당한 공의를 다하여 천하(天下)와 휴척(休戚)을 함께 하고자 하는 예려(叡慮)"[27]라고 밝히고 「5개조서문」에서 "널리 회의를 일으켜 만기공론(萬機公論)에 의거하여 결정한다"[28]고 하여 '공론' 존중의 기본방침을 내세운 것은 새로운 통치원리의 창출이 아니라 막말에 형성된 공의여론 사상을 재확인하는 것이었다. 1869년 정부가 '공의여론'에 의한 국시(國是) 확립을 표방하고 3월에는 제후 대표로 구성된 공의소(公議所)를 설립한 것도 '공론' 표방에 부응하여 제번의 세력으로부터 협조를 얻기 위한 정책이었다.[29]

그러나 보다 중요한 사실은 천황의 권위를 매개로 하여 '공론'에 의거한 국시를 표방했다는 점이다. 예를 들면 이와쿠라가 의사원(議事院)은 서구제도의 모방이 아니라고 하면서 "공론을 취하는 것은 이미 신대(神代)부터 시작되었다"[30]고 한 것은 신화에 근거한 천황의 절대적인 권위성과 '공론'을 결합시켜 자기 자신의 정통성을 정당화하려는 것이었다. 그런 의미에서 신정부가 표방한 '공론'은 어디까지나 천황의 신권적 절대성의 틀 안에서 공의와 민심존중, 인재등용을 함의하는 것이며 민권과 자유의 보편적인 입장에서 정치와 사회를 구상한 것은 아니었다. 「5개조서문」에서 '만기공론'을 표명한 이튿날 도당 형성의 금지를 고시한 것은 유신정부가 표방한 '공론'의 알맹이가 무엇인가를 잘 말해주고 있다. 즉 신정부에 있어서 '공론'의 표방은 어디까지나 정권의 정통성을 확립하기 위한 수단이었지 그것을 실천하려는 의지가 있었던 것은 아니었다. 그것은 또한 1869년 설치한 공의소가 집의원(集議院)으로 개칭되어 단순한 자문기관 내지 상의(上意)하달기관으로 그 권한이 축소된 점에서도 알 수 있다.

이와 같이 유신세력이 자신들과 대립되는 세력을 배척하고 '공론'에 등을 돌리는 과정에서 천황의 권위성을 강조하면 할수록 반대파에게는 그것이 '간신'(奸臣)에 의한 정권 찬탈 음모로 비치고 있었다. 유신 초기 제번의 대표를 중심으로 설치한 공의소에서의 논의는 존왕사상과 양이사상의 입장에서 '개국화친'을 명시한 신정부의 방침을 비판하는 것이 대부분이었다. 또한 유신정권에서 배제된 존양파와 초망(草莽) 제대(諸隊)는 "可奸斬, 吏可打"를 공언하면서 양이운동의 관철을 주장했으며 영국공사 파크스 습격과 요코이 쇼난(橫井小楠), 히로사와 사네오미(廣澤眞臣)의 암살 등 빈번한 테러행위는 유신정권을 위협하고 있었다.[31]

이러한 현실에 직면하여 오쿠보, 이와쿠라 등의 핵심세력은 중앙집권 권력의 확립에 매진하는 강경대응으로 상황 돌파를 꾀했다. 집의원은 1873년 완전히 폐지되었으며 존양파의 계보를 잇는 정부고관의 대다수가 파면·좌천되고 반정부행위를 비롯한 반대세력은 철저하게 탄압·배제되었다. 이러한 과정은 '공론'을 지탱하고 있던 제번의 세력이 해체되어가는 과정이며 그것은 동시에 중앙집권적인 국가권력이 강화되어가는 과정이기도 했다. 이후 권력에서 배제된 제번을 거점으로 하는 지방의 정치세력들이 사족반대파와 자유민권파의 반정부세력으로 이행하면서 '공론'도 또한 권력측이 아니라 반정부측의 정치적 상징으로 전화되어 가는 것이다.

한편 이에 대응하여 신정부는 정통성의 원리로서의 '공론'을 천황의 신권적 권위성과 결합시켜 제시했다. 향후 신정부의 성공 여부는 이러한 천황의 권위 아래 실현되는 '공론'이라는 정통성의 근거가 얼마나 광범위하게 사람들의 사회적 욕구와 원망을 포용할 수 있는가에 달려 있었다.

4. 자유민권운동과 '공론'

1871년 폐번치현을 단행한 유신정부는 태정관 직제(職制)를 정하고 인사를 일신했다. 이로써 태정대신을 비롯하여 참의(參議)와 각 성 (省)의 요직은 대부분 이와쿠라 등의 일부 공경과 사쓰마·조슈·도 사·히젠(薩長土肥)의 출신들이 독점하게 되었다. 이때부터의 정부를 이전의 유신정권과 구별하여 유사정부(有司政府)라고 부르는 까닭 도 여기에 있다. 이후 강력한 중앙집권적 국가건설을 위한 각종 개혁 이 일제히 전개되었다. 존양파의 거점이었던 형부성(刑部省)과 탄정 대(彈正臺)가 사법성으로 통폐합되고 대학은 문부성으로 그리고 신 기관은 신기성으로 격하되었다. 또한 민부성(民部省)이 대장성(大藏 省)으로 통합되어 중앙과 지방의 재정·행정 중심기관으로서의 역할 을 하면서 대장경(大藏卿) 오쿠보를 중심으로 권력이 집중되었다. 이 밖에도 전국의 현(縣)을 3부(府) 72현(縣)으로 통폐합하여 대장 성의 부현(府縣)에 대한 통치권한을 강화하고 호적법·학제·징병령· 태양력 등의 시행을 일거에 단행했다.

그러나 이와 같이 성급한 개혁정치의 배후에서는 내부 대립이 날 로 심화되고 있었다. 특히 사법성과 대장성은 번벌적(藩閥的)인 대 항과 결합하여 서로 주도권을 다투고 있었으며 '정한론'(征韓論)의 문제도 궁극적으로는 이러한 내부 대립을 배경으로 발생한 정부의 내분이었다.[32] 결과적으로 오쿠보가 승리하고, 사이고 다카모리(西 鄕隆盛)와 이타가키 다이스케(板垣退介) 등이 정부를 떠나고 이후의 정국은 사족반대파의 반정부운동과 자유민권파의 유사전제와의 대립으로 크게 양분되었다. 유신정부는 당초 자신들의 취약한 권력기반을 보강하기 위해 '공론' 존중을 표방했으나 현실적으로 강력한 국가형성과 국민의 결집이라는 과제를 위해서 '공론'을 억압하지 않으면 안되는 상황에서 전제지배의 방침을 강화함으로써 사족반란과 자유민권운동의 출현을 초래한 것이다.

일반적으로 전자가 반동적이라면 후자는 진보적인 정치세력으로 구분되고 있다. 그러나 이들은 시기적으로 동시에 발생하면서 정부의 전제지배에 반대하고 '공의'와 민간의 여론존중을 요구하고 있었다는 점에서는 공통점을 가지고 있었다. 1878년 오쿠보 암살의 참간장(斬奸狀)에서 "공의(公議)를 두절하고 민권을 억압하여 정치를 사사로이 한다"[33]고 한 것은 막말기 존양파의 공론적인 측면이 사족반대파에게 계승되고 있었다는 것을 말해주고 있다.

한편 1874년 '정한론' 정변에서 실각한 4명의 참의를 중심으로 제출된 「민선의원설립건백서」(民撰議院設立建白書)는 자유민권운동의 출발점이 되었다. "신(臣)들의 애국에 대한 정은 스스로 멈추지 않고 이를 진구(振救)하는 길을 청하건대 오직 천하의 공의를 펼치는데 있을 뿐. 천하의 공의를 펼치는 것은 민선의원을 세우는 데 있을 뿐"[34]이라는 내용의 건백서는 막말 이래의 '공론정의'라는 정치이념이 보다 구체적인 형태로 새로운 의미를 지니고 나타난 것이었다. 당시 민선의원이라는 제도의 실현을 매개로 유사전제정부와 대치하면서 광범위한 여론이 형성되고 있었던 것은 이 주장에 대한 반대가 원리적인 반대론이 아니라 시기상조론으로만 전개되고 있었다는 점에서도 알 수 있다. 1875년 오사카 회의(大阪會議)는 유사전제정부가 비판세력에 의해 고립되는 것을 피하고 오쿠보를 중심으로 한 권력기반을 재편하기 위해서 열린 것이지만 여기서 국회개설을 위해 원로원과 지방관 회의 개최를 비롯하여 삼권분립체제의 개혁을 약속하고 4

월에는 천황의 이름으로 "점차입헌정체(漸次立憲政體)의 조칙(詔勅)"을 내려 입헌정체를 기정사실화했던 것도 의회개설을 요구하는 '국민적 여론'을 무시할 수 없었기 때문이다.

이후 전국 각지에서 민권결사가 탄생하고 정부비판의 정론신문이 등장하면서 신문의 사회적인 역할이 본격적으로 전개되기 시작했다.[35] 신문을 비롯한 언론은 메이지 유신 이후 "신문은 인지(人智)를 발명하고 개화(開化)의 요용(要用)"[36]이라 하여 계몽정책의 수단으로 정부의 보호·장려를 받으면서 육성되었으나 1875년을 경계로 반정부적인 정치투쟁의 유력한 수단으로 바뀌기 시작했다. 그 효시를 이룬 『평론신문』(評論新聞)은 정부수뇌를 참수하여 그 목을 효수할 것을 천황에게 요구하는 과격한 논설을 게재했으며, 『초망잡지』(草莽雜誌)에서는 '압제정부전복론'(壓制政府顚覆論), 또는 '폭역관리 자살론'(暴逆官吏 刺殺論) 등과 같이 실력행사를 공공연하게 주장하는 과격한 논설을 잇달아 게재했다. 이와 같이 '공론'이라는 정통성 원리의 실현을 방해하는 자를 실력으로 제거해야 한다는 논리는 존왕양이운동 이래 반정부운동의 전통이며 당시 정론신문에는 이런 전통을 잇는 지사적인 성격이 강했다.[37]

이에 대하여 메이지 정부는 1875년 6월 「신문지조례」(新聞紙條例)와 「참방률」(讒謗律)을 제정 공포하여 과격한 실력행사를 공공연히 주장하는 정론신문의 편집인과 기자들을 대부분 체포·투옥했다. 이런 정부의 탄압정책에 대응하여 민권운동도 그 방향성을 바꾸게 된다. 특히 최후의 사족반란이라고 불리는 세이난(西南) 전쟁이 끝난 후 민권운동의 수뇌부는 이미 완력으로 정부에 대항하는 것은 무익하다고 판단하여 실력행사를 포기했다. 이후 민권운동은 주로 언론활동과 건백을 주된 수단으로 하는 전국적인 운동으로 전환했다.

이때 신문과 함께 민권파를 중심으로 한 연설회가 전국적인 규모

에서 성황을 이루었다는 것은 근대국가 형성기에 있어서 '국민' 형성
의 문제와도 관련하여 중요한 의미를 가지는 것으로 주목할 필요가
있다. 민권운동에서 연설회가 특히 중요시된 계기는 1880년의 국회
기성동맹(國會期成同盟) 제2회 대회 이래 국회개설의 청원운동이 정
체됨으로서 연설자의 지방파견에 의해서 전국인민의 단결을 꾀하는
방침이 채택되면서였다. 정부는 이에 대응하여 '집회조례'를 제정하
여 탄압했으나 1881년의 '북해도관유물불하사건'을 계기로 연설회
는 절정에 달했다. '집회조례'와 '개정집회조례'에서는 연설회의 사전
인가제, '국안(國安)에 방해'가 된다고 인정되는 연설의 불인가, 임검
(臨檢) 경찰관에 의한 연설의 중지·해산권 등을 규정하고 있듯이 연
설회에서의 공공연한 정부비판은 금지되어 있었다. 그럼에도 불구하
고 대부분의 연설은 격렬한 비분강개와 호언장담, 그리고 선동적인
내용으로 전제정부와의 대항구도를 명확히 하고 있었으며 연설회장
에는 다수의 일반민중이 참가함으로써 반정부운동의 공감대를 형성
하고 있었다.[38] 당시 연설회의 성행이 지배층에게 얼마나 심각한 위
기감을 주고 있었는가는 이와쿠라가 프랑스 혁명 전야를 상기하면서
위기감을 나타낸 것을 보아도 알 수 있다.[39] 1881년의 정변과 '국회
개설의 조칙'은 정권 내부의 사적인 권익으로 야기된 사건이었으나
이에 대한 민권파의 투쟁이 실력행사에 의한 무력반란이나 사회혼란
이 아니라 넓은 의미에서의 언설을 매개로 한 '여론'이라는 '정치적
공공권'의 형성으로 정치적 위기상황을 만들었다는 점에서 그 의의
를 평가할 수 있을 것이다.

그러나 이러한 민권운동의 고조에도 불구하고 국회개설운동이 전
국적인 규모로 전개되어 가는 과정에서 민권의 주장이 국권의식과
결합하여 천황의 약속＝'성지'(聖旨)에 대한 기대가 강하게 나타나고
있었던 것은 민권운동의 크나큰 한계였다. 예를 들면 "대체로 국회를

열면 헌법이 저절로 세워지고 헌법이 세워지면 황실의 기틀이 비로소 공고해지며 국권을 밖으로 떨친다"[40]고 하는 등의 주장은 민권의 신장이 곧 황실의 안태(安泰)와 국권의 확립으로 이어진다고 인식했음을 말해주고 있으며 이런 논조는 당시 민권파의 신문이나 국회개설의 청원·건백서에서 거의 예외 없이 보이는 공통적인 현상이었다.

이와 같이 민권파가 민권의 신장은 곧 황실의 안태와 국권의 확립으로 이어진다고 주장한 것은 자신들이야말로 메이지 유신 이래 천황의 이름으로 표명된 정통성 원리의 공적인 정의를 대표하는 참된 정통설이라고 믿고 있었기 때문이다. 그들은 왕정복고 선언문과 「5개조서문」, 그리고 '점차 입헌정체의 조칙'과 '국회개설의 조칙'을 모두 천황의 약속＝'성지'에 의하여 '공의여론'을 표명한 것으로 받아들이고 있었으며 유사전제 정부는 그 실현을 방해하는 존재로 간주하고 반정부운동을 전개했던 것이다. 민권운동은 메이지 유신과 메이지 정권의 정통성 원리의 연장선상에서 반정부운동이며 자신들의 주장이 공적인 정의를 대표하는 참된 정통설이라고 믿어 의심치 않았기 때문에 과감한 정치투쟁을 전개할 수 있었던 것이다.[41] 예를 들면 "황상의 성의(聖意)를 받들어 국회론을 주장하는 자들을 배척하려는 자는 곧 황상의 죄인이다. 오늘날 황실의 충의를 지키는 자로서 우리 민권론자에 버금가는 자는 없다"고 한 것은 천황의 '성지'(聖旨)를 근거로 민권의 정통성을 주장하면서 유사전제정부를 공격한 것이었다. 심지어 민권운동 말기에 무력봉기를 계획한 격화사건의 급진파들조차도 프랑스 혁명이나 러시아 허무당의 전철을 우려하여 황실의 안태와 국권의 확립을 위해서는 입헌정체의 설립 밖에 없으며 이를 가로막는 '간신'을 주살해야 한다고 주장하고 있었다. 천황의 성지와 유사전제를 구별하고 후자에 대한 공격이 집중되면 될수록 천황의 성지에 대한 기대는 더욱 강해져 갔던 것이다.

자유민권파가 막말의 지사적 전통의 반정부운동에 근대적인 저항권과 혁명권을 결합시켜 새로운 정통성을 획득하고 메이지 정부의 정통성 원리를 보다 넓은 국민적 차원으로 확산시킨 것은 근대일본에서 민주주의운동의 전통으로 그 의의를 평가할 수 있을 것이다. 그러나 왕정복고와 「5개조서문」의 민권적 요소는 천황의 신권적인 절대성이라는 틀 안에서의 공의와 민심 존중, 인재등용을 의미하는 것이었으며 보편적인 민권과 자유의 입장에서 정치와 사회를 구상하는 구체성이 결여되어 있었다. 결국 메이지 유신 이래의 모든 '공론'의 표방은 천황의 신권적 권위성과 결합되어 있었으며 민권파가 이러한 천황의 '성지'를 극복하지 못했던 것은 근대일본에서 민주주의운동의 전통에 내재된 커다란 한계였다.

5. 맺음말

막말 유신기 '공론'은 '국민적 여론'을 존중하는 민주적인 요소와 대외적 위기의 극복이라는 민족적 과제를 대전제로 등장했으나 그 구체적인 내용은 갖가지 정치세력에 따라 달리 이해되고 다원적으로 공존하고 있었다. 공무합체파의 경우 서구의 입헌제도를 모방한 공의정체론을 바탕으로 제후회의를 지향하는 것이었으며 존양파 지사들의 경우 무력에 의한 토막과 민심의 동향을 배경으로 한 인정적(仁政的)인 이념을 내포하고 있었다. 그리고 궁극적으로 정권을 탈취한 토막파들에게 있어서 '공론'은 정치적 권모술수와 권력탈취의 수단이었다. 그들은 자신들의 권력기반의 취약성을 은폐하기 위해서 천황의 절대적인 권위성과 결합한 '공론'을 전면에 내세웠으나 이로 인하여 야기되는 '처사횡의'의 혼란상황을 막고 중앙집권적인 국가권력을 강화하기 위해 '공론'에 등을 돌리고 이를 억압하지 않을 수 없었다.

한편 막말기 호농·호상과 재촌지식인의 왕성한 정보수집활동과 그 두터운 층의 존재는 자유민권운동이 메이지 정부가 실현하지 않았던 '공론'의 정통성 원리를 보다 범국민적 차원에서 탈취할 수 있는 요인이 되었다. 특히 신문과 연설회를 매개로 한 자유민권운동이 전국적인 규모로 전개될 수 있었던 배경에 그들의 존재와 역할이 중요한 영향을 미치고 있었다.

그러나 자유민권운동을 비롯한 반정부운동 세력이 천황의 권위를 매개로 실현되는 '공론'에서 정통성의 근거를 찾고 있었던 것은 근대 일본 형성기 정치투쟁의 향방을 크게 규정하는 것이었다. 이러한 점은 유사전제정부에 대항하면서 국회개설과 국권 확립을 주장하는 민권파의 경우에도 예외는 아니었다. 근대 일본 형성기의 '공론'은 정치투쟁에서 없어서는 안될 정통성 원리였으나 그것이 천황의 절대적인 권위와 밀접하게 결합되어 있었던 것은 반정부운동의 정치세력이 안고 있는 커다란 한계였다.

존왕양이파가 지사들의 위협과 테러를 중심으로 '공론'을 형성하고 있었다면 민권파는 신문과 연설회 등의 언설을 이용하여 광범위한 여론을 형성하고 있었다는 점에서 근대일본의 정치운동이 새로운 단계를 맞았던 것이다. 그러나 대부분의 민권파는 자신의 입장을 '공의여론'이라는 메이지 유신의 정통성 원리에 비추어 근거지우려 하고 또한 그 운동의 방향이 궁극적으로 천황의 권위를 매개로 한 민권의 실현이었다는 점에서 그 한계를 지적하지 않을 수 없는 것이다.

이후 자유민권운동의 패배와 절대적인 천황제국가의 성립으로 막말유신기 '공론'적인 세계에 내포되어 있던 민주적인 요소는 민족주의운동으로 일원화되면서 소멸되어갔다. 1880년대 후반 국민적인 규모로 전개되었던 조약개정반대운동에서 이제까지의 '공론'세계에서 보였던 민주적인 요소가 자취를 감추고 민족주의적인 운동이 크게 부각되고 있었던 것은 근대일본의 국민국가 형성과정에서 나타나는 중요한 특징이라고 할 수 있다.

야나기타 구니오의 '일국민속학'
단일민족론의 민속학적 형성과 전개

임경택*

1. 서론: 내셔널리즘론의 맥락에서 본 '일국민속학'

메이지 정부의 출범 초기인 1875년에 태어난 야나기타 구니오(柳田國男)는 패전 후 일본이 고도 경제성장기에 진입하던 1962년까지 약 87년간 정부관료로서 당대의 지식인으로서 활발한 활동을 했다. 그가 남긴 업적의 영역은 일본종교사에서 국어학·국문학 및 민속학에 이르기까지 매우 다양한 분야에 걸쳐 있다.[1] 그 중에서도 '야나기타 민속학'이라 불리는 영역은 그가 전 생애에 걸쳐서 구축해온 분야이며, 결국 다른 모든 분야는 이 민속학의 체계를 세우기 위한 것이었다. 그가 보여준 "민속연구를 통해 현실문제의 해결에 복무하려는 실천적 자세"[2]로 인해 그의 민속학은 '경세제민의 학'이라 불리며 지금까지도 그 실학적 지향성을 높이 평가받고 있으며, 또한 오늘날의 일본인론·일본문화론·일본학 등도 야나기타의 학문과 깊은 연관을 맺고 있다. 이와 같이 일본민속학의 시조라 불리는 야나기타에 관한 연구는 이루 다 셀 수 없을 정도로 존재하지만, 대부분이 내재적 연구,

* 1960년 경북 김천에서 태어났다. 서강대학교 영문학과를 졸업하고, 서울대학교 대학원 인류학과에서 석사학위를 받았으며, 일본 도쿄대학에서 학술박사학위를 받았다. 현재 전북대학교 일어일문학과에서 일본문화를 가르치고 있다. 주요 논문으로는 「일본 가족의 근대」(2005) 등 다수가 있고, 번역서로 『무문자 사회의 역사』(2004)가 있다.

즉 야나기타의 업적 안에서만 이루어져 온 경향이 주를 이루고 있어
서 야나기타의 사상이 당시의 일본 민족론의 맥락 안에서 어떠한 위
치를 차지하는가에 대한 분석은 미미했던 것이 사실이다. 그는 당시
의 일본제국의 논단에서 이루어졌던 민족론의 대세와는 달리 혼합민
족론에서 단일민족론으로 전향한 논자이다. 동시에 그의 사상은 아
시아와 서구의 갈등구조 내에서 "일본의 자화상을 어떻게 그려낼 것
인가라는 문제가 집약되어 나타나는 모델케이스"[3]로서도 중요한 의
미를 지니고 있다. 이와 같은 기존의 상황을 고려하여, 이 글은 야나
기타의 민속학적 서술을 일본 국내의 상황과 연관시켜 문화내셔널리
즘이라는 차원에서 전면적인 재검토를 행하는 것을 주요한 목적으로
삼고 있다.

　야나기타의 생애를 근대일본의 내셔널리즘의 궤적 안에서 재구성
해 본다면 다음과 같이 말할 수 있을 것이다. 청년기에는 유럽 사상
에 대항하여 국가적 정체성의 확립을 목표로 하던 메이지 시기의 내
셔널리즘이 대두하고 있었다. 그 후 그의 장년기와 노년기에 걸친 시
기에는 쇼와(昭和) 시대의 울트라내셔널리즘이 풍미했다. 그리고 만
년은 패전으로 인해 일본사회가 미증유의 위기상황에 직면해 있던
시기였다. 야나기타가 일국민속학을 제창한 것은 울트라내셔널리즘
이 풍미하던 시기로 당시의 일본사회는 경제적으로나 정치적으로나
사상적으로 매우 어려운 상황에 봉착해 있었다. "……1929년 10월
에 일어난 세계공황은 일본경제에도 큰 타격을 주었고, 이듬해 3월
에 주가가 폭락하여 국내시장의 축소나 실질임금의 저하, 농촌의 쌀
값 하락 등으로 인해 사회불안이 초래되었다. 또한 1931년 9월의 만
주사변을 전후하여 일본 국내에서는 우경화가 급속히 진전되었고,
그 이듬해 8월 일본 문부성은 사상통제의 거점으로서 '국민정신문화
연구소'(國民精神文化硏究所)를 설립했다. 4년 후인 1935년에는 '천

황기관설'(天皇機關說)[4]에 대항하여 통치권의 주체가 천황에게 있다
고 주장하는 '국체명징운동'(國體明徵運動)이 활발하게 전개되었다.
언론계도 일본정신의 함양을 도모하는 국가주의와 국수주의를 기조
로 하는 서적들을 잇달아 간행했다. 1937년이 되자, 문부성으로부터
국가이데올로기의 지침이 제시된 『국체의 본의』(國體の本義)가 간행
되었고, 중일전쟁이 발발했다. 1938년 4월에는 전시체제로 이행하
기 위한 「국가총동원법」(國家總動員法)이 제정되었고 1940년 7월에
는 「기초국책요강」(基礎國策要綱, 대동아신질서·국방국가건설방침)이
결정되었다. 그리하여 1941년 12월에는 제2차 세계대전에 전면적으
로 돌입하게 되었던 것이다. 즉, 그가 제창한 '일국민속학'은 공동체
로서의 일본 국가 전체에 위기적인 상황이 초래되었다고 의식되는
때였다는 점이 주목……"[5]되는 것이다. 이러한 시기에 야나기타는
유럽의 제학문으로부터 계발의 자극을 받으면서도 그것을 직수입하
는 것을 의식적으로 피하고, 국내에서 연구자집단을 조직하는 한편,
실증적 연구를 축적시킴으로써 하나의 독립된 학문영역으로서 '일국
민속학'을 창출하기 위해 노력했다. 그 안에는 '국민적' 정체성
(national identity)의 근거를 추구하고자 했던 야나기타의 절실한 희
망이 담겨 있는 것이었다. 패전 후 발표한 「현대과학이라는 것」(現代
科學といふこと)의 제1장이 '일국민속학'이라는 제목하에 그 시점과
방법, 대상 등의 방법론적 문제가 체계적으로 상술되어 있어서 야나
기타가 일국민속학에 대해 가지고 있던 결의의 일단을 엿볼 수 있다.
야나기타의 학문은 이론체계보다는 실증성이나 가설의 구축을 특색
으로 하고 있다. 그럼에도 불구하고 그가 거북스러워했던 이론체계
의 분야에 몰입하여 일국민속학의 이론적 골격을 제시한 『민간전승
론』(民間傳承論)을 쓴 것은, 야나기타가 일국민속학의 체계화를 가
장 긴박한 과제로 여겼기 때문이라고 추측된다. 따라서 이러한 그의

입장을 문화내셔널리즘이라 규정하여도 무방할 것이다.

내셔널리즘에는 정치내셔널리즘[6] 외에도 문화내셔널리즘이라는 또 다른 범주가 존재한다. 문화내셔널리즘의 문제에 관해서는 E. 겔너(E. Gellner)를 비롯한 여러 학자들[7]의 논의가 주목을 받아왔는데, 이것을 정체성(identity)과 연관시켜 본격적으로 검토한 것은 사회학자인 J. 허친슨(J. Hutchinson)이었다. 아일랜드의 국민국가형성론의 일환으로 '문화내셔널리즘'을 전개해온 그의 주장에 따르면 문화내셔널리즘은 아일랜드의 민속학자나 역사가, 예술가, 저널리스트 등이 중심이 되어 일어난 풀뿌리운동으로서 국민국가 형성에 중요한 역할을 했다고 한다. 그리고 그들의 문화내셔널리즘의 목적이 역사적 공동체로서의 네이션(nation)을 도덕적으로 재생시키는 데 있었다고 역설하고 있다.[8] 이러한 허친슨의 논의 가운데에서 주목을 끄는 것은, 문화내셔널리즘의 출현이 역사적 공동체로서의 네이션이 봉착하게 된 문화적 정체성의 위기와 관련되어 있다고 한 점이다. 허친슨은 문화내셔널리즘을 사회의 위기상황에 재현되는 재생운동이라고 규정하고,[9] 문화내셔널리즘이 집합적 정체성의 새로운 근거를 구축하게 되는 것은 해당 사회가 전통주의자와 근대주의자로 양극화되는 위기상황에 처하게 될 때라고 지적했는데,[10] 이는 야나기타의 일국민속학 창출의 계기를 생각하는 데 시사할 바가 매우 크다고 할 수 있다.

한편, 최근 일본의 학계에서도 문화내셔널리즘의 문제가 주목을 받고 있다. 인류학자 아오키 다모쓰(靑木保)는 천황(天皇)의 존재가 일본인의 정체성에서 중요한 부분을 차지하고 있다고 지적하고, 현대일본인의 문화적 기억이나 문화적 정체성의 대부분이 '만들어진 전통'이라고 주장하고 있다.[11] H. 베푸(H. Befu)는 일본인론을 내셔널리즘의 한 유형으로 보고, 소극적 내셔널리즘의 표상으로 파악하

고 있다.[12] 요시노 고사쿠(吉野耕作)는 1970년대와 1980년대의 일
본인론에 나타난 문화내셔널리즘을 기존의 국가를 기반으로 국가정
체성을 유지하고자 하는 내셔널리즘의 유형으로 파악하고, 문화내셔
널리즘은 국가의 문화적 정체성이 결여되어 있거나, 부적절하거나
위협을 받을 때, 그 정체성을 창조·유지·강화하는 활동이라고 규정
했다.[13] 이러한 일련의 논의에서도 지적하고 있듯이 문화내셔널리즘
이란 문화적 정체성을 기본적인 속성으로 하는 개념이고, 그 정체성
이 나타나는 때는 허친슨의 지적대로 공동체로서의 국가/민족
(nation)에 위기적인 상황이 도래했다고 의식될 때이다. 요시노가 규
정한 문화적 정체성의 결여·부적절·위협은 바로 문화적 정체성의
위기의식의 표상이라고 해도 좋을 것이다.

야나기타가 문을 연 일국민속학은 이러한 문화적 정체성의 위기
의식과 깊은 관련이 있는 학문영역이다. 1934년에 발표한 『민간전승
론』에서 야나기타는 민간전승의 학문을 '일국민속학'이라고 부르고
있는데, 당시에 그는 일본이 '일민족 일언어 일국가'라는 국민국가의
이념을 구현하고 있다는 확신을 가지고 있었던 듯하다. 그는 근대일
본이 '일국가 일언어 일종족'인 까닭에 국내의 자료정리가 매우 용이
하고, 일본에 일국민속학이 성립될 가능성이 존재하는 이유의 하나
가 '인종·언어의 관계'라고 주장하고 있기 때문이다. 또한 동서의 구
별도 그다지 없고, 나라 전체를 '하나의 공동체'로 생각할 수 있으며,
이 국토 안에 '하나의 종족(種族)'이 퍼져 있는 것은 매우 비범한 현
상으로서 '통합성(unity)의 문제'를 연구하는 데 가장 적합한 나라라
고 할 수 있다고 했다. 그리고 무엇보다도 『민간전승론』에서조차 일
본에는 조선이나 중국, 아이누의 문화가 유입되어 '문화의 이분자(異
分子)'가 있다고 인식하면서도 '단일민족'이나 '단일공동체' '단일문
화'라는 시점을 강하게 주장하는 것은 야나기타의 사상 안에서 배태

되어온 문화내셔널리즘에서 연유하고 있다고 해야 한다. 『민간전승론』의 말미에서 야나기타는 자신의 문화내셔널리즘을 다음과 같이 분명히 보여주고 있다.

> 실제 오늘날은 학문상의 중요한 전환기인데, 라이씨[14]의 『일본외사』(日本外史) 혹은 노리나가 대인[15]의 국학에 의해 그 당시의 학문이 변화를 겪게 되었던 것과 같은 의미로, 중요한 학문적 전환이 지금 요망되고 있는 것이다. 우리들의 학문은 바로 이 전환의 계기를 이루는 것이라 할 수 있다. 이를 '신국학'이라 불러도 거리낄 것이 없는, 나라에 필요한 신흥 학문이다.

이와 같이 '신국학'이라고까지 주장한 야나기타의 '일국민속학'의 사상적 특색은 크게 네 가지로 요약할 수 있을 것이다. 첫째, 일국(一國, 즉 일본)의 '주요' 종족에 그 대상을 한정시키고 있다는 점이다. 둘째, 향토를 부분으로 하는 '하나의 공동체'로서의 일본사회를 대상으로 하고 있다는 점이다. 셋째, 야나기타 자신은 일국민속학을 "자민족 동종족의 자기 성찰"로 간주하고, "국토 안에 하나의 종족이 널리 퍼져 있다"고 인식했다는 점이다. 넷째, 그가 사용하는 '고유'라는 개념은 집합적 자의식으로서의 국가적 정체성 안에 뿌리를 내리고 있다는 점이다. 이하 이 글에서는 이러한 특색을 중심으로 하여 야나기타의 일국민속학이 전개되어가는 과정을 살펴봄으로써 그것이 지닌 문화내셔널리즘적인 성격을 보다 구체적으로 일본사회의 맥락 안에서 규명해보고자 한다.

2. 메이지 시대의 '가족국가관'과 야나기타의 국가·향토

야나기타는 초기 저작인 『농정학』(農政學, 1904)과 『농업정책학』(農業政策學, 1909)에서 국민을 현재와 과거, 미래의 연속체로 인식하고 있다.[16] 이와 같이 '이에'(家)의 은유로 국가와 국민을 인식하는 것은 당시의 일본사회에서는 당연한 일이었다. 즉, 일본사회에서는 근세 이후 '이에'가 가풍이나 조상이라는 상징을 수반하고, 이런 종류의 상징은 이에의 구성원의 교체와는 직접적인 관계없이, 과거에서 현재 그리고 미래의 세대를 초월하여 존속하는 것이라고 여겨지고 있었다. 이에의 연속성이란 바로 이러한 인식에 근거하여 생겨난 관념이다. 1898년에 시행된 구(舊) 민법의 가족법은 이에의 연속성을 법적으로 보강한 것이었다. 야나기타는 연속체로서의 이에가 개인과 국가를 결합시키는 매개체가 된다는 것을 강조하는데, 이는 그가 이에를 국가나 국민의 구성단위로 간주하고, 이에를 일본인의 정체성의 근거로 규정하고 있고, 개인과 조상의 관계가 개인과 국가의 관계로 치환된다고 인식하고 있음을 보여주고 있다. 여기에서 우리는 야나기타의 가족국가관의 일단을 엿볼 수 있으며, 일국민속학을 관통하는 야나기타의 역사적 연속관이 싹트고 있음을 알 수 있다.[17]

　가족국가관이 창출되었을 당시의 일본사회는 자본주의의 비약적 발전에 의해 급격한 변화를 겪고 있었다. 가족국가관은 이러한 사회 상황 특히 농촌인구의 유출과 도시화하에서 메이지 정부가 국민에게 집합체로서의 이미지를 부여하고, '동일한 일본인'이라는 일체감과 연대감을 조성하기 위하여 창출된 것이라고 하는데, 이 조작적 이데올로기가 창출된 보다 근본적인 이유는 향토나 '이에'와의 연결성을 상실한 사람들의 안전감을, 국가가 이에를 대신하여 보장하는 형태를 취하고, 민중들로부터 체제에 대한 신뢰와 복종을 끌어내기 위한 것이었다.

가족국가관은 '이에'와 조상숭배라는 두 가지 제도에 근거한 이데올로기다. 그리고 이 이데올로기는 두 가지 측면을 가지고 있다. 첫째, 근세 이래 제도화된 이에를 재해석하여 천황과 국민의 관계를 본가와 분가의 유추로 파악하고 있다는 점이고, 둘째, 이에의 선조 관념을 확대해석하여 천황가(家)의 신화적 조상 산하에 이에의 조상들을 수렴시켜 국가적 규모의 장대한 선조의 위계질서를 구축했다는 것이다. 이러한 정부 주도의 조작적 이데올로기는 1945년의 패전에 의해 국가체제의 변혁이 일어날 때까지, 반세기 이상에 걸쳐 일본사회에서 국가원리로서 주도적인 역할을 수행해왔다.

내셔널리즘이 환기시키는 가장 근원적인 감정은 앤서니 스미스(A. Smith)가 지적했듯이 가족의 감정일 것이다. 따라서 가족의 은유는 필수적인 것이고, 민족의 구성원은 모어를 사용하는 모국, 혹은 조국의 형제자매로 묘사된다. 그 결과 민족이라는 가족은 강한 충성심과 강렬한 애착을 불러일으키게 되는 것이다.[18] 메이지 시대의 가족국가관도 이와 마찬가지로 직계가족의 형태를 지닌 이에의 은유로서 단일민족국가의 구도를 만들고자 한 조작적 이데올로기에 불과했던 것이다.

제국헌법이 발포된 이듬해인 1890년 10월 국민도덕의 방향이 명시된 「교육칙어」(教育勅語)가 공포되어 학교교육의 기본방침이 제시되었다. 「교육칙어」에는 '신민'이 지켜야 할 덕목으로서 "부모에게 효도하고 형제간에는 우애를, 부부간에 화목하고, 친구들 간에는 신뢰를 가지고, 자신은 공손하고 검소하게, 세상사람들에게는 박애를 펼치고, 배움에 힘쓰며, 기술을 익힘으로써 지능을 계발하여 그로써 덕과 기를 완성"하는 것을 들고 있다. 그리고 메이지 정부의 이노우에 데쓰지로(井上哲次郎)는 이 덕목들을 해설한 『칙어연의』(勅語衍義,

1891)에서 "일국은 일가를 확충한 것"이라 하여 이에를 기반으로 한 국가상을 제시하고 있다. 즉 이에가 국가의 기본적인 구성단위임을 명시함으로써 국가의 기초에 제도로서의 '이에'가 존재하고 있다는 사실을 지적하고 있는 것이다.

이러한 일련의 가족국가론을 일민족국가론의 맥락에서 파악한 것은 헌법학자 호즈미 야쓰카(穗積八束)였다. 호즈미는 메이지 민법이 시행되던 해에 「이에의 법리적 이념」(家の法理的理念)을 발표했는데, 거기에서 그는 민법의 중심이 조상제사가 행해지는 '이에'에 있으며, 이러한 '이에' 관념의 연원은 바로 조상숭배에 있다고 했다. 또한 '이에'를 확대한 것이 국가, 국가를 축소한 것이 '이에'이며, 따라서 '이에'를 명확히 하면 국체(國體)도 저절로 명확해진다고 했다. 즉 이노우에와 마찬가지로 이에를 기반으로 하는 국가상을 구상하고 있으며, 동시에 천황과 국민을 공통출계로 하는 단일민족국가관을 주장하고 있는 것이다.

야나기타는 1897년에 도쿄제국대학 법과대학에 입학하여 1900년에 졸업했는데, 그가 재학 중이던 시기의 법과대학장은 앞서 언급한 호즈미였고, 법학자인 그의 형 호즈미 노부시게(穗積陳重)도 교수로 재직하고 있었다. 야나기타가 이에와 조상을 불가분의 관계로 간주하고, 이에를 국가나 국민의 기초에 두었던 것은 이 두 사람의 법학자로부터 받은 영향이 상당히 컸던 것으로 보인다.[19] 호즈미 노부시게에 의하면, 일본의 조상숭배는 유사 이래 고유의 종교형태로서 세 가지로 나누어진다. 황실의 시조에 대한 국민의 제사, 우지(氏)의 조상에 대한 제사의 흔적이라 할 수 있는 토지의 수호신에 대한 제사, 이에의 조상에 대한 제사이다. 그 중에서 황실의 시조에 대한 제사를 가장 중시하여 '국민적 제사'라고 불렀고, "국민이 이세신궁을 숭경하는 것은 그곳에 아마테라스오미카미(天照大神)가 모셔져 있기 때문이 아니라, 아마테라스가 전 국민의 조상으로 간주되기 때문이다. 일본국민은 일대가족(one vast family)을 형성하고, 황실은 그 종가 (宗家, Principal Family), 신민은 그 분가라는 관계에 있다고 생각된 다"고 했다.[20]

이들의 영향을 받은 야나기타는 이에에서 일본인의 정체성의 근거를 찾고, 선조를 이에의 연속성의 상징으로 간주하고, 이에의 존재를 자각하는 것을 개인과 국가의 연쇄라고 해석함으로써, 일본을 황실을 중심으로 한 단일민족국가라고 생각했던 듯하다. "조상이 수백대 동안 항상 일본의 황실을 받들어 봉공하며 살아왔다는 자각이야말로 가장 명백하게 충군애국심의 근저를 만들어 낼 것이다"라고 한 그의 말이 그것을 뒷받침해준다. 이러한 단일민족국가관은 훗날 일국민속학으로 이어지며, 일국민속학이 단일민족학이라 불리게 된 근거도 여기에 있는 것이다. 「민속학이야기」(民俗學の話, 1941)에서도 궁중의 제사와 마을(村)의 마쓰리(축제)가 유사하다고 지적하면서 가족의 연장이 국가가 된다고 주장하고 있는 야나기타는 동시대의 문화내셔널리스트와 마찬가지로 황실을 숭배하는 가족국가론자의 한 사람이었다.

한편 이에에 기초한 연속체로서의 국가관과 아울러 야나기타가 특히 강조한 것은 향토라는 단위였다. 그는 향토를 국가 혹은 구니 (國)와 국민의 연결을 강화하는 매개항으로 생각했다. 일찍이 1910년에 니토베 이나조(新渡戶稻造)가 주재한 '향토회'에 출석했고, 1913년에 잡지 『향토연구』(鄕土研究)를 창간했던 야나기타는 「향토라는 것」(鄕土といふこと, 1928)에서 "향토라는 말의 느낌이 고향·시골 혹은 지방 등의 말과는 달리, 일종의 강한 개념이 들어 있는 것 같아서 이 말을 채택했다"[21]고 술회했으며, 「향토연구의 장래」(鄕土研究の將來, 1931)에서는 일본이 "작은 향토의 집합"[22]이라는 것에 주

의를 환기시키고 있다. 그는 당시에 향토를 일본의 부분사회로 생각
하고, 향토연구를 출발점으로 하여 일본인의 생활연구를 의도하고
있었던 것으로 보인다. 향토는 향토인 자신의 내부를 성찰하는 장이
면서, 동시에 일본이라는 대향토 안의 한 부분에 지나지 않는다는 관
념을 지닌 야나기타의 향토연구는 1920년대 후반부터 1930년대 전
반에 걸쳐 전개되었다. 그것이 『민간전승론』을 거쳐 일국민속학으로
결실을 맺게 된다. 이때 유의해야 할 점은 야나기타가 향토연구의 대
상을 일정한 토지에 한정시킬 것을 제일 조건으로 하여, 향토인에 의
한 향토연구를 향토연구의 본래 목적으로 간주하고, 이것을 민간전
승의 학문을 과학화하는 방법이라고 인식했다는 점이다. 한편 『민간
전승론』이 간행된 이듬해인 1935년에 일국민속학의 전국조직인 '민
간전승의 회'(民間傳承の會)가 발족한다. 야나기타는 이제 문화적 정
체성의 기반으로서 일국민속학 운동을 전국적으로 전개하기 위하여
일국민속학의 대상을 설정하고 그 방법을 확립할 필요성을 절실히
느끼게 된다. 그 중에서도 일국민속학의 대상과 방법을 명시한 이른
바 민간전승의 '3분류안'의 작성은 그에게 최초로 부과된 중요한 작
업 가운데 하나였다. 그는 1930년에 '도쿄인류학회'에서 행한 「사회
인류학의 방법과 분류」(社會人類學の方法と分類)라는 강연에서 처
음으로 3분류안을 제시했고,[23] 그 후 수정을 거쳐 『민간전승론』에서
는 '눈에 비치는 자료'를 통한 유형문화 혹은 생활기술지, 생활 제상
(諸相)의 연구, '귀에 들리는 언어자료'를 통한 언어예술 혹은 구승문
예의 연구, '심의감각에 호소하는 자료'에 근거한 연구라고 설정했고,
특히 세 번째의 연구를 '동향인(同鄕人)의 학'이라 규정하고, 이 동향
인의 학이 향토연구의 근간을 이루고 있다고 했다.

이러한 향토관을 지닌 야나기타는 당시 관이 주도하던 향토운동
에 비판적인 견해를 보인다. 도노(遠野)에서 행한 강연 「도호쿠 연구

자에게 바란다」(東北研究者に望む, 1926)에서 메이지 초기의 '지방
개량운동'[24]을 예로 들어 "내무성의 사적명승천연기념물보존협회와
같은 것은 오로지 수단에만 사로잡혀 주요한 결론의 도출을 잊고 있
다"[25]고 비판하고, 사적 보존은 결국 향토를 위해, 그 향토에 대해 아
는 것만을 독립된 하나의 사업으로 삼은 것이므로 찬동할 수 없다고
했다. 그리고 이 지방개량운동을 모델로 하여 시작된 '농산어촌경제
갱생운동'[26]과 그에 호응하여 일어난 '향토교육운동'[27]에 대해서도
"개개의 향토를 연구한 업적을 가지고, 그것을 곧바로 각자 자기 거
주지의 보통교육 특히 유소년의 지덕 함양에 사용할 수 있다고 하는
낙관 내지는 조급한 계획"[28]이라고 비판하고 있다.

　야나기타가 이러한 향토관을 가지게 된 것은, 정작 자신의 고향을
상실했던 그가 추상적인 일본 혹은 일본국가에 고향의 이미지를 연
장 확대시켜 그것을 영원히 자기 것으로 만들려는 강렬한 욕망을 지
니고 있었기 때문이 아니었나 생각된다. 또한 향토나 고향은 일본어
로 '구니'라고 하는데, 이 '구니'는 태어난 고향이라는 한정된 토지뿐
만 아니라 그 토지를 둘러싸고 있는 보다 큰 국토까지도 의미한다.
이와 같은 '구니'의 확대는 정치, 경제, 기술, 교통 등의 발전과 그에
수반되어 나타나는 인간관계의 확대와 불가분의 관계를 맺고 있다.
미약하기는 하지만 '구니'라는 개념에 확대된 향토의식으로서의 네
이션이 의식되고 있는 것처럼, 향토와 '구니'와 네이션이라는 개념은
미묘하게 서로 얽혀 있다. 이러한 향토개념과 더불어 '향토애'라는 것
이 좁은 토지와 결부된 생득적이라고도 할 수 있는 근원적인 감정으
로서 종종 patriotism과 관련시켜 언급된다. 이 patriotism은 보통
애국심이라든지 애국주의로 번역되는데, 여기에 국(國)이라는 말이
개재됨으로써 그 감정은 국가나 국민을 매개로 하는 감정으로 전화
된다. 그리하여 patriotism은 향토애의 동심원적 연장선상에 놓여

국가와 향토를 연속시키는 역할을 하게 되는 것이다.[29]

이와 같이 『민간전승론』 간행 후 야나기타가 연구대상을 작은 향토에서 그것들의 집합으로서의 '일본이라는 대향토'로 확대한 것은 그의 학문 노정에 있어서 대전환을 의미했다. 『국사와 민속학』(國史と民俗學, 1944)에 수록된 「향토연구와 향토교육」(鄕土硏究と鄕土敎育, 1933)에서 야나기타가 개개의 향토생활을 아는 것은 수단에 지나지 않는다고 단언하고 자신들은 향토를 연구하는 것이 아니라 향토에서 "일본인의 생활 특히 이 민족의 일단으로서의 과거 경력"을 연구하고자 한다고 했던 것도, 그리고 향토연구에서 출발한 일국민속학을 국민생활지, 국민 총체의 생활지, 국민생활변천지라고 불렀던 것도 야나기타의 사상에 단일민족사관과 일본문화 동질관이 정착했기 때문일 것이다.

3. 혼합민족설에서 단일민족설로

1) 일국민속학의 형성과 정착

야나기타의 일국민속학은 기존의 문헌사학에 대한 비판이 중요한 특색이라 할 수 있다. 일국민속학을 구상하던 당시의 야나기타는 문헌사학이 등한시해 온 '잔존문화'로서의 folklore[30]에 주목함으로써 일본의 '평민의 역사' 혹은 '상민(常民) 대중의 역사'를 밝힐 수 있다고 확신하고 있었다. 즉, 메이지 유신 이후, 근대화과정에서 새로운 제도나 지식이 도입되어 민간에 전승되어 온 folklore가 서서히 소멸하고 있었지만, 일본에서는 매일매일의 생활 속 사실들이 현재에도 과거를 이야기해 주고 있다고 생각하고 이것을 잔류 혹은 지속이라고 생각했던 것이다. 야나기타가 정독한 진화주의 인류학자 타일러의 애니미즘론 등은 바로 이 유제(survival) 개념에 기초하여 구축된 이론이었고, 야나기타도 그의 영향을 받았던 것이라 생각한다.

또한 야나기타는 타일러의 유제개념을 문명사회에 적용한 곰 (Gomme)의 이론에도 영향을 받는데, 곰의 이론이란 folklore에는 하나의 문화단계에서 보다 높은 단계로의 발전이 없다고 하는 것이다. 야나기타가 기존의 문헌사학에 대항하여 일국민속학을 정의하기를 "folklore를 일차자료로 하는 사외사(史外史)"라고 부르고, 일국민속학을 광의의 역사학이라고 간주한 것도 바로 이 곰의 영향이라 할 수 있을 것이다. 한편, 프랑스의 민속학자로부터도 영향을 받고 있는데, 가와다 준조(川田順造)는 구두전승이나 행위전승 등의 지방 문화의 채집과 집성운동의 중심인물이었던 폴 세비요(Paul Sébillot)를 들고 있다.[31] 야나기타가 일국민속학을 구상하던 당시, 그의 서명이나 학회명, 기관지명에 사용했던 '민간전승'은 세비요의 학문에서 핵심어인 traditions populaires의 번역어이다. 또한 방법적인 면에서도 탈중앙·탈문자 기록을 지향한다는 점에서 공통성을 보이고 있다.[32] 그리고 판 헤넙(van Gennep)과도 공통된 면이 있다. 우선 판 헤넙이 민속학을 유럽 농민의 민족지라고 규정하고, 민속과 역사의 관계를 중시하여 민속학의 목적을 농민생활의 흔적을 찾는 것이라고 생각한 점이고, 또 하나는 판 헤넙이 folklore에는 현재의 사실뿐 아니라 과거의 사실이나 미래의 가능성도 포함되고, 이것을 분석하는 방법으로서 언어학과 비교법에 주목했다는 점이다. 즉 야나기타가 일국민속학을 농민을 중심으로 하는 '국민생활지' 혹은 '국민생활변천지'로 간주하고, 민속어휘 중심의 연구나 자료수집과 분류를 중시하여 국내의 민속사상의 비교를 촉진한 것은 판 헤넙의 시점 및 방법과 공통된 것이다.

이와 같이 야나기타의 일국민속학의 시점과 방법에는 영국의 타일러나 곰, 프랑스의 세비요나 판 헤넙의 영향을 인정할 수 있지만, 그 이념의 측면에서는 독일 민속학과 상통하는 것이 상당히 존재한 다. 영국 민속학이나 프랑스 민속학이 탄생하던 무렵에 양국은 이미 국민국가가 창출되고 중앙집권도 정비되어 있었지만, 후발국인 독일 에서 국민국가가 창출되는 것은 19세기 후반이었다. 당시의 독일은 그 때까지 분립되어 있던 제 민족을 정치적으로 통일하고, '일민족 일언어 일국가'를 실현하는 것이 급선무라고 여기고 있었던 시기였 다. 독일 민속학은 이러한 정치적·사회적 상황하에서 단일민족학 (Volkskunde)으로서 탄생했다. 단일민족학으로서의 독일 민속학은 19세기 초 이래, 민족의식의 각성·성장과 더불어 네이션(=민족)의 고유문화에 대한 동경과 현창(顯彰)을 필수조건으로 삼고 있었다. 그러한 의미에서 독일민속학은 본래 자민족의 연구를 주안점에 둔 학문이었고, 그 바탕에는 민족적인 정념(情念)이 흐르고 있었다.[33] 야나기타가 창출한 일국민속학에도 독일민속학과 공통된 측면이 있 다. 첫째, 야나기타가 일국민속학을 "자국민동종족의 자기성찰" 혹은 "스스로를 알기 위한 학문"이라고 규정한 점이다. 둘째, 야나기타가 연구대상을 한 나라(일본) 안의 '주요 종족'에 한정하고, 전시중(戰時 中)부터 패전 후에 이르기까지 '고유신앙'의 문제에 몰두한 점이다. 셋째, 일본인의 국가적·민족적 정체성(natioal identity)을 추구하고 자 하는 정념이다.

　이러한 배경을 가지고 야나기타가 새롭게 만들고자 했던 신흥학 문 일국민속학은 우여곡절을 겪으면서 정착하게 된다. 표1은 일국민 속학이라는 용어가 성립하기까지 야나기타가 보여준 고심의 행로를 보여주고 있다.

　〈표〉에서도 볼 수 있듯이, 민속학과 민족학 혹은 토속학 등의 이 름으로 연구대상의 한정에 대해 많은 고민을 하는데, 기본적으로

〈표〉 민속학·민족학 용어의 번역과 성립과정

	연대	용 어				
		folklore	Volkskunde	Völkerkunde	Ethnology	Ethnography
잡지 『민속』 (일본민속학회)	1912	민속학	민속학			
『청년과 학문』	1928	민속학			토속학	
「Ethnology란 무엇인가」	1928				장래에 국민적으로 되어야 한다	
「동북과 향토연구」	1930		자국민속학 혹은 national ethnology	諸國민속학	민속학	민속지
「향토연구의 장래」	1931		일국민속지학	비교민속지학	민속학	민속지
『민간전승론』	1934	민간전승			토속학	토속지 혹은 토속지학
『민간전승론』 이후		민간전승	일국민속지학	만국민속지학	토속학	토속지
'일본민족학회' 발족 후	1935	민속학	민속학		민족학	
『국사와 민속학』	1944	민속학	일국민족지학	비교민족지학	민족학 혹은 비교민족학 토속학	토속지

folklore는 내부로부터의 조사를 기반으로 몇몇 선진국에서 스스로를 알기 위해 실천하는 학문이고, ethnology는 외부로부터의 조사를 기반으로 세계의 많은 민족이 선진개화한 나라의 사람들에게 자신을 알리기 위한 학문이라고 인식하고 있었다. 따라서 민간전승의 채집과 토속조사의 차이는 전자가 각각의 나라들을 대상으로 하고 후자는 다른 인종들을 대상으로 한다는 것과, 전자가 정밀하고 미세한 내부의 심리적 현상마저 조사할 수 있는 데 비해 후자는 대략적인 견문 정도만을 기대할 수 있다는 것을 전제로 하고 있다. 야나기타는 『국사와 민속학』(國史と民俗學)의 「자서」(自序, 1943)에서 번역어의 정정이유에 대해 다음과 같이 밝히고 있다. "민속학과 민족학이라는 두 학문의 접속에 대해 초기에는 매우 용이한 것이라고 낙관했다." 그런데 "두 학문의 거리가 멀어지고 민속학은 한 민족의 내부생활에, 민족학은 일본 이외의 여러 민족의 문제에 집중함으로써 분업상

태가 계속되어 왔다. 그래서 그것들을 각각 일국민속학과 비교민속학으로 부르면 될 것이라고 생각했는데, 민족학 쪽에서 '관립연구소'와 공인 학회[34]가 생겨남으로써 그것을 움직이는 것은 불가능해졌기" 때문에 과거에 민속학이라 부르던 것을 민족학이라 부르게 되었다고 했다. 그리하여 일본에서 민속학과 민족학이라는 두 개의 '민조쿠가쿠(ミンゾクガク)는 결별하여 오늘에 이르고 있다.

그런데 메이지 시대의 내셔널리즘적인 사조 안에서 1890년을 전후하여 종족이나 인종, 민족이라는 말이 사용되기 시작했다. 메이지 초기 후쿠자와 유키치(福澤諭吉, 1834~1901)는 『문명론의 개략』(文明論之槪略, 1875)에서 nationality를 '국체'(國體)로 번역하고 "국체란, 한 종족의 인민들이 서로 모여 우락(憂樂)을 같이 하고 타국인에 대해 자타의 구별을 만들어, 화복(禍福) 모두 스스로 담당하여 독립한 것을 말한다"[35]고 하여 민족에 해당하는 집단에 대해 종족이라는 용어를 사용했다. 또한 1889년에 잡지 『일본』을 창간했던 구가 가쓰난(陸羯南, 1857~1907)은 nationality를 '국민주의'라 번역했고, 국가는 그 국민주의를 기초로 하는 정치적 단위로 간주했으며, 문화를 "국민 특유의 성격을 형성하는 언어, 풍속, 혈통, 습관"이라고 규정한 다음, 국민주의를 "일국 고유의 성격과 아주 긴밀한 관계를 가지고 있는 문화에 도움이 되는 것"이라고 주장했는데,[36] 그 역시 후쿠자와와 마찬가지로 종족이라는 용어를 사용하고 있다. 당시에 민족이라는 관념을 명확히 사용한 것은 야나기타에게도 영향을 미쳤던 호즈미 야쓰카(穗積八束)였다고 한다. 야나기타의 개념은 이러한 메이지 시대의 내셔널리스트들의 견해를 계승하고 있는데, 그는 1926년부터 1930년에 걸쳐 종족·인종·민족이라는 용어를 가장 많이 사용하고 있다.[37] 이 시기는 야나기타가 일국민속학의 기초를 다지기 위하여 유럽의 인류과학 분야의 문헌을 섭렵하고 잡지 『민족』을 창간했던 시기와 거의 일치한다. 야나기타는 일반적으로 개념규정을 명확히 하지 않고 사용하는 경향이 있으며, 이 용어들도 예외는 아니다. 하지만 전반적으로 초기에는 종족과 인종을 동일한 의미로 사용하다가 점차 종족을 문화적 개념으로, 인종을 생물학적 개념으로 사용하고, 종족을 민족의 하위개념으로 사용하는 경향을 보인다.

2) 혼합민족설과 단일민족설 사이에서

야나기타의 주요 관심사가 상민의 생활사를 통해 일본문화의 전통을 규명하는 데 있었지만, 그가 처음부터 상민의 생활사에 집중했던 것은 아니었다. 당초에 그는 산의 세계 혹은 야마비토(山人)의 세계에 관심을 가지고 있었다. 야나기타의 초기 3부작[38]은 산을 중심으로 하는 세계에 대하여 서술하고 있다. 그의 주장은 명백했다. 야마비토가 실재한 인간이며, 과거에 번성했던 일본열도의 선주민의 후예였는데, 도작민(稻作民)들에게 쫓겨 오늘날에는 그 세력이 극도로 약화되어 절멸의 위기에 처해 있다는 것이었다. 즉 일본열도가 단일민족이 아니라 복수의 민족으로 이루어졌다고 상정하고 있었다. 야나기타가 이와 같은 일본민족의 다계(多系)적 구성에 대해 언급한 것은 1917년에 일본역사지리학회에서 행한 강연을 정리한 「야마비토고」(山人考)였다. 그는 "현재의 일본국민이 다수의 종족으로 혼성되어 있다고 하는 것은……이제는 움직일 수 없는 통설이 되었다"고 전제하고, 고대 일본의 종족으로서 여러 지역의 풍토기에 등장하는 쓰치쿠모(土蜘蛛), 『일본서기』의 기록에 나타나는 구즈(國栖 혹은 國巢)를 대표적으로 들고 있다. 또한 이러한 소수집단들이 통합되어 단일민족화되었다고 상정했고 그 흔적을 산카(サンカ), 샤쿠지케즈리(杓子削り), 오미(近江)의 오구라(小椋) 씨 등에게서 찾고 있다. 이와 같이 지배민족에게 패한 선주민족이 산으로 쫓겨가 타민족이 되었다

는 설은 일찍이 구메 구니타케(久米邦武)가 제창했으나, 야나기타의 야마비토론은 당시의 인류학이나 역사학의 논리를 수용한 결과였으며, 『인류학잡지』에 아이누의 풍속에 관한 글을 투고하기도 했다.

1926년에 발표된 『산의 인생』(山の人生)은 야마비토 연구의 집대성이라고도 할 수 있는데, 여기서는 그 이전(1910년대)에 볼 수 있었던 야마비토=선주민이라는 강력한 주장이 상당히 후퇴하고 있음을 느낄 수 있다. 깊은 산중에 야마비토와 같은 괴이한 종족이 서식하고 있을 가능성을 버리지는 않고 있지만, 산(山)의 존재가 이제는 '사토비토'(里人, 평지인)의 마음에 비친 그림자가 되고, 그들의 마음 내부로부터 야마비토를 보고자 하는 시점이 크게 대두되었다. 일본열도의 복수민족설과 복합문화설도 시야의 바깥으로 벗어나고 있었다. 야마비토에서 상민으로 야나기타의 자세가 전환되었던 것이다. 이러한 전환은 단순히 야마비토 연구의 종언이었다기보다는 야나기타가 일국민속학을 형성하기 위하여 국가측에 가담할 수 있는 것, 혹은 그 가능성을 가진 것들만을 더 많이 채집하기 위한 선택이었을 가능성이 매우 높다. 그리하여 『민간전승론』을 발표하던 시기부터 일국민속학의 성립을 목표로 삼아 시점을 대폭적으로 전환하여 '주요 종족'을 중심으로 하는 일본민족의 단계(單系)구성론 혹은 단일민족론으로 옮겨가, 전시 중에 발표한 「역사교육 이야기」(歷史敎育の話)에서 "동일한 나라이고 동일한 민족이라는 것이 이미 옛날부터의 상태이다"라고 했다.

그런데 야나기타가 야마비토들에게서 가장 오래된 일본인의 생활문화의 흔적과 심의현상의 유제를 찾아내고자 했던 시도가 결정적인 전환점을 맞이하게 되는 것은 1921년에 겪은 두 가지 경험을 통해서였다. 오키나와 여행과 국제연맹위임통치위원으로서 스위스의 제네바에 부임하여 '남양군도'의 통치형태 결정에 참가한 것이다. 오키나와의 발견은 본격적인 일국민속학적 연구의 계기가 되었으며 동시에 그의 연구영역에서 야마비토가 사라져 간 것이기도 했다. 그는 오키나와가 일본의 오래된 전승을 전해주는 보고(寶庫)라는 자각을 했고, 이때부터 그는 일본열도 문화의 기층(基層)적 성격을 오키나와에서 발견하고자 했으며, 그것(오키나와)을 포함하여 일본 전체의 동질성을 강조하기 시작했다. 그는 오키나와에는 농민과 어민은 있어도 표박(漂泊)생활을 하는 사람은 없고, 고대의 생활관습과 신앙이 농후하게 전해지고 있다고 지적하면서 오키나와 사람들도 상민의 범주에 포함시켰다. 이처럼 오키나와의 발견은 야나기타의 일국민속학에 지대한 영향을 미친 중요한 사건이었다. 한편 국제연맹위임통치위원으로서의 경험도 무시할 수 없는 중요한 계기가 되었다. 야나기타 자신도 스위스에서 위임통치위원으로 일하면서 얻은 소중한 교훈은 '섬의 문화사상적 의의'를 통감한 것이라고 술회했다. 이 시점부터 야나기타는 일본을 남양의 섬들이나 오키나와와 마찬가지로 세계의 중앙인 유럽 대륙의 국가들로부터 소외된 '섬'으로 묘사하고 있다. 과거에 산이 차지하고 있던 위치는 섬으로 대치되고, 늘 중앙이기만 했던 일본과 야나기타 자신이 제네바의 경험[39]을 거치면서, 일본은 내부에 '산'을 포함한 제국이 아니라, 구미 제국들에 압도당하는 작은 섬으로 여겨지게 되었던 것이다. 요약하면 야마비토론을 전개하던 시기의 야나기타는 전술한 바와 같이 일본인을 다양한 혼합민족이라고 생각했으나, 오키나와를 발견하고 제네바에서 유럽인들을 접한 뒤에는 일본인을 단일한 존재로서 묘사하게 되는 시점(視點)을 체득하게 되는 것이다. 이와 같이 '남도'를 지향[40]하면서 등장하는 개념이 상민으로서 그의 민속학은 아래로부터의 국민통합을 주장하게 된다.

4. 민족적 정체성과 고유신앙

1) 민족의식으로서의 '고유' 개념에 대하여

전술한 앤서니 스미스에 의하면 민족적 정체성의 기능은 '역사' '운명' '공동체' '동포애' 등을 핵심개념으로 하고 있으며, 그 중에서 역사, 운명, 공동체는 문화적 정체성의 핵심개념이기도 하다.[41] 그는 문화적 정체성이란 어느 한 문화적 단위 안에 그 구성원들의 각각의 세대가 연속성의 자각을 가지고 있는 점, 역사상 그 이전의 사건이나 시기에 대한 기억을 공유하고 있는 점, 그리고 그 단위나 집단의 운명에 대해 각각의 세대가 받아들이고 있는 개념이 존재하는 점과 관련이 있다고 했으며,[42] 네이션과 문화를 치환 가능한 개념으로 간주하여 national identity와 cultural identity를 유사한 개념으로 사용했다. 그리하여 집합적 자의식인 민족적 정체성(national identity)은 역사적 연속성의 의식과 과거 기억의 공유 등을 근거로 하고 있고, 사회의 역사적 기반이 동요할 때 위기상황이 초래된다고 주장했다.

　야나기타의 일국민속학도 이와 같은 일본인의 집합적 자의식(＝민족적 정체성)의 위기의식과 깊은 관련이 있다. 간토 대지진 소식을 접하고 유럽에서 귀국한 야나기타는 "하루라도 빨리 운동을 일으켜, 본류의 학문을 위해 분연히 일어설 결심을 했다"고 한다. 이 본류의 학문이야말로 일국민속학이며, 그 운동이란 일국민속학을 보급하기 위한 민속학운동이었음은 말할 나위도 없다. 또한 1945년의 패전도 야나기타에게는 민족적 정체성의 위기의식을 불러일으키는 계기가 되었다. 이듬해 잡지 『전망』(展望)에 기고한 「희담일록」(喜談日錄)에서 패전 후에 도움이 될 만한 과제로서 '국민의 고유신앙' '사람의 마음을 진정시켜 주는 문학' '국어의 보통교육'을 들고 있다. 그 중에서도 고유신앙을 "아주 먼 옛날부터 있었음이 분명한 것"이라고 전제하고, 일본문화의 역사적 연속성을 재확인하고 그 왜곡된 모습을 시정할 필요성을 주장했으며, 이러한 위기의식에서 『신국학담』(新國學談)의 3부작인 『사이지쓰 고』(祭日考, 1946), 『야마미야 고』(山宮考, 1947), 『우지가미와 우지코』(氏神と氏子, 1947)를 집필했다.

이와 같이 고유신앙의 문제는 야나기타의 일국민속학 안에서 주요한 핵심개념으로서 특정한 시기에 집중적으로 논의되고 있는 주제이다. 야나기타가 '고유'라는 용어를 집중적으로 사용하는 것은 전시 중과 패전 후, 즉 1940년대 전반부터 후반에 걸친 시기이다.[43] 그가 사용한 고유라는 용어는 '고유신앙' '고유의 신앙' '고유종교' 외에 '고유의 일본인의 생활' '고유의 일본어' '고유의 문화' '고유의 국풍' '고유의 전승' '고유의 제도' '고유의 사상' 등의 용례를 보여준다. 또한 특이한 것은 이 시기에 '국민'이라는 단어가 고유와 거의 동일한 빈도로 사용되고 있다는 사실이다. 그가 주장한 '국민의 고유신앙'이란 과제는 이런 맥락에서 이해되어야 할 것이다.

야나기타는 고유신앙 중에서도 특히 영산신앙(靈山信仰)에 주목하고 있다. 이것은 전쟁 말기에 집필되어 패전 후에 발표된 『선조 이야기』(先祖の話)에서 다루고 있는데, "영산 숭배는 일본에서는 불교의 도래보다도 더 오래된 것이다. 불교는 오히려 이 고유의 신앙을 자신을 선전하는 데 이용했다고 생각한다"[44]고 했으며, 죽은 자가 간다는 영산으로서 우소리잔(宇曾利山, 靑森縣), 다테야마(立山, 富山縣), 시키미야마(樒山, 三重縣熊野)를 들고 있다. 요약하면, 전쟁 전에는 고유신앙을 외부에서 배워온 흔적이 없으며 옛날부터 전해오는 하나의 민족신앙이라고 파악했던 야나기타는 전시 중이던 1942년에 『일본의 마쓰리』(日本の祭, 1942)에서 나라의 전체적인 변화과정을 살펴보기 위해서 고유신앙연구가 필요하다고 역설했다. 또한 그는 마쓰리를 통해서 일본 고유의 신앙이 간직했던 옛 모습과 그

것이 변천하여 지금의 모습을 갖추게 된 실정을 알 수 있다고 했다. 그리하여 마쓰리의 본질은 "신의 곁에 있는" 것이라 생각했고, 그 신 (神)이란 "조령들의 힘의 융합"이라고 해석함으로써, 우지가미와 조 령이 불가분의 관계를 맺고 있다는 점을 시사하고 있다. 그리고 패전 후에는 고유신앙을 역사적 경험에 근거한 무의식의 전승이라고 해석 하고, 이른바 고유신앙은 어느 민족에게서나 가슴에서 가슴으로 전 해지는 전승이라고 규정했다. 패전 후 민속학자들의 협력을 얻어 편 집한『일본인』(日本人, 1954)에서 야나기타는「이에의 관념」(家の觀 念)이라는 논문을 통해, 제도로서의 이에 문제를 다루고 민족적 정체 성의 위기상황에서 그 정체성의 근거지를 이에에서 찾고자 했다. 앞 서 언급한『선조 이야기』는 결국 이러한 이에와 조상의 관계를 주제 로 한 고유신앙론이라 할 수 있을 것이다.

2) 국가신도(國家神道)와 고유신앙 연구

전술한 바와 같은 이에와 선조에 관한 내용은 신도의 해명과 더불어 야나기타 민속학이 주요한 목표로 삼았던 일반민중의 신앙심의(信仰 心意)의 세계를 밝히는 두 기둥으로 간주되어 왔다. 그는, 종래의 일 본신도 연구가들이 문자나 문헌에 의존하는 경우가 많았고 모든 곳 에 존재하는 민중의 신에 대한 일상적 생각이나 그 신들에 대한 관심 이 희박했다고 지적하면서, 민속학의 역할에 대해서 다음과 같이 강 조하고 있다.

> 민속학은 오히려 신도사 연구를 지향하는 학문이며, 신도사 역시 민 속학의 중요한 항목의 하나입니다. ……민속학 내에서 어떠한 형태 의 분업이 이루어지더라도, 근원적 문제에 속하는 이에와 조상제사 에만은 모든 연구자들의 관심이 집중되어야 할 것입니다. 그것이 일

본의 경우에는 신도사의 연구가 되는 것이므로 이것을 민속학의 영역에서 제외시킨다면 납득할 수 없는 사람이 당연히 많을 것입니다.[45)]

즉 그는 일상생활 속에서 민중의 생활현상으로서 신과의 교류를 보고자 했던 것이다. 마을사람 개개인의 정신생활이 모든 면에서 우지가미(氏神)와 관계가 있다고 주장했다. 어떠한 일상에서도 마을사람들은 우지가미와 함께 있다고 보았던 것이다.

> 태어난 지 30일째 되는 하쓰데(初出) 날에는 우부스나가미(産土神)를 참배하지 않는 사람은 한 사람도 없고, 7세가 되면 겟사이(潔齋, 목욕재계와 유사한 의식)를 시켜, 새로이 우지코가 되게 하는 곳도 많습니다. 해외여행의 출발과 도착 시에도, 도시의 한복판에서도 우지가미를 모신 신사의 제전이 벌어집니다. 평소에 소원을 빌지 않던 사람도 생명의 도움을 받았을 때는 모두 우지가미 사마(氏神樣)에게 감사의 참배를 합니다. ……몇 대인지 셀 수도 없는 선조대부터, 사람들은 태어나서 신사에 첫 선을 뵈고 나면,[46)] 매일같이 신사 경내에서 놀아 왔습니다. 부모나 조부모 외에 아이들의 성장과정을, 그리고 그 아이들이 마음속에 어떤 소원을 품고 있는지를 우지가미만큼 잘 알고 있는 분은 없다고 생각합니다. 그러므로 매년 행해지는 마쓰리 때에도 다른 특별한 기원을 올리는 법이 없습니다. 비록 오늘날에 이르러서는 기본 뜻을 망각하고 다른 곳의 신불(神佛)에 대해 열렬히 기도를 올리는 사람이 있기는 하지만, 그렇다고 해서 우리 일본인의 신앙의 근간이 되는 것, 즉 우지가미와 우지코가 맺어 온 오랜 세월의 연고는 아직도 전복되지 않고 있습니다.[47)]

우지가미 신앙은 각 지방, 향토의 고유신앙의 원형으로서 민중 안에 존재하고 이어져 왔다. 그런데 메이지 국가는 국가신도 체제하에서 이러한 지방의 신사를 합병하고자 했고, 합병의 주요 대상이 촌사(村社)·향사(鄕社) 혹은 무격사(無格社)와 같이 민중과 가장 깊이 연결되어 있던 신사들이었다. 1906년경부터 실제적인 통합의 움직임이 일어나는데, 당시 내무성이 주장한 표면적인 이유는 신사의 수를 줄임으로써 신사설비의 충실, 지방주민의 신사경비부담의 경감, 경신(敬神)의 고양 등이었다. 이러한 표면적 이유의 이면에는 러일전쟁 후에 발생한 국가로부터 멀어져 가는 개인들에 대한 대응이라는 목표가 도사리고 있었다. 사적인 생활자세의 확대는 메이지 국가로서는 지극히 우려되는 상황이었고, 방치해두면 국가의 와해를 초래할지도 모르는 위험성을 내포하고 있다고 보고, 모든 개인을 국가적인 인간으로 만들려고 했다. 즉 국민통치에 불안을 느낀 국가가 제사권을 장악하여 민중의 일상에 밀착되어 있는 신앙의 뿌리를 국가가 마련한 그릇 안으로 옮겨 심고자 했던 것이다. 이는 곧 민중의 생사(生死)에 대한 생각을 국가가 직접 장악하겠다는 의미를 가지고 있는 것이었다.

그 땅, 그 숲, 그 신사가 아니면 맛볼 수 없는 종교적 습속의 일상성을 파괴하고, 합리화 혹은 근대화의 미명 아래 이 합병정책을 강행하고자 했던 메이지 국가에 대해 야나기타는 어떠한 생각을 가지고 있었을까? 토착신, 민중의 정신생활을 포섭하고 있던 것을 파괴하고, 촌락공동체 전체를 장악하고자 했던 국가의 의도를 그는 간파하고 있었다. 그리하여 정확한 조사와 검토를 통해 민중의 신앙실태를 충분히 파악한 연후에 행정지도를 해야 한다고 주장했다. 이와 같이 야나기타는 우지가미 신앙을 일본인의 고유의 신앙이라고 했고, 국가측에서 제시하는 교의적인 것과는 구별했다.

그런데 야나기타가 국가신도와 우지가미 신앙을 대치시키기만 한 것은 아니었다. 그는 우지가미 신앙을 그가 제창한 국민사회, 내셔널한 것들의 공통항으로서 보편화하고자 하는 기대감과 희망을 피력함으로써 민중 고유의 신앙이 야나기타류의 내셔널리즘을 형성하는 데 중요한 점으로 간주했다. 하지만 야나기타는 개별 촌락의 우지가미 신앙이 있는 그대로의 형태로 민족적인 자각을 낳을 것이라고 생각하지 않았다. 그 지역 고유의 우지가미 신앙은 그 자체로서 지역적인 폐쇄성을 지닌 것이므로, 그 신앙이 일본민족에게는 고유한 것이고 본질적으로 일본 전국에 공통된 것이라는 사실을 국민 한 사람 한 사람에게 자각시킴으로써 폐쇄적인 소집단적 종교의식을 민족적인 수준의 국민의식으로 전화시키려고 했던 것이다. 다시 말하면, 야나기타는 국가가 만들어내는 신도가 아니라, 국민의 내면적 자각에 기초한 공동의식으로서의 신도를 의식하고 있었던 것이다. 야나기타에게는 하나의 전제가 되는 국민통일상, 국민통일 정서의 이미지가 있어서 거기에 모든 것을 수렴시키고자 하는 작위성이 있었다고 할 수 있는데, 결국 공동체 안에 국가의 논리를 거절하고 타파하고자 하는 부분이 있음을 알면서도 야나기타는 그 부분을 외면하거나 은폐하고 있었다고밖에 할 수 없는 것이다.

5. 결론

1920년대 중반부터 야나기타가 일본의 상민을 대상으로 하는 민속학(일국민속학)으로 그 연구방향을 전환하고 있었다는 것은 전술한 바와 같다. 그런데 야나기타의 일국민속학은 단순히 일국완결형의 자문화연구를 목적으로 하는 학문영역만은 아니었다. 거기에는 '자

국민·동종족의 자기성찰'을 이념으로 삼는 문화내셔널리즘이 기반을 이루고 있기는 하지만, 그 연장선상에서 야나기타는 세계민속학을 구상하고 있었다. 『청년과 학문』(靑年と學問)에서 그는 "민속학(folklore)은 본래 각국 독립(national)의 학문"[48]이라고 했다. 야나기타에 의하면, 사람들의 풍속이나 습관 등을 기록하는 학문(오늘날의 문화인류학)은 일찍이 유럽 국가들이 식민지의 '토인'을 연구하는 학문으로 시작되었는데, 그 자신은 그러한 학문은 인종적 편견을 포함하고 있을 뿐만 아니라, 현지문화의 이해에도 한계가 있다는 이유로 매우 비판적인 자세를 취했다. 이러한 서구의 학문방법에 대응하여 그가 제시한 것은 자국의 학자들이 자국의 풍속을 조사하는 것이었다. 그것을 담당할 사람은 다름 아닌 자국의 언어와 풍습에 통달하고 또 한편으로는 유럽의 학문방법에도 정통한 사람이어야 한다고 규정했다. 즉, 영국인이 인도를 조사하거나 일본인이 만주를 조사하는 것은 문화인류학/민족학이고, 영국인이 영국을, 혹은 일본인이 일본을 조사하는 것이 민속학이며, 그것이야말로 "각국 독립(national)의 학문"이 되는 것이라고 주장했다.

이 무렵 야나기타가 생각하고 있던 민속학의 사회적 의의는 인종차별의 철폐와 내셔널리즘의 재건이라는 크게 두 가지로 집약된다. 전자는 국제연맹의 위임통치위원으로서 제네바에서 '백인'의 인종차별을 직접 체험하고, 미국에서 일어난 일계이민배척문제를 목도하면서 촉발된 것으로, 유색인종인 일본인 자신의 손으로 정확한 자국조사와 비교연구를 행하여 그 결과를 제시하는 것이 인종편견을 시정할 수 있는 방법이라고 했다. 이를 위해 그는 "인류학의 비교연구를 활발히 행하고, 일본인 중에서 좋은 학자를 양성하여 백인들의 호기심에 대해 새로운 지식을 제공"하며, 더 나아가 "서로 협동하여 인종차별론의 옳고 그름을 판단하도록 하자"[49]고 했다. 내셔널리즘 재건 주장의 배경에는 제1차 세계대전 후의 경제불황과 1925년의 보통선거법의 시행이라는 사회적 상황이 존재하고 있다. 야나기타는 경제불황이 공동체의식을 해체하고 그 결과 무규범과 혼란이 만연하게 될 것이라고 우려하면서, 그러한 상황 끝에서 사회 내에 아노미적 현상을 일으키는 젊은이가 출현하게 되어 타인에 대한 배려가 부족한 사회가 발생하게 될 것이라고 경고했다. 또한 보통선거의 실시는 중우정치(衆愚政治)를 초래할지도 모르며, 혹여 국민의 맹목적 행동이 돌출할까 봐 두렵다고 했다. 즉 일본인이라는 공동체의식과 공공성을 형성하지 않는 한 국가에 혼란이 발생할 것이라고 생각했다. 보통선거가 실시되기 전에는 상민이 정치생활의 권외에 존재했기 때문에 천황과 관료의 명령을 따르는 수동적인 '일본인 의식'만으로도 충분했지만, 그들의 표가 정치를 좌우하게 되는 단계에서는 그것만으로는 부족하게 된다고 보았던 것이다. 그런 관점에서 볼 때, 지배계급이 남긴 문서를 바탕으로 역사를 탐구하는 역사학은 상민들의 역사를 다루고 있지 않은 까닭에 그들로 하여금 주체적인 일본인 의식을 형성하게 하는 기능을 갖고 있지 못하다고 주장했다. 따라서 무문자 사회의 역사를 연구하는 문화인류학의 연구방법을 응용하여 상민의 역사를 탐구하는 학문이 필요하다고 했는데, 그 학문이 바로 '새로운 수법에 의한 역사연구'인 민속학이었던 것이다.

하지만 야나기타는 자신이 제시한 일국민속학이 '대일본제국'의 통치논리를 어떻게 정당화하고 민속 혹은 고유신앙, 민간전승 등 다양한 명목으로 민중 사이에 침투하는가라는 문제에만 골몰했으며, 대동아민속학이나 비교민속학의 대상으로 삼고자 했던 식민지의 그림자는 민속학의 세계 안에서 제거해버렸다. 그는 식민지의 민중들에게 국민으로서의 자격은 부여하지 않은 채 도덕적이고 정신적인 의무만을 강조했다. 예를 들면, 중국과 인도에서 '각국 독립'의 학문이 발생하고 있는 것에 대해 매우 호의적으로 기술하면서도 당시에 싹트고 있던 조선민속학에 대해서는 일체 언급하지 않았다. 다만 대동아민속학의 구상 안에 조선에 아키바 다카시(秋葉隆)가 있어서 이러한 작업에 동참할 수 있을 것이라고 지적하는 정도였다. 그 이유는 분명하다. 야나기타의 민속학은 본질적으로 내셔널리즘의 재건과 '각국 독립'의 지향성을 지니고 있었으므로, 그것을 그대로 도입하게 되면 조선민속학은 조선의 내셔널리즘을 환기시키고 식민지의 독립운동을 촉발할 수도 있기 때문이었다. 그는 자국 혹은 자민족에 대해 자부심과 긍지를 가지는 것은 당연하며 그렇게 할 것을 주장하면서도 이웃 나라(특히 식민지)의 사람들이 동일한 것을 주장하는 것은 인정하지 않았던 것이다. 초기에 인종차별철폐를 목표로 삼았던 일국민속학과 비교민속학의 구상은, 야나기타가 식민지 조선과 타이완으로부터 눈을 돌리는 시점에서 포기하지 않을 수 없었을 것이다. 결국 그는 자신의 시선을 일본이라는 한 나라 안에 한정할 수밖에 없었던 것이다.

이와 같은 야나기타의 편협한 내셔널리즘은 마치 촛불 하나만을 들고 동굴에 기도하러 들어가는 사람과 같은 느낌을 준다. 그러한 경우에는 결코 타자에 대한 배려를 가져서는 안되며, 자기존재를 오로지 한 점으로 집약시켜 모든 것을 수렴해야 한다. 그리하여 개별공간을 응축시키고, 스스로를 열리지 않는 상자로 만들어가는 것이다. 상자의 뚜껑을 열어서는 안된다는 금욕성은 그 안의 내용을 위험한 것으로 만들게 된다. 그리고 외부에 대해서도 스스로를 열리지 않는 상자로 남겨둔다면, 그 자신이 얻게 되는 망명적 자유는 위험한 것으로서의 가치를 지니게 되는 것이다. 치외법권으로서의 정념의 자치구가 사상적인 의미를 가지려면 바로 그 위험이 있어야만 한다. 즉 자연을 미화하거나 자연 속에 은둔하려고 하는 유토피아 신봉자의 감각은 악(惡)과 무연해지면 고작해야 아무 생각 없는 낙천주의를 낳게 될 뿐이므로 단순한 유토피아여서는 안된다는 것이다. 야나기타가 일본 안에 스스로를 폐쇄시켜 얻게 된 망명적 자유 혹은 정념의 자치구는 멸사순국의 이데올로기를 조장할 정도로 위험천만한 것이었다.[*]

[*] 이 글은 『일본사상』 8호(2005.4.30)에 실렸던 논문을 가필 수정한 것이다.

오카쿠라 덴신과 일본미술사의 성립

김용철[*]

1. 머리말

서세동점의 세계사적 대세 속에서 서양열강의 무력에 의한 개국, 이어진 불평등조약으로 위기에 빠진 일본이 천황제를 부활시키고 새로운 국가체제를 확립하는 과정은 서양의 미술 개념을 도입하고, 전통적인 서화 장르를 포괄한 미술분야를 새롭게 제도화하는 과정이기도 했다. 그리고 이와 거의 동시에 회화나 조각, 건축 등 조형물을 통해 과거 인간의 역사와 미의식을 규명하는 학문인 미술사가 인문학의 한 분야로서 자리를 잡았다. 여기서 특히 주목할 것은 이 시기에 자국의 미술사, 즉 일본미술사가 하나의 학문으로 성립했다는 사실이다.

일본의 메이지 20년대, 즉 헌법이 발포되고 의회가 개설되어 국민국가의 틀이 형성되던 그 시기에 새로이 등장한 일본미술사는 당대의 상황으로부터 많은 역할을 요구받았고, 이를 충실히 수행했다. 그러나 오카쿠라 덴신(岡倉天心)을 중심으로 하여 이루어진 이와 같은 역할은 오랫동안 학문적인 검토를 거치지 않은 채 연구사에서만 단

* 1964년 경남 거제에서 태어났다. 서울대학교 고고미술사학과를 졸업하고 같은 학과 대학원에서 석사학위를 받았으며 도쿄대학 대학원 미술사학과에서 박사학위를 받았다. 현재 성신여자대학교 대학원 미술사학과 교수이다. 논문으로는 「일본미술사 연구에 나타난 동아시아적 관점에 대한 검토」 등이 있고, 저서로는 『에도시대의 실학과 문화』(2005, 공저)가 있다.

편적으로 언급되어 왔을 뿐이다. 근년 국민국가 연구 붐이 일본미술사 초창기의 상황에 대한 재검토로 이어진 것은 많은 시사점을 내포하고 있다.

이 글에서는 근대 일본의 국민국가가 형성되던 그 시기에 일본미술사를 체계화하고 하나의 학문분야로서 독립할 수 있는 토대를 갖추어가는 과정에서 가장 중심적인 역할을 수행했던 오카쿠라 덴신의 활동에 대해 살펴보려 한다. 이는 불과 얼마 전까지만 하여도 미술사 분야의 특수성만큼이나 예외적인 문제로 남아 있던, 일본미술사 연구의 뿌리에 대한 중요한 일면을 알려줄 것이다. 그리고 국민국가 형성기 일본에서 인문학의 한 분야인 미술사가 어떠한 역할을 수행했는지를 이해하는 데도 중요한 참고가 될 것으로 생각된다.

2. 일본미술사 체계화의 전제: '미술은 나라의 정화다'

근대 일본에서 '미술'이라는 용어가 처음 등장한 것은 1872년의 일이고, 이미 1870년대 후반에는 양화가들에 의해 서양미술사에 대한 소개가 이루어지기 시작했다.[1] 서양미술사의 소개는 양화가들이 자신의 활동이 기나긴 서양미술사의 흐름과 연결되어 있다는 것을 증명해 보이고, 그 정당성을 주장하기 위한 것이었다. 그리고 이와 같은 작업은 1880년을 전후하여 '국수 보존'의 슬로건 아래 대두된 국수주의적 반동의 시기를 지나며 자국의 미술사에 대한 관심을 고조시키는 자극제가 되었다.

사실 오늘날 언어사용의 사정을 고려해보면 '미술공예'로 번역하는 것이 타당하다고 할 'Kunstgewerbe'라는 독일어가 한자어인 '미술'로 번역된 다음 양화가들에 의한 서양미술사 소개가 이루어지고,

국수주의자들의 반동이 대두되기 시작한 그 시기 동안 덴신은 대학을 마치고 미술행정 관료로서 활동하기 시작했다. 그리고 잡지의 지면을 통해 미술에 대한 자신의 견해를 피력함으로써 미술이론가로서의 지명도를 높여갔다.

덴신이 미술에 관해 쓴 글 가운데 가장 먼저 일반에 알려진 것은 「'서는 미술이 아니다'론을 읽다」(書ハ美術ナラスノ論ヲ讀ム)이다.[2] 유럽지향주의자 고야마 쇼타로(小山正太郎)의 '서는 미술이 아니다'라는 주장에 대한 반론으로 발표한 이 글에서 그는 의미상 서양의 'liberal arts'와 연관되어 있는 미술용어에 대해 서양적인 시각에서가 아니라 동양적인 관점, 다시 말해서 동양미술의 특수성을 인정하는 관점에서 이해해야 함을 강조했다.

미술에 대한 덴신의 인식이 더욱 구체적이고 진전된 형태로 나타난 것은 1889년에 창간된 미술잡지 『국화』(國華)의 창간사에서였다.[3] "미술은 나라의 정화다"라는 첫 문장으로 시작하는 이 글에서 그는 미술이 관념의 결정체로서, 그 특징은 문화의 정도, 국민의 풍채를 알게 해준다는 주장을 통해 미술이 국가와 밀접하게 결부된 것임을 강조했다. 나아가 『국화』의 간행목적이 미술의 장려, 보존과 감독, 교육 등에 대한 의견 개진과 회화, 조각 등 제반 미술의 보존 개발에 대한 방침을 제시하고, 국민과 함께 나라의 정화를 발휘하는 데 있음을 덧붙임으로써 일본의 고미술과 관련된 그의 활동이 국가주의적인 색채를 적극적으로 띠게 됨을 분명히 했다.

당시 일본에서 미술을 국가와 결부시키는 일은 드문 일이 아니었다. 예를 들면 도쿄대학에 교수로 초빙되었던 미국인 페널로사(Ernest F. Fenollosa)나 독일 공예가 바그너(Gottfried von Wagner)와 같이 영향력 있는 외국인 초빙인사들뿐만 아니라, 양화가인 다카하시 유이치(高橋由一)의 예에서도 비슷한 인식을 확인할 수 있기 때문이다. 덴신의 스승이기도 했던 페널로사는 "일본미술은 고유의 묘한 바가 있어 그것을 유지하는 것은 국체를 유지하는 것과 같다"고 말한 적이 있고, 바그너 역시도 일본이 국제사회에서 존경받고 있으며 외국과의 교제에서 미술과 미술공업이 가장 큰 원인이 되었다고 말한 바 있다. 이른바 '박람회 시대'에 조형물을 통해 국제적인 커뮤니케이션이 이루어지고, 또 훌륭한 조형물은 국위선양의 일익을 담당하던 당시의 상황이 이들의 인식 속에 반영되어 있다고 할 것이다. 게다가 또 한 가지 중요한 요소는 자포니즘, 즉 일본 애호주의 경향이다. 19세기 후반 서유럽을 중심으로 일본의 우키요에(浮世繪)나 도자기와 같은 미술공예품을 통해 널리 확산된 이 경향은 이후 일본 국내외에서 지속적으로 일본의 미술품이 국가 이미지를 좌우하는 것으로, 그리고 미술이 국가와 밀접하게 연관된 것으로 인식하게 하는 중요한 배경이 되었던 것이다.

앞서 살펴본 예들이 주로 전통미술을 염두에 두고 미술과 국가의 연관성을 논했던 것과는 달리 문명개화시기를 대표하는 양화가인 다카하시 유이치의 경우는 새롭게 수용된 서양미술이 국가에 이익이 됨을 주장한 바 있다. 그는 「서양화법의 국가사회적 유용성」(西洋畵法の國家社會的有用性)이라는 글에서 그림이 만 가지 기술의 기초임을 역설하고 서양화법의 활용을 위한 국가적 제도의 확립이 시급함을 역설했다.[4]

이처럼 근대일본의 메이지 시대는 미술이 장르를 불문하고 국가와 결부된 것으로 인식하는 경향이 팽배해 있었고, 그 바탕에는 국가주의적인 시각이 작용하고 있었음을 알 수 있다. 그리고 이는 미술사의 인식과도 직결된 것으로, 자국미술의 역사를 다루는 일본미술사의 경우 국가와의 결합 정도는 두말할 나위 없이 매우 강력했다.

3. 일본미술사의 체계화를 위한 기초작업

덴신이 중심이 되어 진행된 일본미술사의 체계화는 몇 가지 기초작업을 통해서 이루어졌다. 물론 여기에는 에도 시대까지의 화사(畵史)나 화전(畵傳) 등이 기초적인 지식을 제공하고 서양미술사에 관한 지식이 자극제가 되었을 것으로 추측되나, 거기에 더하여 실물의 조사를 통한 광범위한 자료수집이 미술작품에 대한 계통적인 지식을 가져왔다. 그리고 이 과정에서 페널로사의 선행작업이 큰 공헌을 했음도 간과할 수 없다.

페널로사는 1878년 도쿄 대학 교수로 초빙되어 정치학과 철학 등을 가르쳤다. 가르치는 일 외에 그는 취미로 고미술품 수집과 감정을 하기 시작했는데, 점차 많은 양의 고미술품을 다루게 되면서 전문가를 무색하게 했고, 마침내는 일본인들도 그의 권위를 인정하게 되었다. 용지회(龍池會)와 감화회(鑑畵會)를 거쳐 문부성 도화조사위원(圖畵調査委員)으로 위촉된 그는 미술학교 설립을 위한 기초조사로서 1886년 4월 오사카와 나라 지역의 고미술을 조사하게 되었고, 이어 7월에는 교토 지역의 고미술조사를 진행하게 되었다. 이때 호류지(法隆寺) 몽전(夢殿)의 비불(秘佛) 구세관음(救世觀音)을 조사하는 과정에서 있었던 일화는 이후 이 조사내용과 함께 많은 사람들에게 알려져 유명해졌다.[5] 2년 후인 1888년 4월에는 교토·오사카·나라·시가(滋賀) 등의 지역을 조사했고, 같은 해 5월에는 궁내성이 주도한 대규모 조사단의 일원으로 참여하게 되었다. 당시 궁내성 도서료(圖書寮)의 책임자였던 구키 류이치(九鬼隆一)가 기획하고 조사단장을 맡은 이 조사는 전부 30명에 달하는 조사단이 구성되어 약 4개월에 걸쳐 조사를 진행했다. 궁내성에서 이 조사를 주도한 근본적인 이유는 황실의 재산을 확보하기 위해서였다.[6]

구키 류이치를 단장으로 하여 페널로사·덴신 일행이 참가한 고미술 조사는 조직을 바꿔가며 계속되었다. 1888년 9월 설치된 임시전국보물조사국(臨時全國寶物取調局)의 고미술 조사에서는 구키 류이치가 위원장을 맡고 덴신·페널로사 등의 전문가와 신문사 특파원, 사진기사 오가와 잇신(小川一眞)까지를 포함한 대규모 조사단을 구성하여 전국의 신사나 사찰이 소장하고 있던 고미술품 21만 5천 91점의 현황을 파악했다. 당시 덴신이 남긴 자료에는 유물유적에 관해 메모한 각종 정보뿐만 아니라, 그가 그린 스케치까지 있는 것으로 보아 조사가 아주 치밀하게 이루어졌음을 알 수 있다.[7] 그리고 이 조사결과는 다음에서 살펴볼 일본미술사 성립 및 교육, 도쿄미술학교를 중심으로 이루어졌던 근대 일본화의 발전방향, 그리고 1897년 고사사보존법(古社寺保存法) 제정과 이후 미술사 편찬에도 중요한 토대가 되었다.

일본미술사의 체계화를 위한 덴신의 노력은 일본 내에 국한되지 않고 중국으로까지 이어졌다. 일본미술사 뿌리찾기의 일환이라고 할 이 중국 현지조사사업은 1893년 7월 제국박물관의 출장명령으로 시작되었고, 5개월에 걸친 조사에서는 용문석굴을 발견하는 등 그때까지 알려지지 않은 중국고미술에 대한 학술적인 조사를 실시하는 성과를 올렸다.

덴신의 중국미술에 관한 글로는 중국 출장조사를 떠나기 전인 1890년에 『국화』(國華)에 발표한 「支那古代ノ美術」이 있다.[8] 이 글에서 그는 중국 당대(唐代)의 『역대명화기』(歷代名畫記)를 비롯한 문헌기록을 중심으로 중국미술에 대해 다루면서 일본미술의 연원을 밝히는 데는 중국미술에 대한 이해가 필수적임을 지적하고, 고대 중국에서 회화가 발생하여 전개된 과정과 불상의 제작 등에 대해서 서술했다. 주로 한대(漢代)와 위진남북조(魏晉南北朝) 시대에 관련된 내용을 집중적으로 다루고 있는 이 글은 그가 직접 중국에 가게 되었던 배경을 알게 해준다. 이미 이 시점에서 일본미술의 기원으로 작용한 중국미술의 상이 한 차례 제시된 것이다.

중국 고미술조사를 끝내고 귀국한 1894년에 덴신은 『국화』 54호에 「支那南北ノ區別」을 실었고 『동방협회보고』(東方協會報告) 35호에는 「支那の美術」과 「支那の美術品を探求するの端緒」를 실었으며, 『대일본교육회잡지』(大日本敎育會雜誌) 143호 논설란에도 「支那の美術」의 내용을 게재했다.[9] 이 글들은 중국에 가기 전에 발표한 「支那古代ノ美術」과는 성격이 다를 뿐 아니라, 내용면에서도 큰 차이를 보이고 있다. 사실 그가 중국에 간 가장 큰 이유는 일본미술사의 전개과정에서 각 시대마다 중국의 영향을 받은 사실을 구체적인 조형물을 통해 확인한 다음 일본미술사를 펴내기 위해서였다.[10] 그 중에서도 나라시대의 미술과 관련이 깊은 중국의 한(漢), 위(魏), 진(晋), 그리고 당(唐)의 미술을 집중적으로 조사하고 확인하려 했다.

귀국 후에 발표한 글들은 흥미로운 내용들을 담고 있다. 「支那の美術」에서는 지역이 광대하고 다양한 민족들이 살고 있어 중국인의 특징을 쉽게 파악하는 데 어려움이 있음을 말할 뿐 아니라, 중국이 일견 서양과도 많은 유사성을 보이고 있으며 일본미술과 중국미술의 유사성에도 불구하고 일본미술은 충분한 독자성을 갖고 있다고 주장하는 등 일본미술에 대한 강한 애착이 그대로 드러나 있다. 이에 비해 「支那南北ノ區別」에서는 현장조사를 통해 중국의 화북과 강남의 지역적인 특색과 미술상의 구별을 확인했음을 밝히고 있다. 그리고 한대까지는 화북지역이 미술 발달의 중심이 되었으나 송대에는 강남지역이 중심이 되었으며 당대는 한대와 송대의 중간적인 성격을 가졌다고 하는 다소 도식적인 인식을 드러내고 있다.

중국고미술 조사에서 덴신이 직접 조사한 것은 주로 사찰의 소장품이나 건축물 석불 등이었기 때문에 현재 알려진 중국미술의 전체 상과는 어느 정도 차이가 있고, 특히 회화의 경우는 그 비중이 작았다. 그렇지만 그의 중국답사가 일본미술의 연원을 밝히는 데 1차적인 목표를 두고 있었음을 고려하면 일본의 고대 불교미술이 중국의 영향을 받았다는 사실을 직접 확인한 점은 중요한 의의를 갖는다.

중국 고미술 조사가 갖는 또 한 가지 중요한 의의는 서양문물을 받아들여 소위 문명국으로 변모해가는 일본이, 자신의 역사와 전통문화 속에 내재화된 중국의 문화유산을 새롭게 대상화하여 일본 중심으로 체계화한 점이다. 이로써 중국의 과거 조형물은 그것이 어디에 있든지 일본에 의해 새로운 조명을 받게 되었다.[11]

4. 강의 「일본미술사」의 구성과 내용

1) 「일본미술사」의 구성

현재 남아 있는 덴신의 「일본미술사」는 도쿄미술학교에서 1891년도에 행했던 강의의 강의노트로, 일본인에 의해 최초로 시도된 일본미술사 서술이라는 점에서 큰 의의를 지닌다. 그것은 당시의 용어를 빌려 표현하자면, '일본열도 고유의 미술'(本邦固有の美術)의 정체를 시간축에 따라 확인하기 위해 시도된 것으로, 이른바 '만들어진 전통'인 것이다.[12] 이와 관련하여 일본미술사의 시작과 시기구분 등 몇 가지 측면은 자세히 검토해볼 필요가 있다.

덴신은 일본미술사의 시작을 스이코(推古) 천황시대부터 잡고 있다. 그 이전시기에도 미술품이라고 할 만한 예들이 남아 있음에도 불구하고, 일본미술사의 범위를 스이코 시대로 한정한 데는 이유가 있었다. 표면적인 이유는 미술품이라고 할 만한 자료가 적다는 것이었으나, 그보다는 일본민족 기원에 관한 덴신 자신의 인식 때문이었다.

「일본미술사」에서는 일본열도의 선주민으로서 패총을 만든 집단이 살았으나 이들은 조잡한 미술을 남겼을 뿐 미술의 진보를 이루어낼 수 없다고 단정한다.[13] 이어서 일본민족은 하늘에서 강림한 천손씨로서 태고부터 미술사상을 가졌고, 생활수준이 높았음을 강조했다. 천손의 후예인 소위 야마토 민족(大和民族)과는 혈통이 다른 선주민의 미술을 부정하고 불교가 전래되는 아스카(飛鳥) 시대의 미술에서부터 시작한 것이다.[14]

시대구분에서는 크게 고대·중고·근대의 세 시기로 나눈 다음 스이코 시대·덴지 시대·덴표 시대를 고대로 구분하고 구카이(空海) 시대·가나오카(金岡) 시대·겐페이(源平) 시대·가마쿠라 시대를 중고에, 그리고 아시카가(足利, 무로마치〔室町〕), 도쿠가와(德川) 시대를 근대에 포함시켰다.(표1 참조) 그리고 각 시대의 발전, 쇠퇴과정을 통해 메이지 시대에까지 이른 것으로 파악했다. 한 가지 유의해야 할 것은 강의 모두에 스이코 이전시대 미술을 언급하면서 말한 시대구

〈표〉   **일본미술사의 시대구분**

제목	시대구분										
	古代			中古				近代			
日本美術史講義	推古	天智	天平	空海	金岡	源平	鎌倉	足利		德川	
								東山	豊臣	元錄	天明
日本美術史講義 (總敍)	奈良			平安				足利			
	推古	天智	天平	弘仁	藤原	鎌倉		東山	豊臣	德川	
					延喜	源平	1期	2期		寬永	寬政
日本美術史編纂綱要	奈良		平安		鎌倉	足利		德川		(結論) 明治初年	
	推古	天智	天平	空海	金岡	慧心	建久	北條	東山	桃山	元錄 天明 文化
日本美術史綱目錄	上代	推古	天智	天平	弘仁	藤原	鎌倉	足利	豊臣	寬永	寬政
稿本日本帝國美術略史	國初에서 聖武			桓武에서 鎌倉				足利에서 德川			
	初期	推古	天智	聖武	桓武	藤原	鎌倉	足利	豊臣	德川	

분과 결론부분인 총서(總敍)에 나타난 시대구분이 다른 점이다. 이
는 후자에서 보다 정교한 시대구분을 시도한 결과라고도 하겠으나,
아직 정립되지 않은 과도기적 상황이었음을 말해주는 부분이다.

　이와 같은 시대구분에서 두드러진 특징은 서양미술사의 시대구분
을 의식한 점이다. 서양미술사와의 호환성을 고려한 시대구분으로
특히 주목할 것은 고대에서 나라시대를 강조한 점인데, 이것은 서양
의 고대 그리스·로마의 미술을 의식한 결과라 하겠다.[15] 페널로사로
부터의 영향으로 이해되는 이와 같은 시각은 「일본미술사」의 내용에
서도 자주 드러났다. 또한 나라 시대 미술을 다시 소시기로 구분함에
있어 스이코, 덴지 등 천황의 치세를 중심으로 구분함으로써 천황 중
심의 역사관을 드러내고 있는 점도 간과할 수 없다.[16]

2) 「일본미술사」의 내용상 특징

시대구분에서 살펴본 바와 같이 덴신의 강의 「일본미술사」는 일본민
족, 곧 야마토 민족의 미술이 어떻게 전개되었는지를 살펴보고, 이를
통해 일본미술의 독자성을 밝히는 것이 목적이었다. 일본미술의 독
자성이란 바로 중국을 비롯한 외래미술의 영향을 받으면서도 그것을
순화시켜 일본독자의 특징을 갖추는 것을 뜻한다. 특히 일본의 지리
적인 조건으로 인해 미술 또한 많은 시기에 중국이나 한국으로부터
전래된 것임을 지적하면서도 외래미술의 수입을 부끄러워할 것이 아
니라 그것을 잘 순화해야 함을 강조했다.[17]

　일본미술사의 전개과정을 성장·발전·쇠퇴의 과정의 연속으로 설
명함으로써 마치 생명의 변천과정과 같은 성질을 가진 것으로 파악
하고 있는 점은 헤겔의 사관을 연상시킨다고 하겠으나, 각 시대의 주
요 작품에 나타난 조형적인 특징과 계통을 밝히고, 그 배경이 된 사
상과 문화적인 상황을 설명한 점은 인문학으로서의 미술사에 대한

입체적인 이해를 시도한 것으로 볼 수 있겠다. 또한 나라 시대 미술과 그리스 미술의 비교에서 볼 수 있는 바와 같이 조형물의 수준을 평가함에 있어서는 신운(神韻)을 강조하는 등 구체적인 분석뿐만 아니라 전통적인 직관에 의존한 판단에도 비중을 두었음을 알 수 있다.

덴신의 「일본미술사」 강의에서 중국을 비롯한 아시아 미술과 함께 중요한 비교대상이 된 미술이 바로 서양미술이다. 그리고 아시아 미술이 일본미술의 연원을 밝히면서 그와 동시에 일본미술의 독자성을 드러내기 위한 비교대상이었던 데 비해 서양미술은 양면적인 비교대상이었다. 즉, 호류지 금당벽화나 건축을 비롯한 덴지 시대 미술의 경우 그 연원이 인도·그리스 미술임을 언급하고 서양의 고전미술로서의 그리스 미술에 대한 가치를 인정했다. 따라서 덴지 시대 미술이 그리스 미술의 영향을 받은 사실을 통해 그 관련성을 강조함으로써 일본미술이 서양미술과 같은 기준으로 평가의 대상이 될 수 있음을 드러낸 것이다.

일본미술과 서양미술을 비교하는 또 하나의 경우는 일본미술의 우수성을 강조하기 위해서다. 특히 서양미술이 르네상스 시대를 정점으로 하여 그 이후에는 쇠퇴하는 과정으로 파악함으로써 일본미술의 우월성을 강조한 대목이 군데군데 눈의 띈다.

자민족의 미적인 우월성을 가장 압축적으로 강조하는 부분은 강의의 결론에 해당하는 총서(總敍)이다. 즉, 일본미술이 풍부한 변화를 나타내는 이상적인 나라 시대 미술, 감정적인 헤이안 시대 미술, 그리고 자각적인 무로마치 시대의 미술에 나타나는 장엄·우미·고담 이 세 가지를 갖춘 점은 서양의 어느 나라 미술에서도 찾아볼 수 없는 특징으로 일본미술의 우수성을 나타내고 있다고 주장했다.[18]

이 밖에 일본미술과 서양미술에 대한 우열의 평가를 배제하고 각각의 특징과 그 배경을 설명함으로써 양자가 대등한 수준에 있음을

강조하기 위해 일본미술과 서양미술을 비교하는 경우도 있다. 예를
들면 나라 시대의 조각과 그리스 시대의 조각을 비교하거나 동서양
의 회화를 비교한 대목을 들 수 있다. 나라 조각과 그리스 조각은 각
각 이상적이고 사생적인 특징을 갖고 있어서 나라 미술이 결코 그리
스 미술에 뒤지지 않음을 강조했고, 동서양의 회화에 대한 비교에서
는 동양의 회화가 서예와 깊은 관련이 있고 선을 중요시하는 데 비해
서양의 회화는 조각과 관련이 깊으며 음영, 즉 입체감을 중요시하는
점을 지적했다.

5. 일본미술사 내용의 다양한 활용

1) 제국박물관과의 연관

1886년 궁내성 관할이 된 박물관은 1889년 제국박물관으로 이름을
고치고 조직과 운영, 그리고 전시실의 구성 면에서도 큰 변화를 보였
다. 이전에 농상무성 관할 당시 정부의 식산흥업정책과 밀접한 관련
을 갖고 있던 박물관이 궁내성으로 이관되어 도서료 소속이 된 것은
내각제도의 수립과 그에 따른 황실의 분리로 인해 이루어진 일로 황
실 재산 확보를 위해 취해진 조치의 하나였다.[19] 다시 말하면 박물관
소장품은 천황가 재산의 일부가 된 것이다. 이로써 박물관이 일본의
문화적 역사적·정체성을 확인시켜주는 장으로 기능할 수 있는 계기
가 마련되었고, 국민국가 형성기라는 시대상황에 부합되는 박물관의
기능을 하게 되었다.

　박물관의 관할기간이 농상무성에서 궁내성으로 바뀜에 따라 전시
실 구성도 박람회식 운영에서 탈피하여 전시실은 장르별·시대별로
구분하여 설치했다. 이 가운데 덴신의 일본미술사와 관련하여 주목

해야 할 것은 1889년 제국박물관 발족으로 일어난 변화이다. 이 변화과정에 덴신의 의견이 반영된 것으로 추측되기 때문이다.

제국박물관은 1889년 발족 당시 덴신을 학예위원으로 임명하고, 이듬해에는 미술부장으로 임명했다. 그리고 같은 해 1월에는 전시실을 새롭게 단장하여 개관하면서 사전부(史傳部)·예술부를 폐지하고 역사부·미술부·공예부를 건설했는데, 미술부장 덴신이 정한 방침에 따르면 미술의 교묘함이 돋보이는 유물과 미술의 연혁을 고증하는 데 필요한 것을 미술부 소관으로 했다.[20] 이 같은 방침에서 일본미술의 연혁이 언급된 것으로 보아 덴신의 일본미술사 지식이 활용되었음은 분명하다. 1899년 당시의 진열실에는 천황 관련 유물이 진열된 어물실(御物室) 가까이에 나라 시대 유물실을 별도로 운영한 사실을 미루어볼 때, 이는 나라 시대 미술을 일본미술의 고전기로 파악한 덴신의 일본미술사 인식이 그대로 반영되었던 것 같다.

2) 「일본미술사 편찬요강」과 『고본일본제국미술약사』

근대일본에서 일본미술사 개설서가 처음 발간된 것은 1900년의 일이다. 프랑스어로 씌어진 *Histoire de l'art du Japon*이 바로 그 책인데, 이는 1900년에 열린 파리만국박람회에 출품되었고, 각국의 국왕, 학자, 박물관장, 미술가 등에게 약 300부가 배포되었다.

농상무성이 발행한 이 책은 처음부터 파리만국박람회에 출품하기 위해 준비된 것이었으나, 그에 앞서 제국박물관은 일본미술사 개설서 출판을 계획하여 덴신에게 그 일을 맡겼다. 1891년에 제국박물관이 착수한 일본미술사 출판사업은 임시전국보물조사국의 고미술 조사가 진행됨에 따라 불교사찰과 신사에 소장된 고미술품에 대한 지식이 축적되고, 연대와 계통의 설정이 가능해짐으로써 표준이 될 만한 일본미술사 개설서의 출판계획이 구체화된 결과였다.[21]

일본미술사 간행 팀장 격이었던 덴신은 앞서 살펴본 바와 같이 이미 도쿄미술학교에서 일본미술사를 강의하고 있었으나, 강의와는 별도로 미술사 발간을 위한 준비를 진행해 나갔다. 그가 남긴 자료 중에는 「일본미술사편찬요강」이라는 필기자료가 있어 당시의 사정을 알게 해준다.[22] 고스기 온손(小杉榲邨), 구로카와 마요리(黑川眞賴) 등과 함께 집필한 초고를 덴신이 정리, 가필한 이 원고는 1891년 이후에 작성된 것으로 덴신이 도쿄미술학교 교장직과 제국박물관 이사 및 미술부장직을 사직하던 때까지 진행되었던 것으로 보인다.[23]

제국박물관의 계획에 따라 덴신이 준비했던 일본미술사 개설서의 발간이 지체되는 동안 1897년 농상무성은 제국박물관에 파리만국박람회에 출품하기 위한 일본미술사 개설서 출판을 의뢰했다. 당시 덴신이 편찬 담당, 그리고 후쿠치 마타이치(福地復一)를 편찬 부주임으로 정했다. 그러나 덴신이 1898년에 이른바 도쿄미술학교소동(東京美術學校騷動)으로 사직함에 따라 일본미술사 편찬사업은 원래 계획대로 실행되지 못했고, 후쿠치 마타이치를 편찬 담당으로 하여 1900년 프랑스어판이 완성되어 파리만국박람회에 출품되었다. 그리고 이듬해인 1901년에 『고본일본제국미술약사』(稿本日本帝國美術略史)라는 제목으로 출판되었다.

구키 류이치가 쓴 『고본일본제국미술약사』의 서문에서는 일본이 세계의 공원이며 동양의 보고라는 주장을 펴고 있다.[24] 서론에서 온갖 미사여구를 동원하여 일본의 자연과 일본인의 성향을 찬미한 이 책의 본론은 기초가 되었던 「일본미술사편찬요강」과는 차이를 보인다. 고대의 시기구분에서 스이코(推古), 덴지(天智)를 비롯하여 쇼무(聖武), 간무(桓武) 등 천황의 치세를 더욱 강조하고, 목차에서부터 외국으로부터의 영향에 대한 서술을 각 절로 독립시키려 했던 본래 계획을 변경하여 절의 제목에서는 외국의 영향을 배제하고 그 내용을 본문에 용해시킴으로써 겉으로 드러나지 않게 했다. 그리고 미술의 변천에 영향을 준 일본 국내사정에 대한 설명을 늘였다. 뿐만 아니라, 나라 시대 미술을 일본미술의 고전기로서 중시했던 덴신과는 달리 『고본일본제국미술약사』에서는 견당사가 폐지되고, 미술과 문화의 각 분야에서 소위 국풍화가 진행된 헤이안 시대의 미술이 일본미술의 정수를 더 잘 보여주는 것으로 이해함으로써 국수주의적인 색채를 강하게 드러냈다.[25]

3) 『동양의 이상』

오카쿠라 덴신의 일본미술사에 대한 지식, 그리고 인식이 한 단계 강한 톤의 주장과 결합된 것은 1903년에 출판된 『동양의 이상』(*The Ideals of the East*)에서였다. 영어로 써서 런던에서 출판한 이 책은 '아시아는 하나'라는 첫 구절로 유명하기도 한데, 그 내용을 보면 아시아를 하나의 권역으로 설정하고 아시아 전체를 염두에 둔 주장을 펴내고 있다.[26] 불교와 힌두교를 비롯한 인도의 종교, 유교와 도교를 중심으로 한 중국의 철학, 그리고 일본의 미술이 삼위일체가 되어 동양의 이상을 구현한다고 주장했다. 그리고 이와 같은 동양의 이상은 서양의 무력·과학보다 더 우월하다는 것이었다. 특히 주목할 것은 일본미술의 위상이다. 그는 일본미술이야말로 인도의 종교와 중국의 철학 사이, 즉 중심적인 위치에 있음을 강조한다. 두 차례에 걸친 중국여행, 그리고 인도 방문은 덴신이 아시아는 문화적 공동체라는 인식을 갖게 하는 데 큰 영향을 미쳤다. 특히 1893년 시카고만국종교회의를 계기로 덴신은 불교나 도교뿐만 아니라, 힌두교와 같은 여타 아시아의 종교에도 깊은 관심을 갖게 되었으며, 덴신은 식민지 상황에 처해 있던 인도와 서양열강의 침탈대상이었던 중국에 대한 강한 유대감을 담아 아시아, 곧 동양이 하나임을 선언했던 것이다.

4) 당대 미술과의 연관

고미술 조사사업을 통해 형성되고 일본미술사 강의에 드러나 있는 덴신의 일본미술사 인식은 국립미술학교인 도쿄미술학교 설립과정과 개교 후 학교 운영에 그대로 적용되었다. 1889년에 개교한 도쿄미술학교에는 회화에서는 일본화, 조각에서는 목조, 공예는 금속공예와 칠기 같은 전통미술 장르를 가르치는 학과만 설치되었다. 이는 학교 설립의 가장 큰 목표가 일본 전통미술의 부흥이었음을 말해준다.

도쿄미술학교에서 행한 일본미술사 강의의 서두에서 덴신은 미술사가 과거의 죽은 것, 곧 사물이 아니라 살아 있는 것이라고 말함으로써 미술사의 현재적인 의미를 강조했다.[27] 또한 1893년 학교운영 체제를 바꾸는 과정에서 회화과의 경우 불화, 가노파, 사생파와 같이 일본미술사 속의 주요 화파를 중심으로 교실을 나누었다.

이와 같은 일들로 미루어볼 때 덴신은 철저하게 실천적인 차원에서 미술사의 의의를 파악하고 있었고, 일본미술사와 당대의 미술을 연관시키려 했음을 알 수 있다. 그와 같은 덴신의 의도가 제자들의 그림에 잘 반영된 예가 이른바 몽롱체(朦朧體) 화법이다. 몽롱체 화법을 구사한 요코야마 다이칸(橫山大觀)과 히시다 슌소(菱田春草)는, 서양화에서 보는 빛과 공기의 문제를 일본화에서 해결하기 위해 전통적인 먹선을 배제하고 몰골기법을 사용한 것은 일본미술사 속의 색선묘법과 색면묘법의 전통을 발전시킨 것이라고 밝혔다.[28]

6. 맺음말

이상에서 본 바와 같이 근대 일본의 국민국가 형성기에 성립된 일본 미술사 분야는 국가와 미술의 밀접한 관련 위에 조형물을 통한 과거

재구성 작업의 결과물이었다. 이로써 당시 일본인의 문화적 정체성을 확립하는 데 중요한 자산이 되었고, 박물관이나 출판물 등을 통해 문화적 통합을 이루는 데 공헌했다. 뿐만 아니라 서양에 대한 조형적 대응에서 전통이 중요한 수단이 될 수 있음을 보여줌으로써 당대의 미술 실천과도 강하게 결합되어 있었다.

이와 같은 일본미술사 성립의 중심에는 오카쿠라 덴신이 있었다. 하지만 일본미술사의 성립을 이해하고자 할 때 그 외의 분야와는 다른 상황과 논리가 적용된 사실을 간과해서는 안된다. 이는 일본미술사의 성립이 자포니즘에서 보듯이 서양이라는 '강한 타자'의 눈이 배경에 있었고, 서양인 페널로사의 활동에 의해 그 기반이 마련되었음을 진지하게 고려해야 한다는 것이다. 다카기 히로시(高木博志)는 이를 두고 근대일본에서 일본미술사는 유럽과 미국에 대한 자화상으로 그려졌다고 표현한 바 있다.[29]

두 번째로 고려해야 할 것은 덴신의 태도이다. 덴신은 서유럽과 미국에 확산되고 있던 자포니즘에 영합하면서도 보다 능동적인 면을 지니고 있었다. 동양의 역사와 문화에 대한 서양인의 이해 부족을 이용하여 동양적 신비주의로 이어질 수 있는 주목할 만한 시도들을 했던 것이다.[30] 『동양의 이상』에 나타나 있듯이, 그 중심은 당연히 일본의 미술이다. 결국 근대 일본에서 덴신의 주도 아래 이루어진 일본미술사의 성립은 서양에 대한 대응이라는 차원에서 본다면, 양면적이다. 즉 이미 문명국으로서 '강한 타자'인 서양에 대해 그들의 시각을 수용하는 한편 그것을 주도적으로 이끌어가려는 시도까지를 포함하고 있는 것이다. 그래서 덴신의 태도에는 '타협과 견인'이라는 양면을 읽어낼 수가 있다.

일본 근대국민국가의 형성과 근대음악

민경찬[*]

1. 들어가는 말

일본에서 '근대음악'이란 일반적으로 '양악'(洋樂)을 의미한다. '양악'
이란 메이지 유신(明治維新) 이후 구미(歐美)로부터 수입되어 보급된
서양음악에 기초하여 일본에서 발전해온 음악을 뜻하며,[1] 그와 함께
메이지 시대에는 '음악'이란 용어 역시 음악적 형태 모든 것을 지칭하
는 것이 아니라 'music'에 대응하는 번역어로서의 '양악'이란 의미로
사용되었다. 따라서 일본의 근대음악사는 서양음악의 수용으로부터
시작되며, 그 성격은 전통음악이 새롭게 변화된 것이 아니라 외래문
화인 양악 중심이었다고 말할 수 있다.

그런데 일본의 서양음악 수입은, 자국의 필요에 의해서가 아니라
서구 제국주의 국가의 아시아 진출과 그리스도교의 일본 선교(宣敎)
라는 정치·경제 및 종교적인 이유로 시작되었다. 그리고 일본의 근대
음악문화인 양악문화는 자국의 음악가나 민간인이 앞장을 선 것이 아
니라 근대국가 형성과 밀접한 관계를 맺으며 발전해갔다.

주지하다시피 메이지 유신의 성공으로 중앙집권체제를 갖추게 된

* 1957년 서울에서 태어났다. 서울대학교 음악대학을 졸업하고 도쿄예술대학 대학원에서 석사학
위를 받았다. 현재 한국예술종합학교 음악학과 교수이다. 저서로 『한국창가의 색인과 해제』
(1997), 『한국작곡가사전』(1999, 공저), 『우리 양악 100년』(2001, 공저), 『새로 쓴 난파 홍영후
연보』(2006, 공저) 등이 있다.

일본은 보다 강력한 근대국가를 만들기 위하여 국가 주도의 개혁을 단행했다. 그리고 음악을 국가개혁의 수단과 초국가주의 사상 강화 및 국가 선전과 사상통일, 전쟁수행의 도구 등으로 이용하려 했다.

이를 위하여 메이지 정부는 먼저 음악가 양성정책을 펼쳤다. 그리고 악대(樂隊)와 악단(樂團)을 만들었고, 외국인 음악교사를 초빙하여 그들을 가르치게 했으며, 국비유학생을 선발하여 외국에서 직접 서양음악을 배우게 했고, 국립 음악교육기관을 설치하기도 했다.

범국가적 지원정책으로 음악가가 대거 배출되자 자의든 타의든 이번에는 그들로 하여금 국가가 필요로 하는 일을 하도록 했다. 음악이 필요한 국가행사는 물론이고 '국가'(國歌)와 '군가'(軍歌)를 비롯하여 한 시대를 풍미한 의식창가(儀式唱歌), 일본인들이 '노래의 고향'이라고 말하는 '문부성창가'(文部省唱歌) 등의 제작과 보급을 도맡아했고, 학교의 음악교육을 담당했다. 즉, 국가는 음악가를 육성 및 지원하고 음악가는 국가기관에 종사하면서 국익을 위하여 일한다는 시스템이 일찍부터 구축되었던 것이다.

또한 메이지 정부는 식민정책의 일환으로 음악을 이용하기도 했다. 조선과 타이완을 강제 점거한 후, 식민지배의 정당성과 점령정책의 강화를 위한 수단으로 자국에서 만든 근대음악, 즉 양악을 활용한 것이다.

이와 같은 사실에 입각하여, 필자는 일본의 근대국가와 근대음악이 상호 어떤 관계를 가지고 진행되었는지에 관하여 보다 구체적으로 고찰해보고자 한다. 다시 말하면 국가는 음악을 위하여 어떤 일을 했고, 음악은 국가를 위하여 무슨 역할을 했는지에 관하여 알아보고 또 그 성격을 규명하는 것이 이 글의 목적이다.

시기는 근대국가와 함께 근대음악문화의 형성기인 메이지 시대로 한정할 것이며, 논의를 위해 먼저 메이지 유신 이전 서양음악의 수용과정에 관한 내용도 살펴보도록 하겠다. 그리고 국가와 음악 간의 상호관계를 시대순으로 고찰해보도록 하겠다.

2. 메이지 유신 이전 일본 근대음악의 양상

19세기 중엽 서양열강의 일본 진출과 기독교 선교사들의 내일(來日) 선교활동으로 일본에 서양음악이 본격적으로 전해지기 시작했다. 주지하다시피 1853년 미국의 페리(Matthew Calbraith Perry, 1794~1858) 제독(提督)은 네 척의 군함을 몰고 와 일본에 개항(開港)을 강요했고, 1858년 에도 막부(江戸幕府)는 이에 굴복하여 여러 외국과 수교 통상조약을 체결하는 등 이른바 '개국(開國)'을 하게 되었다.

개국과 함께 때마침 아시아 순회 네트워크를 형성한 구미의 음악가들이 새로운 음악시장 개척을 위해 일본에 대거 진출했고, 기독교 선교사들도 선교활동의 일환으로 일본에 찬송가를 보급하기 시작했다. 그러니까 일본이 서양음악을 접하기 시작한 시기는 19세기 중엽부터이며, 일본인이 필요에 의해 '수입'한 것이 아니라 해외시장 개척과 선교활동이 그 주요 목적이었던 외국인이 '전달'한 것이다.

그런 한편 서양인이 전달한 서양음악이 아닌 일본의 필요에 의해 수입한 최초의 서양음악은 '군악(軍樂)'이었다.[2] 막부시대 말, 일본의 웅번(雄藩)은 거의 군대를 서양식으로 바꾸었으며, "서양식 군사훈련의 일부로서 고적대(鼓笛隊) 음악"이 필요했다. 플루트·큰북·작은북 등으로 구성된 단출한 것이었지만, 이 고적대는 후에 문부성(文部省)의 음악교육을 개발한 이자와 슈지(伊澤修二, 1851~1917), 찬송가 번역에 공헌한 사와야마 보로(澤山保羅, 1852~1887), 초기의 대표적인 작곡가 다나카 호즈미(田中穂積, 1856~1904)를 배출[3]하는 등 일본 근대음악문화 형성과정에 큰 역할을 했다.

고적대 다음으로 수입된 서양음악은 '군대식 신호나팔'이었다. 1867년 막부(幕府)는 프랑스로부터 군사고문단을 초청하여, 육군에 신호나팔을 교육시켰다. 프랑스의 나팔수인 구틱(Guttig)이 교사로 초빙되었는데, 그는 나팔뿐만 아니라 음표의 종류와 장단, 오선보로 된 신호용의 짧은 악보 등을 가르쳤고, 1875년 12월에 육군군악대장이 된 오자와 슈이치(小笹秀一) 등과 같은 음악인재를 양성했다.[4]

고적대와 신호나팔은 일본인이 수입한 최초의 서양음악이라는 역사성을 가지고 있으며 동시에 다음 시기에 본격적으로 등장하게 될 브라스밴드와 군악대의 시초라는 중요성을 가지고 있다.

이와 같이 서양열강은 정치적·경제적·종교적 이유로 일본에 서양음악을 전달했고, 일본은 군사적인 이유로 서양음악을 수입했다. 여기서 중요한 것은 "군사적인 이유로 서양음악을 수입했다"는 점인데, 이는 향후 전개될 일본 근대음악사를 시사해주고 있다. 즉, 국가 주도적이고 서양음악 중심의 근대음악사를 예고해주고 있다. 서양식 신식 무기인 대포(大砲)의 위력에 눌러 반 타의적으로 개국을 하게 되었지만, 오히려 서양식 무기로 국가를 통일하고 서양식 무기로 무장한 강력한 근대국가를 만들어 서양열강에 대응하려 했던 방식을 음악에도 그대로 적용한 것이다.

3. 군악대와 궁중음악가들의 활동

메이지 유신의 성공으로 일본은 천황(天皇) 중심의 근대국가로 탈바꿈하게 되었다. 그리고 이를 계기로 일본의 근대음악사도 본격적으로 전개되는데, 메이지 초기에 나타나는 일본의 근대음악사의 특징으로는 첫째 국가가 주도했다는 점, 둘째 국가의 이익과 밀접한 관계가 있었다는 점, 셋째 전통음악이 철저히 소외되고 서양음악 중심이었다는 점 등을 들 수 있다. 즉, 근대국가의 형성에 있어서 음악을 그 수단의 하나로 이용한 것이다.

먼저 군사적인 이유에서 '군악대'가 설치되고, 그 다음에는 외교적인 이유에서 궁중음악가들이 서양음악을 배우게 된다. 그리고 이른바 국가공무원 출신의 군악대원과 궁중음악가들이 중심이 되어 일본의 근대음악을 개척해 나간다. 그 면면을 좀 더 구체적으로 살펴보자.

1) 군악대 설치

이미 고적대와 신호나팔의 위력을 경험한 적이 있는 일본은 외국군대와 마찬가지로 자국 군대에도 서양식 군악대가 있어야 한다는 필요성을 느끼게 된다. 맨 먼저 군악대를 설치한 곳은 막부를 격파한 사쓰마 번(薩摩藩)이었다. 1869년에 군악대를 창설한 사쓰마 번은 요코하마에 주둔하고 있던 영국군의 군악대장인 펜턴(John William Fenton, 1828~?)을 초빙하여 가르치도록 했다. 군악대원은 대부분 고적대와 신호나팔수 출신이었다.

한편 1871년 일본은 지방행정구분을 개편하는 등 근대국가의 외형을 갖추기 시작했다. 지방정부가 아니라 중앙정부 차원에서 군대를 관할하는 병무성(兵務省)이 설치되었고, 지방정부 차원의 군악대였던 사쓰마 번의 군악대도 발전적 해체를 하여 국가적 차원의 군악대로 거듭나게 되었다. 이렇게 해서 일본 근대음악사에 큰 영향을 끼친 해군군악대가 탄생했다.[5]

또한 1872년에는 병무성이 해군성과 육군성으로 나뉘었고, 이를 계기로 육군군악대도 발족되었다. 육군은 프랑스식 훈련을 채택함에 따라 프랑스인 다그롱(Gustave Charles Dagron, 1845~1898?)을 교관으로 초빙했으며, 해군군악대와 함께 양악 수용에 커다란 족적을 남겼다.

해군군악대를 육성한 펜턴은 1877년에 사임했고 후임으로 독일인 프란츠 에케르트(Franz Eckert, 1852~1916)를 초빙했다.[6] 에케르트는 1877년부터 1889년까지 12년간 일본에 체류하면서 해군군악대를 비롯하여 궁내성, 육군호산학교(陸軍戸山學校), 근위군악대 등에서 가르치는 등 일본의 관현악과 취주악 발전에 많은 공헌을 했다.[7]

한편 육군군악대는 다그롱의 뒤를 이어 1884년 프랑스 육군보병연대의 군악대장인 동시에 뛰어난 작곡가였던 샤를 르루(Charles Edouard Gabriel Leroux, 1851~1926)의 지도를 받았다. 르루의 조직적이고 체계적인 음악교육을 받은 육군군악대는 연주가 비약적으로 발전했다.[8]

군악대는 군사적 목적으로 만들어졌으며, 처음에는 주로 군 관련 행사와 궁중행사 등 국가에서 주관하는 행사를 담당했다. 그리고 차츰 국민을 위한 공개연주회를 개최하며 국민들 사이에 파고들기 시작했다. 군악대원 중 상당수는 전역 후 민간음악가로 활동하면서, 민간음악 발전에도 크게 기여했다.

2) 궁중음악가들의 역할

외국과의 접촉이 빈번해지고 외교적 차원의 의전행사와 의례가 많아지면서 궁정에서는 서양음악을 연주할 기회도 급속히 늘어났다. 일본사람 중 당시 서양음악을 연주할 수 있는 음악가로는 군악대원밖에 없었는데 그들만으로는 더 이상 늘어만 가는 행사를 감당할 수 없게 되었다. 반면 전통음악을 연주하는 궁중음악가들의 역할은 점점 축소되어갔다. 이에 메이지 정부가 택한 방식은 궁중음악가들이 서양음악을 배우게 하여 전통음악이 필요한 행사와 서양음악이 필요한 행사

모두를 담당하게 하는 것이었다.

메이지 정부는 궁중음악을 담당하는 기관인 아악국(雅樂局)을 설치하고, 그때까지 교토·나라·오사카·도쿄에 흩어져 살고 있던 궁중음악가들을 모아 '레이진'(伶人)이라는 국가공무원으로 만들었다. 그리고 얼마 후 그들에게 서양음악을 배우게 했다. 1874년부터 레이진들은 해군군악대에 가서 직접 서양음악을 배웠으며, 이들의 연주능력이 일정 수준에 도달하자 그동안 해군군악대가 수행하던 궁중행사는 이들의 몫이 되었다.

해군군악대원과 레이진의 공통점은, 국가에서 양성했다는 점과 국가공무원으로서 국가가 필요한 행사에서 연주를 했다는 점이지만, 다른 점도 많았다. 해군군악대원은 원래 음악가 출신이 아니었지만 레이진들은 전문음악가 출신이었고, 전자는 서양음악만 연주할 수 있었는 데 비해 후자는 일본의 전통음악과 서양음악 모두를 연주할 수 있었다. 그리고 전자는 전역 후 주로 연주분야에 종사했고, 후자는 연주뿐만 아니라 작곡, 교육 등 음악의 거의 전 분야에 영향을 끼쳤다. 즉 처음에는 궁중행사를 맡기기 위해 레이진들에게 서양음악을 배우도록 했는데, 결과적으로는 레이진이 일본에 서양음악을 보급하는 전도사와 근대음악문화의 개척자로서의 역할까지 하게 된 것이다.

3) 궁중음악가들의 활동

근대적 의미의 일본 창작음악사는 1877년부터 궁내성(宮內省) 소속 레이진에 의해 시작되었다.[9] 그리고 갓 생겨난 음악학교에서 서양음악을 가르친 교사들의 상당수도 레이진이었고, 또 일본 최초의 관현악단도 레이진에 의해 조직되었다.

레이진의 활동을 좀 더 구체적으로 살펴보면, 1877년 도쿄사범학교 부속유치원(東京師範學校附屬幼稚園)의 의뢰를 받은 레이진들은

「풍차」(風車), 「동연거」(冬燕居) 등 여러 편의 창작곡을 만들었고, 유
치원에서는 그것을 수업교재로 사용했다.[10] 이것이 일본 창작음악사
의 시작인데, 레이진들이 만든 곡을 포함하여 새롭게 등장한 창작 노
래의 양식을 '창가'(唱歌, 쇼카)라고 했으며, 1880년대까지 100여 곡
의 창가가 만들어져서 불렀다고 한다.[11] 그 외에도 레이진들은 국가
(國歌)를 비롯하여 의식창가(儀式唱歌), 군가(軍歌), 문부성창가(文
部省 唱歌) 등 수많은 곡을 작곡했다. 일본 초기의 창작음악이 관제적
(官制的) 성격을 띠고 있는데, 이는 초기의 작곡가들이 대부분 레이
진들이었다는 것과 무관하지 않다.

한편 최초의 음악교육자 양성학교인 관립(官立) 도쿄사범학교(東
京師範學校)와 도쿄여자사범학교(東京女子師範學校), 그리고 최초의
음악전문가 양성학교인 도쿄음악학교(東京音樂學校) 등이 설립되자
이들 학교에서 많은 레이진이 음악교육을 담당했고, 음악교과서 편찬
에 관여했다.

일본 최초의 관현악단 역시 레이진이 주도하여 조직되었다. 1879
년 말 레이진 시바 후지쓰네(芝葛鎭) 등이 중심이 되어 "외국 귀빈 등
의 만찬과 연회 등에 어울리는 실내관현악단을 목표"로 '양악협회'(洋
樂協會)라는 이름 아래 활동을 시작했다. 1880년 미국인 음악가 메이
슨(Luther Whiting Mason, 1828~1896)을 교사로 초빙하여, 30여 명
의 레이진들이 단원이 되어 연습을 시작했고, 1881년 5월에 도쿄여
자사범학교에서 최초의 공개연주회를 가졌다. 그리고 같은 해 7월에
는 궁중에서 처음으로 관현악을 연주했다. 그 후 '음악협회'(音樂協
會)로 명칭을 바꾸어 활발히 활동을 하다가, 1887년 6월에 해산했는
데, 해산 직전에는 베토벤의 교향곡을 연주할 정도로 성장해 있었다
고 한다.[12]

4. 음악인재 양성 및 전문음악교육

1) 국비유학생

메이지 정부가 근대화의 일환으로 의욕적으로 펼친 정책 중의 하나가 교육정책이다. 정부의 수뇌부는 국가발전의 기초로서 교육이 중요하다고 생각하여, 국가 주도로 전국 공통의 교육제도를 만들고, 국민 누구나 같은 내용의 교육을 받을 수 있게 했다.

1871년 7월 18일에는 교육을 관장하는 국가기관인 문부성(文部省)이 설치되었고, 이듬해 8월에는 학제(學制)가 제정·발포되었다. 그리고 '학교'라고 하는 근대적 교육기관을 만들었고, 학교에서는 '창가'라는 교과목을 개설하여 학생들이 음악교육을 받도록 했다. 그렇지만 가르칠 교사가 없었고, 무엇을 가르쳐야 할지 그 성격이 정해지지 않았다.

이에 문부성 당국은 새로운 학교 음악교육인 창가교육을 위해 문부성 관료인 이자와 슈지(伊澤修二)를 미국에 유학 보냈다. 고적대(鼓笛隊)에서 서양음악을 배운 바 있는 이자와는 문부성 관리로 취직하여 1874년 약관 24세라는 나이에 아이치사범학교(愛知師範學校) 교장이 된 인물이다. 교장 재직 중 문부성의 명(命)을 받아 사범교육 시찰과 학과 조사를 위해 유학생 감독관인 메가타 다네타로(目賀田種太郎, 1853～1926)와 함께 미국 유학 시찰을 하게 되었다. 1875년에서 1878년까지 미국에서 직접 음악을 배우는 동시에, 미국 음악교육이 어떻게 이루어지는지 견학하고 귀국했다. 귀국 후에는 감독관인 메가타와 함께 창가 교육 확립에 힘썼다.

이자와는 관료의 신분으로서, 국가에서 파견한 최초의 음악유학생이었다. 이를 통하여 알 수 있는 바와 같이 메이지 정부는 일본인 음악인재 양성을 위하여 일찍부터 국비유학정책을 폈다.

메이지 초기만 하더라도 음악가라고 하면 선교사, 일본을 근거지로 활동한 서양의 음악가, 국가에서 초빙한 서양의 음악가 같은 일부 외국인과, 이들로부터 서양음악을 배운 군악대원과 궁중음악가가 전부였다. 그렇기 때문에 일본 국내에서 음악 엘리트를 양성하는 데는 한계가 있었다. 그래서 국비 유학생을 선발하여 외국에서 직접 배우고 경험하도록 한 다음 귀국하여 국가에서 필요한 음악인재로서 일을 하도록 했다.

이자와의 뒤를 이어 육군군악대에서는 1882년 통역관인 후루야 히로마사(古矢弘政)와 1등 악사인 구도 데이지(工藤貞次)를 프랑스의 파리 음악원에 유학 보냈다. 그리고 1889년에는 문부성이 음악유학생으로 고우다 노부(幸田延, 1871~1946)를 선발하여 미국 보스톤의 뉴잉글랜드 콘서바토리로 유학을 보냈다. 이어 문부성은, 1899년에 고다 고우(幸田幸)를 제2회 유학생으로 선발하여 오스트리아 빈으로 유학을 보냈다. 그리고 다키 렌타로(瀧廉太郎, 1879~1903)와 시마자키 아카타로(島崎赤太郎)를 독일 라이프치히 음악원으로 유학을 보냈다. 이외에도 일본 근대음악의 선구자로 불리는 많은 음악가들이 국비 유학생에 선발되어 해외유학을 다녀왔다.

2) 사범학교의 창설

문부성은, 학교교육을 실시하기 위해서는 무엇보다 교사양성이 시급하다고 판단, 1872년 도쿄에 관립(官立) 사범학교(師範學校)를 설립하고 같은 해 9월부터 수업을 개시했다. 그리고 학교교육을 충실히 하기 위하여 많은 사범학교를 설립할 필요가 있었기 때문에 1873년에는 지방 여러 도시에 관립 사범학교를 신설했다.[13]

관립 사범학교의 수업연한은 2년이었지만, 진급시험제도가 있었기 때문에 단기간에 졸업하는 사람도 상당수 있었다. 졸업생은 각 지방에 개설된 교원양성기관에 파견되어 지도적인 교원이 되었다. 또한 1874년경부터 각 지방에는 소학교 교원 속성 양성을 위한 소학교 교원전습소(小學校教員傳習所), 사범강습소(師範講習所), 양성소(養成所) 등 다양한 명칭의 교원양성기관이 만들어졌는데, 이들 양성기관의 수업연한은 3개월 또는 6개월에서 1년 정도였다.[14] 1876년경에는 각 지방의 교원양성기관도 정비되어 사범학교로 명칭을 바꾸고 교육기간도 연장되었고 교육내용도 충실해졌다. 그러나 이때까지만 해도 일반학교의 '음악교육'은 여전히 교 부족과 교재미비로 인해 전혀 이루어지지 않고 있었다.

사범학교에서의 음악교육은 1880년부터 시작되었다. 도쿄사범학교(東京師範學校) 본과생은 1880년부터, 예과생은 1882년부터, 도쿄여자사범학교(東京女子師範學校) 본과생은 1880년부터, 예과생은 1881년부터 음악교육을 받았다. 양 사범학교의 음악교육은 처음에는 미국 보스턴의 뉴잉글랜드 콘서바토리의 교수이자 음악교육가인 메이슨(Luther Whiting Mason)이 담당했지만, 나중에는 레이진들도 가담했다.[15]

3) 온가쿠토리시라베가카리와 도쿄음악학교 설립

창가교육을 전국 학교에 보급하기 위해서는 도쿄의 두 사범학교뿐만 아니라 각 지방 사범학교에서도 창가교육을 시켜야 했다. 그리고 각 사범학교에서 창가교육을 실시하기 위해서는 사범학교의 음악교원을 양성해야 했다. 당시 사범학교의 음악교원을 양성할 수 있는 기관은 '온가쿠토리시라베가카리'(音樂取調掛)뿐이었고 다른 기관에서는 생각도 할 수 없었다.

온가쿠토리시라베가카리는 전술한 이자와가 미국유학에서 돌아와 유학생 감독관 메가타 타네로우(目賀田種太郞)와 함께 창가교육을 위해 문부성에 건의해서 설립된 국가기관이다. 이 기관은 "장래 일본 음악을 부흥시킬 인물의 양성"과 "각 학교에서 음악교육을 실시하기 위한 지도자 양성"을 목적으로 1880년 제1회 전습생(傳習生)을 모집했다. 지원자 선발 결과 22명이 합격을 했는데, 이 중에는 레이진이 8명 포함되었다. 수업연한은 1년이었고, 교육을 담당한 사람은 메이슨 1명이었다. 이듬해인 1881년에는 13명의 학생이 추가로 입학했다.

1882년 메이슨은 미국으로 돌아갔으나 교과과정은 대폭 개편되고 수업연한도 4년으로 늘어나는 등 온가쿠토리시라베가카리는 거의 음악전문학교의 형태를 갖추게 되었다. 그리고 1883년에는 해군군악대에서 근무하던 에케르트가 메이슨의 후임자가 되었다. 이때부터는 에케르트와 함께 이 기관을 졸업한 사람들이 강의를 담당했다.

온가쿠토리시라베가카리는 원래 연구조사기관이지 음악교원 양성기관이 아니었다. 하지만 지방의 교육현장에서는 온가쿠토리시라베가카리가 창가교원을 양성해주기를 바랐고, 또 각 지방의 사범학교에서 도쿄사범학교에 파견되었던 교원 중에서도 창가교육전습을 위해 온가쿠토리시라베가카리에 다니는 사람이 점차로 늘어갔다. 이에 문부성은 온가쿠토리시라베가카리를 교육기관으로 인정하고 또 전습생의 입학을 허락했다. 문부성에서 정식 인가가 나자 지방의 사범학교 교원들뿐만 아니라 여학교 교원들도 상당수 전문 음악교육을 받게되었다. 이들은 졸업 후 지방에 돌아가서 사범학교 또는 소학교의 교원이 되어 창가교육에 박차를 가했고, 또한 같은 지역의 현직 교원을 모아 창가 강습회를 개최하는 등 음악교육을 위해 지도적인 역할을 했다.[16] 1879년에 설립된 온가쿠토리시라베가카리는 도쿄음악학교(東京音樂學校)로 발전적으로 해체를 하게 되기까지 짧은 기간이었지만, 일본음악교육의 기초를 확립했다.

1887년에는 국립으로 도쿄음악학교[17]가 설립되었다. 초대 교장에는 문부성 편집국장인 이자와가 겸임으로 취임했다. 도쿄음악학교의 설립목적은 전문음악인과 음악교육자 양성이었으며, 설립 후 사범학교의 음악교사를 비롯하여 작곡가, 연주가 등 전문음악인을 다수 배출했다. 그리고 명실 공히 일본을 대표하는 음악교육기관으로서뿐만 아니라 일본에서 서양음악활동의 중심 역할도 담당하게 되었다.

5. 음악교과서의 등장

전술한 바와 같이 이자와는 1875년부터 1878년까지 미국에 유학하여 직접 음악을 배우고 또 미국 음악교육의 실상을 견문하고 돌아왔다. 귀국 후 도쿄사범학교(東京師範學校) 교장으로 임명되었을 때, 각 학교에서 창가를 가르치지 않고 있는 실정을 보고 그 원인의 하나가 이렇다 할 교재가 없다는 데 있다고 생각했다.

　1879년 10월 온가쿠토리시라베가카리의 책임자로 자리를 바꾼 이자와는 미국 유학시절 스승인 메이슨을 초빙하여 음악교과서 편찬을 맡겼다.[18] 그 성과물로 1881년『소학창가집 초편』(小學唱歌集初編)을, 1883년에는『소학창가집 제2편』을, 1884년에는『소학창가집 제3편』이 출간되었다. 이 책들은 간행과 함께 일본 전국에서 음악교과서로 사용되었다.[19]『소학창가집 초편』은 간행된 지 1년 남짓 동안 8천 부가 제작되었다고 한다.[20] 이를 통해서 일본 최초의 음악교과서라는 역사성을 가진『소학창가집』은, 1881～1884년에 국가기관인 온가쿠토리시라베가카리의 주도로 미국의 음악교육자의 지도 아래 만들어졌으며, 간행과 동시 폭발적인 인기를 얻었음을 미루어 알 수 있다.

　여기서 한 가지 간과해서는 안될 것은『소학창가집』의 내용이다. 메이슨은 미국학교에서 애창되고 있는 유럽의 유명한 곡들을 모아 이

교과서를 만들었다. 독일민요인 「나비야 나비야」(蝶蝶)와 「안개인가
구름인가」(霞か雲か), 스코틀랜드의 민요 「올드랭 사인」과 「애니 로
리」를 각각 번안한 「반딧불이의 노래」(螢), 「재녀」(才女) 등이 수록되
어 있었는데, 이 곡들은 지금도 일본국민들 사이에 널리 애창되고 있
다. 그리고 일본을 거쳐 한국에 들어와 우리나라에서도 널리 애창되
었고 지금도 불리고 있다.[21]

『소학창가집』의 본래 역할은 소학교 음악교과서였지만, 당시에는
다른 음악교재가 없었기 때문에 소학교는 물론 온가쿠토리시라베가
카리의 학생, 중학교, 여학교, 각 사범학교 등 전국 각급 학교의 음악
교과서였고 넓게는 일본 국민 전체의 노래집으로도 기능했다. 아울러
나중에 등장할 각종 음악교과서와 창가집의 모델이 되었다.[22]

6. 국가(國歌)와 의식창가의 제정과 보급

1) 국가인 「기미가요」의 제정

근대국가로 새롭게 태어난 일본은 구미 선진국에 맞춰 제도를 정비하
면서, 일본을 상징하고 일본국민의 정신을 하나로 집약시키는 구심적
역할을 하는 국가적 차원의 공식 노래인 국가(國歌)를 만들려고 했
다. 국가제정의 움직임은 메이지 초기부터 있었는데, 아이러니컬하게
도 국가의 필요성을 맨 먼저 역설한 사람은 일본인이 아니라 당시 사
쓰마 번의 군악대장으로 활동하던 영국인 펜턴이었다.

그는 "외국 여러 나라에는 모두 국가(國歌)가 있는데 일본에 국가
가 없어서는 곤란하다"면서 국가제정을 사쓰마 번의 수뇌부에게 건의
했다. 이에 해군 수뇌부의 사쓰마 번 출신 고관들이 동의를 하고 고가
(古歌) 「기미가요」(君が代)의 문구를 서둘러 선정하여 펜턴에게 작곡

을 의뢰했다.[23) 펜턴이 작곡한 「기미가요」는 1870년 9월 8일 열병식에서 처음으로 연주가 되었다. 그러나 곡이 재미없어 실용적이지 못했기 때문에 해군군악대장 나카무라 스케쓰네(中村祐庸)는 「기미가요」를 다시 작곡을 건의했다. 그 건의가 받아들여져 "새로운 「기미가요」는 아악조(雅樂調)에 의한 신작이어야 한다"는 조건을 내걸고 당시 일본인으로는 유일하게 작곡능력이 있었던 레이진들에게 공모를 했다.

펜턴이 만든 「기미가요」는 1878년에 폐지되었고, 레이진들에게 작곡을 의뢰하여 공모한 결과 하야시 히로모리(林廣守, 1831~1897)[24)의 곡이 당선되었다.

가사는 9세기에 만들어진 『만엽집』(万葉集)에 수록되어 천년 이상 일본인들에게 친숙해져 있던 것으로 다음과 같다.

> 君が代は
> 千代に八千代に
> さざれ石の
> 巖となりて
> 苔のむすまで

> 당신이 다스리는 시대가
> 오랜 세월 동안 지속되기를
> 작은 돌이
> 큰 바위가 되고
> 이끼가 낄 때까지

새로 작곡된 「기미가요」는 해군군악대 교관인 에케르트가 편곡하여 1880년 11월 3일 궁중악사들이 취주악으로 초연을 했다. 그리고 이

취주악보를 1888년 해군성(海軍省)이 인쇄하여 「大日本禮式」 JAPANISCHE HYMNE이라고 적어 각 조약국에 배포했다. 이것이 공식적이고 국제적으로 「기미가요」를 일본의 국가로 칭한 유일한 근거가 되었으며, 이후 신작 「기미가요」는 일본의 국가로 알려지게 되었다.[25]

이와 별도로 문부성은 1882년 1월 온가쿠토리시라베가카리에 국가 제정을 지시했다. 그러나 얼마 후 온가쿠토리시라베가카리 기관이 해산되면서 국가제정 사업을 수행하던 주체도 없어지게 되었다. 그 사이 해군성에서 제정한 「기미가요」가 각 학교에서 이미 불리고 있었기 때문에 문부성은 이것을 국가로 채택하기로 하고, 1893년 8월 12일 문부성 고시 제3호로 공포했다. 이렇게 「기미가요」는 완전한 일본의 국가가 되어 국가행사나 학교에서 반드시 불러야 하는 노래로 제정되었다.

2) 의식창가 제정

메이지 정부는 국가(國歌)뿐만 아니라 이른바 의식창가(儀式唱歌)라는 것을 제정하여 학교에서 부르도록 했다. '의식창가'란 국경일과 황실의 대제일(大祭日) 등에 부르는 노래를 의미한다. 문부성은 청소년들이 창가를 즐겨 부른다는 사실을 알고 그것을 도덕성 함양과 국가사상 통일에 이용하고자 의식창가를 제정했다.[26]

의식창가 제정을 위해 문부성에서는 1891년 10월 '축제일창가심사위원회'(祝祭日唱歌審查委員會)를 만들었으며, 1893년 5월 「기미가요」(君が代), 「칙어봉답」(勅語奉答), 「1월 1일」(一月一日), 「원시제」(元始祭), 「기원절」(紀元節), 「신상제」(神嘗祭), 「천장절」(天長節), 「신상제」(新嘗祭) 등 8곡을 의식창가로 제정 및 공포했다.

「칙어봉답」은 "천황의 말씀을 잘 따르겠다"는 내용의 노래로, 당시

학교에서는 교장선생님이 '교육칙어봉독'(敎育勅語奉讀)이라는 것을 낭독한 후 전교생이 이 노래를 불렀다.

「1월 1일」은 양력 새해 첫날에 부르는 노래로, 1월 1일 학교에 모여 식을 거행할 때 이 노래를 부른 다음 떡과 과자 같은 것을 받고 귀가했다고 한다.

「원시제」는 1월 3일에 일종의 시무식으로 행하는 황실의례 때 부르는 노래이다.

「기원절」은 일본의 건국기념일인 2월 11일에 부르는 노래이다.

「신상제」(神嘗祭)는 10월 17일 햅쌀을 황대신궁(皇大神宮)에 봉납하는 제사 때 부르는 노래이다.

「천장절」은 메이지 천황의 탄생일인 11월 3일에 부르는 노래이다.

「신상제」(新嘗祭)는 천황이 11월 23일에 햇곡식을 신에게 바치고, 직접 이것을 먹기도 하는 제사 때 부르는 노래이다.

의식창가는 국가주의적 사상 선전과 천황의 치세를 찬양할 목적으로 제정되었으며, 1894년부터 1945년까지 50여 년간 교장 이하 전교직원과 전교생이 좋든 싫든 불러야만 했고, 학교 밖에서도 전 국민이 불러야만 했다.[27] 의식창가는 결과적으로 "전 국민이 같은 노래를 부른다"는 집단적 가창문화를 낳게 했고, 이 가창문화는 군가(軍歌)와 창가의 정착에 공헌했다.

7. 군가의 제정과 보급

청일전쟁(1894~1895)과 러일전쟁(1904~1905)을 전후하여 수많은 군가가 만들어졌고 국민들 사이에서 크게 유행했다. 일본의 군가는 전황(戰況) 전달과 무사도(武士道) 정신에 입각한 영웅 서사시적인 성격 때문에 시류를 타고 전시(戰時) 유행가가 되어 소학교와 중학교 학생뿐만 아니라 민간인들에게도 널리 불렸다. 또한 문부성 등 정부기관이 앞장서서 전의(戰意) 앙양을 위해 군가를 장려했고, 한편으로는 당시 군가가 가지고 있는 뉴스적 내지는 서사적인 특성이 일반인들에게 자발적인 공감대를 형성하기도 했다.[28]

수많은 군가 가운데 특히 많이 불린 것으로는 「적병은 수만」(敵は幾萬), 「일본해군」(日本海軍), 「용감한 수병」(勇敢なる水兵), 「군함행진곡」(軍艦行進曲), 「아무르 강의 유혈이여」(アムール川の流血や), 「전우」(戰友), 「평양전투」(平壤の戰), 「부인종군가」(婦人從軍歌), 「원구」(元寇) 등이 있다. 이 노래들의 면면을 좀 더 구체적으로 살펴보면 다음과 같다.

「적병은 수만」은 고야마 사쿠노스케(小山作之助)가 작곡한 것으로, 1891년에 간행된 『국민창가집』(國民唱歌集)을 통하여 발표되었다. 원래는 청나라와의 전운(戰雲)이 감돌던 무렵 청나라에 대한 일본인의 적개심을 고양시키기 위해 만들어졌으며, 제2차 세계대전 때는 라디오에서 육군 관련 뉴스를 시작할 때 주제음악으로 사용되었고, 또 와세다대학과 게이오대학의 정기전 때 야구응원가로 사용되기도 하여 일본인에게 아주 친숙해진 곡이다.[29]

「일본해군」도 고야마 사쿠노스케가 작곡한 것으로, 러일전쟁이 임박해오던 1904년 1월에 발표된 곡이다. 일본의 민요적 요소를 바탕으로 만들었기 때문에 일본인들에게 친밀감을 갖게 하는 노래로, 당시의 소년들은 이 노래 선율에 맞추어 군함의 이름을 외웠다고 한다.[30]

「용감한 수병」은 오쿠 요시이사(奧好義)가 작곡한 것으로, 1895년에 발표되었으며 청일전쟁 때 전사(戰死)한 일본의 한 해군병사의 무용담을 다루고 있다.[31]

「군함행진곡」(軍艦行進曲)은 1897년에 세토구치 도키치(瀬戶口藤

吉)가 작곡했다. 지금도 우익(右翼)들이 시위할 때 부르고 있으며, 슬롯머신, 일명 바칭코의 시그널 음악으로도 쓰이고 있다.

「아무르 강의 유혈이여」는 1900년에 제정(帝政) 러시아가 청나라 사람을 대량 학살한 사건인 아무르 강(일명 흑룡강) 사건을 계기로 고조된 일본의 위기의식과 러시아에 대한 일본인의 국민정서를 표현한 군가다.[32) 구리바야시 우이치(栗林宇一) 작곡으로 1901년에 발표되었다.

「전우」는 미요시 가즈오키(三善和氣)가 작곡한 것으로, 1905년에 발표되었다. 일본 육군이 만든 군가 중에서 가장 널리 일반에게 알려진 곡이라고 한다.[33)

「평양전투」는 니시가키 사다로(西垣佐太郎) 작사, 모토하시 요시아쓰(元橋義敦) 작곡으로 1895년에 발표되었다. 작사자는 현역 병사였으며, 작사자가 속해 있던 부대가 청일전쟁 때 평양의 목단대와 을미대 방면의 공격을 맡았다고 하는데 그것을 내용으로 한 것이다.

그런데 일본의 대표적인 군가들은 조선에서도 널리 애창되어 주목을 끌게 한다. 그 예를 살펴보면 「적병은 수만」과 「일본해군」의 선율이 혼합된 노래가 「소년행진가」, 「항일전선가」와 같은 독립군가로 불렸고, 「일본해군」의 선율을 차용하여 「소년군가」라는 독립군가, 「용감한 수병」의 선율을 차용하여 「권학가」(勸學歌)라는 창가 및 「허사가」와 「베드로와 안드레」라는 찬송가로 불렸다. 그리고 「군함행진곡」(軍艦行進曲)의 선율은 「승리행진곡」이라는 독립군가와 「광복군 항일전투가」라는 광복군가에 차용되었다. 「아무르 강의 유혈이여」의 선율은 「봉기가」에, 「전우」의 선율은 「조국생각」이라는 항일군가와 「독립군은 거름」이라는 독립군가에 차용되었다.[34)

일본 군가의 한반도 유입과정에 관한 구체적인 자료와 직접적인 증거(史料)는 아직 발견되지 않았다. 다만 청일전쟁과 러일전쟁이 한반도에서 벌어졌고, 청일전쟁 때 일본의 군악대도 조선에 파병되었으며, 한국의 독립군가와 북한의 혁명가요, 중국조선족의 항일군가 등에 일본군가의 선율을 차용한 것이 많이 남아 있다는 점을 미루어 볼 때 상당수의 일본 군가가 한반도에 유입된 것으로 추정된다. 다시 말해 청일전쟁과 러일전쟁 때 일본의 군악대가 가지고 온 군가를 일본 군가인지 모르고 무의식적으로 따라 부른 것이 구전(口傳)되었고, 또 거기에 새로운 가사를 붙여 독립군가, 혁명가요, 항일군가[35] 등으로 불렸던 것으로 보인다.

아무튼 군가의 위력은 가히 폭발적이라고 해도 과언이 아니다. 우리는 여기서 일본군가와 관련해서 몇 가지 중요한 사실을 알 수 있는데, 첫째 일본은 서양음악을 수입하여 그것을 일본식으로 가공하여 '일본군가'라는 독자적인 음악양식으로 재창조했다는 점, 둘째 조선·중국·타이완 등 이웃국가에도 일본군가가 유입되었다는 점, 셋째 당시 일본의 작곡가로는 레이진이거나 레이진 출신, 도쿄음악학교 출신, 군악대원이거나 군악대 출신 등 세 가지 타입이 있었는데 이들 작곡가들이 거의 모두 군가 작곡에 참여를 했다는 점, 넷째 국가가 군가 작곡을 의뢰하거나 군가 작곡에 직접 개입하지는 않았지만, 적극적으로 보급하고 장려했다는 점, 다섯째 군가집은 모두 문부성의 검정을 받아 출판되었다는 점 등이다. 국가적 차원에서 서양음악을 수입하고, 국가기관에서 음악적 훈련을 받은 음악가들이, 강제적이 아니라 자발적으로, 국익을 위하여 그것을 독자적인 양식으로 재창조했고, 국가는 다시 그것을 보급하고 장려하여 국민들로 하여금 자발적 공감대를 형성하도록 한 것이다.

8. 문부성창가의 제정과 보급

근대국가의 성립과 함께 국가권력이 비대해지자 다른 한편에서는 자유민권을 주장하는 목소리도 높아 갔다. 거리에서는 정치와 사회를 풍자하고 비판하는 연설이 유행했고, 자유민권사상을 고취시키려는 지식계급의 청년들인 '소시'(壯士)들이 그 운동의 일환으로 노래집을 팔았고, 연설회장에서는 연설을 대신하는 노래인 엔카(演歌)[36]가 크게 유행했다. 이 무렵 교과서 채택을 둘러싼 금품수뢰사건인 이른바 '교과서 사건'이 터져 나와 사범학교장, 중학교장, 소학교장 등 합계 116명이 유죄판결을 받았다.

이런 와중에 천황제 아래서 중앙집권을 확립하고 국가권력에 의해 국민의 사상을 절대주의로 통일하려고 기도하는 관료·군부·지배층에서는, 자유민권사상의 부흥에 대한 방벽의 하나로서 교과서를 국정 (國定)으로 하려 했다. 때마침 러일전쟁으로 인해 관료와 군부의 힘이 강해진 상황에서 교과서 사건이 일어났기 때문에 국정교과서로의 개편을 시도한 것이다.[37]

다른 교과서와 마찬가지로 음악교과서 역시 국정이 되었고, 문부성이 직접 편집을 맡았다. 1910년 문부성은 일본의 국어교과서에 해당하는 『심상소학독본』(尋常小學讀本)에 수록된 운문교재를 가사로 하여 『심상소학독본창가』(尋常小學讀本唱歌)라는 국정 음악교과서를 간행했다. 편집위원은 도쿄음악학교 교수들이 중심이었고, 모두 27곡을 선정했는데 외국 곡은 한편도 없었으며 1편의 전래동요를 제외하고는 모두 새롭게 작곡된 것이었다. 그리고 문부성은 또 1911년부터 1914년에 걸쳐 초등학교의 6개 학년을 위한 6권짜리 『심상소학창가』(尋常小學唱歌)라는 음악교과서를 간행했다. 편집위원 역시 도쿄음악학교 교수들이 중심이었고 전부 120곡이 선정되었다.

『심상소학독본창가』와 『심상소학창가』는 단순한 여러 음악교과서 중의 하나가 아니라 나라에서 정한 유일한 교과서였기 때문에 당시 학교에 다니는 사람들이라면 누구나 의무적으로 배웠다. 이 교과서는 1932년 음악교과서가 검정(檢定)으로 바뀔 때까지 20여 년간 사용되었는데, 여기에 수록된 창가를 '문부성창가'(文部省唱歌)고 불렀다. 문부성창가는 초국가주의 사상 강화와 국가사상통일에 기여하기 위해 만들어졌으며, 그 중 몇 곡은 1945년 이후에도 필수 가창교재로 교과서에 수록된 적이 있다. 오늘날에도 문부성창가는 '노래의 고향' 또는 '마음의 고향'이라는 이름으로 일본사람들에게 많은 사랑을 받고 있다.

9. 식민 음악교육정책

일본은 음악을 식민통치의 수단으로도 사용했다. 조선의 식민통치기구인 조선총독부와 타이완의 식민통치기구인 타이완 총독부는 식민정책의 일환으로 이른바 제도권의 음악을 관장했다. 음악과 관련한 각종 행정조치는 물론 학교의 음악교육 심지어는 순수한 음악회에 이르기까지 공식적인 음악관련 행위는 모두 총독부의 통제 아래 있었다. 따라서 일본에 의해 강점된 한국과 타이완의 제도권 음악문화는 식민지라는 특수한 상황 속에서 관(官) 주도적 성격을 띨 수밖에 없었고, 또 그 속성상 강제적일 수밖에 없었다.

총독부의 음악정책은 철저히 일본의 국익과 관련이 되었고, '권장'과 '통제'라는 두 얼굴을 하고 있었는데, 권장은 점차 '강요'로 통제는 점차 '억압'으로 바뀌었다. 그리고 권장과 강요의 이면에는 한국과 타이완의 근대음악문화를 일본의 근대 음악문화에 동화시키려는 신민화(臣民化)정책이 자리를 잡고 있었고, 통제와 억압의 이면에는 식민정책에 반대하는 기운을 뿌리 채 없애버리고자 하는 의도가 깔려 있었다.

그런데 여기서 한 가지 중요한 것은, 일본이 동화(同化)시키려고 한 것은 일본의 양악이지 일본의 전통음악이나 방악(邦樂)이 아니라는 사실이다. 일본의 양악이 그들의 전통음악과 전혀 관계가 없다고는 말할 수 없지만, 서양음악과 그것을 바탕으로 한 양악이 중심이었고, 음악교육에 있어서도 양악만을 가르쳤다. 그리고 식민정책의 일환으로 자국의 교육내용을 그대로 조선과 타이완에 이식시켰다.

일본의 식민지교육은 한마디로 "식민통치의 목적을 달성하고, 자국에 대한 충성을 유지시킬 목적으로 시행된 일련의 강제적 교육행위"라고 정리할 수 있다. 표면적으로는 음악교육을 통하여 아동들의 정서를 순화시키고 덕성을 함양시키는 것이 목적이었지만, 모든 음악교육정책은 자국의 이익과 관련하여 입안되고 시행되었다. 즉 일본의 조선 및 타이완 점령정책의 강화수단으로 음악을 활용한 것이다. 이것은 식민통치기구인 총독부가 음악교육을 통하여 무엇을 하려 했는지를 살펴보면 잘 알 수 있다.

총독부는 첫째, 음악교육을 관장한 후 내용도 일본의 근대양악으로 통일했고[38] 또 그것을 강제적으로 주입시켰다. 둘째, 일본문화를 동경하게 하고, 아울러 자국의 음악문화를 부끄럽게 생각하거나 또한 잊어야 할 대상으로 인식시키면서 민족적 열등감을 심어주었다. 셋째, 일본어 가사 습득과 일본어 가창을 강요했다. 넷째, 일본의 식민지로 존재하는 것이 당연하며 과거보다 훨씬 잘 살 수 있다는 것을 교화하려 했고, 그런 내용의 노래를 부르도록 했다. 다섯째, 평상시에는 국가사상의 통일 면에, 전시(戰時)에는 전쟁수행의 도구로서 음악을 활용했다.

총독부는 식민지를 점차 일본에 동화시켜 훗날 완전히 자국화하는 통치방법을 썼는데, 거기에는 식민지 사람들로 하여금 민족적 열등감을 갖게 하는 우민정책(愚民政策)과, 일본의 지배는 당연한 것이며 그래야만 잘 살 수 있다는 종속주의 정책(從屬主義政策), 그리고 정서와 정신과 언어 즉 음악적 모국어와 언어적 모국어를 근대일본식으로 흡수·통합하려는 이른바 동화주의 정책(同化主義政策)을 배경으로 하고 있다. 그리고 일본 제일주의와 우월주의라는 자만과 자기도취가 그 근저에 깔려 있었다.[39]

10. 나가는 말

서구 제국주의의 충격을 받아 부국강병(富國强兵)과 탈아입구(脫亞入歐)의 기치를 내걸고 자국을 서구식 제국주의 국가로 만들고, 또 그 제국주의 방식을 이웃나라에 적용하여 고통을 안겨준 것이 일본 근대국가의 본질이라고 한다면 그것은 음악분야에서도 예외가 아니었다.

본론에서 살펴본 바와 같이 일본의 근대음악은 양악(洋樂) 중심이었고, 국가 주도적이었다. 그리고 근대국가형성과 밀접한 관계를 맺고 발전했다. 메이지 정부는 음악을 국가개혁과 국민사상 계도의 수단 및 전쟁수행의 도구, 식민 통치의 수단으로 이용했는데, 이것은 결과적으로 일본 근대음악의 성격을 규정하는 요인으로 작용하고 있다. 즉 전통음악을 배제하다시피 하고 서양음악을 중심으로 근대음악 문화를 형성시켰다는 점, 민간인이 아니라 국가가 기획하여 새로운 음악환경을 만들었다는 점, 국가는 음악가를 육성 및 지원하고 음악가는 국가기관에 근무하면서 국익을 위해 일한다는 시스템이 일찍부터 구축되었다는 점, 개인의 정서보다 집단의 정서를 우선시했다는 점,

서양음악을 받아들여 그것을 자기 것으로 재창조한 다음 이웃나라에 강제로 이식시켰다는 점 등이 그것이다.

또한 메이지 시대에 일본 국민들의 애창곡 장르로는 군가, 국가, 의식창가, 학교 창가, 문부성창가 등이 있는데,[40] 이들은 한결같이 국가가 위촉 또는 제정했거나 보급한 노래였고, 국가에서 국민들에게 전달하고자 하는 메시지를 가사로 하여 만든 노래였으며, 개인 가창(歌唱)이 아니라 집단 가창에 어울리는 노래였다는 공통점을 가지고 있다. 다시 말해 예술음악으로서보다는 다른 목적의 수단으로 사용된 기능음악(機能音樂)적 성격이 강했다는 것을 알 수 있는데, 그 기능이란 바로 국가가 국민들에게 요구하는 것 그것이었다.

국가·음악가·국민이 삼위일체가 되어, 국가는 새로운 음악환경을 만들어주고, 음악가는 국가와 국민을 위한 새로운 노래를 만들고, 국민은 그 노래를 부르면서 새로운 근대국가를 만들어 나갔던 것이다. 따라서 일본 근대음악의 가장 큰 특징을 꼽으라면 바로 '국본주의적 성격'이라고 말할 수 있을 것이다.

국민 속의 『마음』
국민국가에 있어 정전이란 무엇인가

윤상인*

1. 국민국가와 정전

나쓰메 소세키의 장편소설 『마음』(心)은 전후 반세기에 걸쳐 근대 일본문학사에서 가장 특권적인 지위를 부여받아 온 정전(正典)이다. 많은 문학사가 『마음』을 국민작가 나쓰메의 대표작품으로 다루고 있을 뿐만 아니라, 거의 빠지지 않고 일본 중고등학교 국어교과서에 등장하는 사실에 미루어보면,[1] 가히 국민적 텍스트라 말할 수 있다.[2]

그렇다면 『나는 고양이로소이다』(吾輩は猫である)나 『풀베개』(草枕), 또는 『그 후』(それから)가 아니라, 왜 『마음』일까? 『마음』이 정전이 된 배경은 그것이 나쓰메의 소설 가운데서도 '국가'와 '국민'을 환기시키는 언설이 가장 많이 내포된 작품이라는 사실에서 찾아야 할 것이다. '국민적 텍스트'란 국민이라는 정치적 단위를 정당화하고 나아가 공고히 하는 교육적 효과를 지닌 문학작품에 부여하는 호칭이기 때문이다. 실제로 『마음』에 동원된 메이지 천황의 죽음과 '메이지의 정신,' 가족과 고향에 대한 애착[3] 등의 표현장치는 당연히 일본

* 1955년 전북 군산에서 태어났다. 서강대학교 국문과를 졸업하고 도쿄대학교 비교문학과에서 석사 및 박사학위를 받았다. 현재 한양대학교 일본언어문화학부 교수이다. 저서로 『世紀末と漱石』(1994)가 있고, 번역서로 『그 후』(2003)가 있다.

인과 일본국가를 상상하게 한다. 베네딕트 앤더슨은 국가와 국민이라는 공동체를 '상상하는' 행위가 국가 만들기(Nation-building)의 동력임을 설파했다.

　국민작가라는 것은 국가가 구상하는 국민을 만드는 데 공헌한 문학자에게 주는 명예로운 호칭이다. 나쓰메의 작품『마음』이 일본의 각급 교육현장에서 특별한 지위를 누리는 것도 같은 맥락에서 생각해볼 수 있다. 예컨대 이 소설은 예술작품으로서의 가치 외에 국민으로서의 품성을 함양하는 정치적 수신서(修身書)로서의 의미도 지니고 있을 수 있는 것이다.

　『마음』은 문학적 형식 면에서는 심리소설의 성격을 띠면서 객관적 리얼리즘의 정점을 구현하고 있다. 즉 근 한 세기가 지난 현재의 미적 기준도 충분히 충족시킬 수 있는 모더니티를 지닌 작품이다. 그러나 그 내용에서는 그의 다른 주요 작품들에 비해 전통지향적이고 보수적인 세계관이 두드러지게 나타난다. 예를 들어 메이지 천황의 죽음에 즈음한 육군대장 노기 마레스케(乃木希典)의 순사(殉死)나 '선생'의 죽음은 분명히 무사도(武士道) 윤리라는 맥락에서의 독해를 요구하고, 천황과 '선생', 부친의 계속되는 죽음은 독자에게 군사부(君師父) 일체라는 유교이념을 환기시키기 때문이다. 다시 말해『마음』은 천황제를 정점으로 하는 부권적 질서(중앙집권적 국가체제),[4] 나아가 메이지 일본의 역사를 정당화하려는 기획에 동원되기 쉬운 담론을 내장하고 있는 텍스트인 것이다.

2. 죽음의 정치학 : '신민의 마음'

『마음』은 죽음에 관한 이야기다. 독자는 이야기 전개에 따라 다섯 개의 죽음과 대면하게 된다. 시간 순서대로 나열해보면 천황의 병사(病死), 노기 대장의 자살(순사), '선생'의 자살, 그리고 부친의 병사[5]이고, 먼 과거로 거슬러 올라가면 K의 자살이 있다. 그런데 이들 죽음 중 천황의 경우를 제외하고는 모두 자신의 의지로 죽음을 선택하고 있다는 데 주목하지 않으면 안된다.(중환을 앓는 부친은 엄밀하게는 병사에 해당하지만 주[5]에서 말한 것처럼 천황이나 노기의 부고를 접하게 되면서 죽음에 대한 강한 집착을 보이는 것을 상기할 필요가 있다.) 단지 노기와 '선생' 그리고 부친의 죽음은 성격이 저마다 다르다. 노기 장군의 경우 충군애국의 실천을 위해 순사하는 것이고, '선생'은 죄의식 끝에 자살한다. 한편 부친은 병사이다. 그런데 이 세 사람의 죽음은 정도의 차이는 있을지언정 죽음이라는 물리적 현상에 국가 이데올로기가 개입하고 있다는 점에서는 일치한다.

> 나는 신문에서 노기 대장이 죽기 전에 남긴 글을 읽었습니다. 세이난(西南) 전쟁 때 군기를 탈취당한 이래 변명할 여지가 없어 죽어야지 죽어야지 하면서도 어느덧 오늘날까지 살아왔다는 뜻의 구절을 보았을 때 나는 무의식중에 노기 대장이 죽을 생각을 하면서 살아온 햇수를 손가락으로 헤아려보았습니다. ……즉 노기 대장은 35년 동안이나 죽어야지 죽어야지 하면서 죽을 기회를 기다렸다고 할 수 있었습니다. 과연 그에게는 살아 있던 35년이 괴로웠을까, 아니면 칼로 배를 찌르는 순간이 괴로웠을까 하는 생각을 해보았습니다. 그로부터 이삼 일 후 나는 마침내 자살할 결심을 했습니다.(298, 236)

'선생'의 자살은 친구를 배반했다는 자책감에 사로잡혀 죽은 것처럼 살아온 사람의 윤리의식에서 비롯된 행위이다. 다시 말해서 '선생'의 의지적 죽음은 순전히 개인적인 동기에 의한 것이다. 그러나 위의 인용문에서 볼 수 있듯이 노기의 순사에 촉발되어 자살을 결심하게 되었다는 것, 그리고 다음 인용문에 나오는 것처럼 "내가 순사한다면 그것은 메이지 정신에 순사하는 것"이라는 '선생'의 말은 그의 죽음이 지니는 의미가 사적(私的) 영역에 한정해서 해석되는 것을 거부하고 있음을 보여준다. 즉 여기에 동원된 '순사'나 '메이지 정신'과 같은 정치적 함의에 가득 찬 표현이야말로 '선생'의 죽음이 한 개인의 윤리적 실천의 차원을 넘어 공적(公的) 이데올로기의 표출이라는 맥락에서의 독해를 요구한다고 말할 수 있다. 다시 말해서 한 개인의 고고한 윤리의식과 메이지 시대를 '숭고한 역사'로 바라보는 역사인식은 이 텍스트 내부에서 긴밀하게 소통하고 있는 것이다.

> 그러던 중 한여름에 메이지 천황이 서거했습니다. 그때 나는 메이지의 정신은 천황으로 시작되어 천황으로 끝났다는 생각이 들었습니다. 메이지의 영향을 가장 많이 받은 우리 세대가 그가 없는 이 세상에 살아 있다는 것이 부끄럽게 생각되기도 했습니다.(중략)
> 　나는 순사라는 말을 거의 잊고 있었습니다. 평소에 그다지 쓸 일이 없는 말이라서 기억이라는 창고 속에서 그저 썩고 있었다고나 할까요. 아내의 농담을 듣고서야 비로소 그 말이 생각났을 때 나는 아내에게 만일 내가 순사한다면 그것은 메이지 정신에 순사하는 것이 될 것이라고 대답했습니다. 내 대답도 물론 농담일 뿐이었지만 나는 그때 왠지 거의 쓸모가 없던 그 말에 새로운 의의를 부여할 수 있을 것 같은 예감이 들었습니다.(297, 235)

'선생'의 이러한 언설이 1867년 메이지 유신(1868) 직전에 태어나 메이지 시대와 함께 살아온 작가 나쓰메 소세키의 시대인식을 드러내는 것임은 충분히 짐작할 수 있다. 특히 '선생'의 유서에 나오는 '메이지의 정신'이라는 표현은 작가 나쓰메의 메이지 천황과 메이지 시대에 대한 동의와 지지의 시각을 반영하고 있는 것으로 보아도 무방할 것이다. 이와 관련해 메이지 천황의 대상(大喪)을 다룬 또 다른 작품 「초가을의 하루」(初秋の一日)를 살펴보기로 한다. 이것은 국장(國葬)으로부터 아흐레 뒤, 그리고 노기의 장례식으로부터 나흘 뒤인 다이쇼 원년(1912) 9월 22일, 『오사카아사히 신문』(大阪朝日新聞)에 발표된 소품이다.

> 열차 차창 너머로 수상쩍은 하늘을 바라보고 있자니 이내 비가 내리기 시작했다. ……세 사람은 요 며칠 사이의 불안정한 날씨를 생각해서 비옷을 미리 챙겨온 것이다. 그렇지만 챙겨온 보람이 있었음에도 결코 기쁜 표정이 아니었다. 그들은 그날의 쓸쓸함으로 미루어 이틀 뒤에 있을 어두운 밤 풍경을 미리 상상한 것이다.
>
> "13일에 비가 내리면 큰일인데" 하고 Z가 혼잣말처럼 말했다.
>
> "날씨 좋을 때보다 환자가 늘어나겠지" 하고 나도 짐짓 태연스레 대꾸를 했다.
>
> J는 정거장 앞에서 사온 신문을 읽는 데 몰두해서 말 한마디 없었다. 빗줄기가 어느 새 굵어져서 유리창에 부서진 이슬방울 같은 것이 보이기 시작했다. 나는 한적한 객차 안에서 작년 영국 에드워드 7세 장례식 때 5천 명이 혼절한 사실을 떠올렸다.[6)]

『소세키 전집』(漱石全集) 해설에 의하면 나쓰메는 국장 이틀 전인 1912년 9월 11일, 대학동기인 만철 총재 나카무라 제코(中村是公), 만철 이사 이누쓰카 신타로(犬塚信太郎)와 함께 가마쿠라의 도케이지(東慶寺)를 방문했다. 「가을의 초하루」는 그 일에 대한 기록으로 위의 인용은 궂은 날씨에 대해 묘사하고 있는 서두 부분이다. 그런데 이 글을 꼼꼼히 읽어보면 이 글이 단순한 기행문이 아니라는 것을 바로 알 수 있다. 비가 올 것 같아 미리 준비해 간 비옷이 쓸모가 있었음에도 불구하고 그들의 표정은 마냥 어둡기만 하다. 그것은 이틀 후 9월 13일에 있을 국장 때의 악천후에 대한 걱정 때문이다.[7] 국장을 앞두고 비를 뿌리는 하늘처럼 슬픔에 잠겨 있는 세 사람은 죽은 군주를 애도하는 '신민의 마음'을 균질하게 공유하고 있다고 할 수 있다. 게다가 작자가 2년 전에 서거한 영국 에드워드 7세의 장례식 때 '5천 명이 기절한 사실'을 떠올리는 기술은 충성과 경애에 바탕을 둔 군신 관계를 자명하게 받아들이는 충군애국 이데올로기 담론에 속한다. 적어도 이 기술에는 영국 빅토리아 여왕의 서거시, 국민적 추도의 열기를 선망어린 눈으로 지켜보았던 유학생 나쓰메 긴노스케(夏目金之助)의 기억이 그대로 투영되어 있는 것임이 확실하다.

> 여왕 위독소식에 모든 일반대중의 표정에 근심이 가득하다.(1901년 1월 21일)
>
> The Queen is sinking.(1901년 1월 22일)
>
> 어젯밤 6시 반 여왕 서거하다. at Osborne. Flags are hoisted at half mast. All the town is in mourning. I, a foreign subject, also wear a black necktie to show my respectful sympathy. (1901년 1월 23일)(「日記」, 『漱石全集』第19卷, pp. 48~49)

나쓰메의 영국체류일기에는 65년간이나 나라를 통치하여 대영제국의 영광을 가져온 여왕의 서거과정이 상세하게 기록되어 있다. 가가호호 반기를 게양하고 거리 전체가 애도 분위기에 잠겨 있는 가운데, 국장까지는 아직 열흘 남짓이나 남았는데도 유학생 나쓰메 긴노스케는 '외국의 일개 신민'으로서 조의를 표하기 위해 새로 산 검정 넥타이에 검은 장갑을 끼고 거리에 나섰다. 그리고 2월 2일 여왕의 장례식을 보기 위해 하이드파크까지 간 나쓰메는 수많은 군중들의 틈을 비집고 하숙집 주인의 무등을 타고 행사를 지켜봤다.

이 체험은 나쓰메로 하여금 이상적인 군주상에 대한 또렷한 시각을 가지게 했다고 볼 수 있다. 나쓰메는 메이지 시대 정치가나 지식인들에게서 흔히 볼 수 있었던 봉건적 천황숭배자는 아니다. 일기나 편지 같은 사적 기록을 통해 그는 천황의 군림방식이나 군신관계에 보이는 봉건적 요소에 대해 불만을 토로했고 비판했다. 천황의 병세가 악화됨에 따라 국민들에게 강요된 과도한 자숙조치를 비판하기도 하고,[8] 황실의 특권이나 신격화에 대해서도 비판적인 시각을 나타내는 기술도 눈에 띈다. 이러한 발언을 근거로 추측해보건대 나쓰메는 봉건적인 절대 권위만으로는 안정된 군신관계를 구축할 수 없다고 판단하고 있었음을 알 수 있다.

> 제국의 신민들은 폐하 전하에 대한 말을 할 때 지나칠 정도로 공손한 말만 사용하면 그것으로 족하다고 생각하는 것 같다. 이는 진정한 경애의 의미를 제대로 모르고 있는 탓이다. ……황실은 신들의 집합이 아니다. 다가가기 쉽고 친해지기 쉽도록 해서 우리들의 가슴에 전해지는 것이 있을 때 비로소 경애의 마음이 생기는 법이다. 그것이 가장 견고한 방법이다. 그것이 가장 오래 가는 방법이다. 정부 및 궁내청 관리의 수법도 정당하지 못하면 황실은 더욱 무거워질 것이고 동시에 더욱 신민의 마음(heart)에서 멀어질 것이다.[9] (「日記」 1912.6.10. 강조는 필자)

나쓰메는 일기에서 측근 관료와 정치가들의 독선과 경망스러움 때문에 천황이 민중으로부터 '진정한 경애'를 받지 못하고 점차 국민의 마음('신민의 마음')으로부터도 멀어지는 것은 아닌가 하는 우려를 피력하고 있다. 국민과의 관계를 "다가가기 쉽고 보다 친숙하게" 하는 것이 영국왕실처럼 국민들로부터 존경을 받을 수 있는 길이라고 나쓰메는 생각했다.

나쓰메는 교토(京都)제국대학 교수자리를 권유받고 '썩 유쾌하지 않은' 도쿄를 떠나지 않는 이유로 "천하를 위해. 천자님을 위해. 사회를 위해 타도하고자 노력 중"(가노 교키치〔狩野亨吉〕에게 보낸 편지, 1906.10.23)[10]이라고 말하거나, 러일전쟁 발발 후 발표한 신체시 「종군행」(從軍行)에서는 "천자의 명령이니 철천지원수를 무찌르고/신하의 소임이니 먼 곳인들 가리겠는가"[11]라는 구절을 통해 신민도덕에 입각한 정치적 입장을 밝히기도 했다.

이즈 도시히코(伊豆利彦)는 나쓰메가 온 생애에 걸쳐 천황제에 반대하는 싸움을 계속했다고 주장하고 있으나,[12] 나는 이 의견에 동의할 수 없다. 나쓰메가 반대한 것은 천황의 존재나 천황제 그 자체가 아니라 천황제의 존재방식 혹은 운용방식에 있었다고 보는 편이 정확하기 때문이다. 작품활동을 시작한 후 만년에 이르기까지 나쓰메에게 있어서 천황은 줄곧 경애의 대상이었다. 따라서 『마음』속의 '메이지 정신'이라는 말도 작가 나쓰메의 국가와 천황에 대한 정치적 인식을 반영하는 이데올로기 담론으로 이해해야 할 것이다.

위에서 본 것처럼 죽음은 국가와 개인을 일체화하는 특권적인 모티프로서 다뤄지고 있다. 그러한 표현장치는 노기 대장을 따라 순사하고 싶다는 부친, "폐하의 병과 부친의 병을 연장선상에서 생각"하는 모친뿐만 아니라, 메이지 천황과 노기 대장의 뒤를 잇는 형태로 자살을 하는 '선생'에게도 적용되고 있다.

메이지 천황의 죽음에 촉발된 죽음의 연쇄는 국가와 천황에 대한 국민으로서의 정치적 입장(충성심)이 균질하게 분포되어 있음을 전하는 표현장치로서 기능한다. 주군에 대한 충성을 다하기 위해 순사한 노기 장군의 경우는 차치하고서라도 시골의 범부로 살아온 부친, 그리고 사회로부터 고립되어 생활하던 '선생'조차도 메이지 천황의 서거와 함께 균일한 정치인식을 표방하게 된다. 결국 개인이 죽음을 통해 시대와 국가에 참여하는 '죽음의 정치학'을 실천한 셈이다. 천황의 병세나 서거를 알리는 신문기사에서 눈을 떼지 못하는 '나'와 부모와 '선생'은 각각 사회적 지위나 교양, 성별과 세대가 다르지만 국가와 시대에 대한 귀속의식을 가진 공동체의 일원이라는 '국민'의식을 공유하고 있는 것이다. 결국 근심스러운 표정으로 신문에서 눈을 떼지 못하는 각 개인의 '마음' 속에 바로 국가는 실재(實在)하는 것이다.

『마음』의 「선생의 유서」에 나오는 메이지 천황의 서거와 노기 장군의 순사에 대한 기술은 근대국가의 기틀을 마련한 메이지 시대에 대한 집단적 기억의 저장고로서의 기능을 갖는다. 다시 말해서 『마음』은 역사에 대한 노스탤지어를 불러일으킴으로써 독자를 '국민'으로 사회화시키는 역할을 수행하는 텍스트인 것이다.

3. 정신주의와 '자기본위'

『마음』은 나쓰메의 삼각관계 구도를 가진 많은 소설 중에서도 가장 육체성이 희박한 텍스트로, 독자는 등장인물들이 펼치는 지나칠 정도의 금욕적 정신주의와 대면하게 된다. 소설의 반 정도를 차지하고 있는 「선생의 유서」에서 '선생'의 무겁고 어두운 울림으로 가득 찬 고백은 근대일본문학사에 있어서 정신주의 담론의 극점에 해당한다고 할 수 있다.

평소에 K는 정진(精進)이라는 말을 좋아했습니다. 나는 그 말 속에
는 금욕(禁慾)이라는 뜻도 포함되어 있으리라 생각하고 있었습니
다. 그러나 나중에 이야기를 들어보니 그것보다 깊은 뜻이 포함되
어 있어서 나는 무척 놀랐습니다. 도(道)를 위해서는 모든 것을 희
생해야 한다는 것이 그의 첫 번째 신조였으므로, 그에게 있어서 섭
욕(攝慾)과 금욕은 물론이거니와 욕정을 떠난 연애 그 자체도 도의
방해요소가 된다고 할 수 있었습니다.(258-9. 205)

도(道)/욕망(사랑)으로 확연하게 분절된 인식세계에 살고 있던 K는
현실의 고통을 정신의 수행을 통해 극복하려 하는 구도자적 인물로
묘사된다. 따라서 K의 자살은 스스로 금욕적인 '신조'를 관철하기 위
해 선택한 정신주의의 극단적인 실천이라고 할 수 있다.
　이 소설 속의 정신주의는 K 한 사람만의 몫이 아니다. '선생'도 K
에 못지않은 금욕주의자이며, K가 죽은 후에는 죽은 친구를 좇아 정
신주의를 심화시켜가기 때문이다.

나 또한 인간이기에 육체를 외면할 수는 없었을 것입니다. 그러나
따님을 보는 나의 눈과 따님을 생각하는 나의 마음은 육체적인 면
을 전혀 띠고 있지 않았습니다.(189. 150)

나는 그녀에 대해 거의 신앙에 가까운 절대적인 사랑을 갖고 있었
습니다. 종교에만 쓰는 이 말을 젊은 아가씨에게 적용하는 것을 보
고 이상하게 여길지도 모르지만, 나는 지금도 그 믿음에 변함이 없
습니다. 진짜 사랑은 종교심과 그리 다를 게 없다는 것을 나는 굳게
믿고 있습니다.(188. 150)

'육체적인 면을 전혀 띠지 않은 사랑, '종교심'에 가까운 사랑에 대해 힘주어 말하는 '선생'에게 육체는 욕망이 깃드는 것을 허용하지 않는, 단지 정신의 껍데기로서 존재할 뿐이다. 영혼과 육체의 이원론적 구조는 이 소설 첫머리에 이미 감춰져 있다. '나'가 가마쿠라(鎌倉)의 해수욕장에서 처음 '선생'의 존재를 인지하게 된 것은 "선생이 한 명의 서양인을 동반하고 있었기 때문"이며, 또한 그 서양인이 "팬티 하나밖에 걸치고 있지 않았"고 "유난히 하얀 피부"를 사람들 앞에 드러내고 있었기 때문이다. 육체를 드러낸 서양인의 "이상해 보이는" 모습은 "몸통과 팔 그리고 넓적다리를 드러내놓지 않"고 "몸을 되도록 감추고자 하는" '선생'을 포함한 일본인 해수욕객들의 모습과 극명한 대조를 보인다. 이것은 「선생의 유서」에 전개되는 일본적 정신주의를 강조하고자 설정된 복선이라 생각할 수 있다. 즉 서양남자와 '선생'의 대조적인 모습은 육체와 정신이라는 이원론, 나아가 서양의 물질문명과 일본적 정신주의라는 이항대립 구도와 짝을 이루고 있는 것이다.

『마음』의 정신주의의 근간을 이루고 있는 것은 무사도 윤리이다. 실제로 노기 마레스케와 K. 그리고 '선생'의 죽음은 무사 도덕의 체현으로서의 자결과 상통하는 면이 있다. 나쓰메는 "무사도가 피폐해져서 배금(拜金)도가 되고 말았다"[13]고 노트에 적기도 했는데, 이는 그 자신이 무사도를 물질문명(혹은 서양문명)에 대항할 수 있는 일본 고유의 정신윤리로 인식하고 있었음을 보여준다. 러일전쟁 승리에 고무된 나쓰메는 「전후 문학계의 추세」라는 글에서 "다시 말해서 지금까지 궁한 나머지 억지스럽게 말해온 일본혼(日本魂)은 실로 자신감과 자각을 수반한 웅대한 외침으로 변화했다. ……넬슨도 훌륭할지 모르지만, 우리 도고(東郷) 대장은 그 이상이라는 자신이 생긴다"[14]라는, 훗날 '자기본위' 사상의 단서가 되는 발언을 했는데, 여기에서도 그는 '일본인의 특성'으로 무사도를 들고 있다.

> 일본인은 원래 무사혼이라고 하는 남에게 지기 싫어하는 정신을 가지고 있다고들 하지만 서양인에게 지고 있었던 것은 사실이다. 그러나 지고 있으면서도 이 정신이 유지되어온 것이 지금까지의 현실이었다. 그렇기 때문에 서양에 지고 있으면서도 일본인의 특성이라며 자랑스러워하는 무사혼은 가까스로 유지되었다. 이런 시대에 문학으로 세상을 놀라게 하고 사람들을 경탄시킬 만한 뛰어난 것이 나올 리가 없다.[15]

이 인용문에서 파악할 수 있는 것은 무사도가 서양문화의 대립항으로서 특권화되어 있다는 것이다. 이 점은 러일전쟁 후, 노기 마레스케에 대한 몇 차례 언급에서도 엿볼 수 있다. 예를 들어 1906년 2월 6일 노무라 덴시(野村傳四)에게 보낸 편지에는 "친하게 지내는 서양인이 노기 장군의 전기를 쓴다면서 요시다 쇼인(吉田松蔭)의 저서를 읽고 싶다고 하는데, 자네가 누군가에게 문의해보든가 도서관에서 찾아봐 주지 않겠나"[16]라고 적은 바 있다. 이 편지에 언급된 '서양인'이 누구인지는 알 수 없으나 러일전쟁 직후 서양인들 사이에서도 노기 마레스케가 관심의 대상이 되었다는 사실을 나쓰메가 충분히 인식하고 있었음을 알 수 있다. 그리고 『노방초』(道草)에서 "개인으로서의 노기 장군은 의리가 강하고 정이 두터운 실로 훌륭한 사람입니다. 그러나 총독으로서의 노기 장군이 과연 적임인지에 대해서는 논란의 여지가 있습니다"[17]라는 대사를 통해 무사도와 같은 전통적인 가치의 실천자로서 노기를 높게 평가했다. 또한 『마음』을 연재하기 직전에 제일고등학교에서 열린 「모방과 독립」이라는 강연에서도 노기 장군의 순사를 추앙하는 발언을 하고 있다.

방식과 말과 행동이 동의할 만하고 존경할 만하고 훌륭하다는 생각
이 들게 하면 성공인 것이다. 십자가에 묶이더라도 성공이다. 노기
대장이 죽었다. 죽는 행위에서 감명을 받는다면 죽은 결과가 나쁘
다 하더라도, 실패로 끝났다 하더라도 행위 자체에 감동한다면 성
공이라는 의미이다. 요컨대 독립(independant)은 좋은 것이다. 그
러나 깊은 배경 없이는 성공하지 못하는 법이다.[18)

이 강연에서 나쓰메는 서양의 모방이 아닌 독립적인 일본적 가치의
발양을 호소했다. "러일전쟁은 독자적인 것(original)"이고 "군인은
러일전쟁으로 독립을 증명했"으므로, 이제 예술도 '독립'할 시기가
왔다는 것이다. 이어서 노기의 순사를 예로 들어 어떤 행위가 "동의
할 만하고 존경할 만하고 훌륭하다는 생각이 들게 하면" 성공이고
'독립'이 될 수 있다고 했다. 이는 결국 나쓰메가 노기의 순사에 "감
명을 받았"고 나아가 그러한 무사도 정신의 구현에서 탈서양의 가능
성을 보고 있었음을 의미하는 것이리라.

국민적 텍스트가 되기 위해서는 안으로는 자민족의 문화적 아이
덴티티를 제시하고 밖으로는 자국의 정신문화적 가치를 과시하는 것
이 요구된다. 메이지 시대 이후, 무사도 윤리에 접맥된 정신주의는
국민도덕의 근간이 되었다. 가라사와 도미타로(唐澤富太郎)의 『교과
서의 역사』에 의하면, 『심상소학독본』(尋常小學讀本)의 일관된 편찬
방침은 "서양문명에 대한 일본문화와 정신의 우월성 주장"이다. 곧
"서양의 물질문명에 대한 일본 정신문화의 우위"[19)를 나타내는 것에
주안점을 두고 있는 것이다. 이 지적은 전후 국어교과서를 중심으로
전개되어 온 『마음』의 정전화 과정의 배경을 살펴보는 데 좋은 참고
가 된다.

『마음』은 죄의식에 사로잡힌 '한 개인의 마음'과 메이지 시대를 살

아 온 '신민의 마음'이라는 두 가지 심급에서의 '마음'에 관한 이야기
가 중첩되는 구조를 띠고 있다. 지금까지 메이지의 종언과 함께 선생
이 자살하는 것은 아무래도 '부자연'스럽다는 견해가 주류를 이루어
왔는데, 그것은 이러한 이중구조에서 초래된 부자연스러움이라 해도
좋을 것이다. 그리고 이 이중구조야말로 이 작품을 국민적 텍스트로
만든 것이라고 해도 무방하다.

『마음』이 국어교재로 널리 유통되어왔다는 사실만으로도 이를 이
데올로기적인 문맥에서 재검토해야만 하는 조건이 갖추어져 있다고
할 수 있다. 『마음』은 단지 독자의 선택을 통해 읽히는 문학작품이 아
니라, 공적 판단에 입각해서 선택되고 부여된 텍스트이다. 1910년부
터 사용된 제2기 국정 『심상소학독본』(尋常小學讀本)은 이노우에 데
쓰지로(井上哲次郎), 하가 야이치(芳賀矢一) 등에 의해 편찬된 것인
데 그 편찬 취지서에는 "충군애국의 정신을 통해 쾌활·근면·충성으
로 직무에 전념하는 국민의 견실한 기풍을 함양하는 것이 본서 편찬
의 주안점이다"[20]라고 적혀 있다. 전후에 이르러 교육이념은 메이지
시대의 그것과는 달라졌지만 국가가 필요로 하는 '건전한' 국민을 만
든다는 대전제는 변함이 없다. 국가와 국민을 상상하게 하고 정신주
의 윤리를 표방하는 『마음』도 여러 교육현장에서 '견실한' 국민을 양
성하기 위한 수신서로서 면면히 읽혀 왔던 것이다.

'정진' '자활' '맹진' '금욕' '도의' '향상심'……「선생의 유서」에서 K
의 성격을 묘사하는 데 사용된 단어인데, 이것은 근대화과정에서 일
본사회가 당시의 청년 및 소국민들에게 요구하던 정신윤리의 덕목
리스트와 일치한다. 또한 이러한 정신적인 고결함을 지향했던 점에
서는 '선생'도 예외는 아니다. "대개는 책이야기와 학문이야기, 장래
포부와 인격 수양을 화제로 삼아온" 두 사람은 상승지향의 기개로 가
득 차 있던 메이지 시대를 표상하는 역할을 하고 있다.[21] 이런 점에

서 「선생의 유서」에 들어있는 수신(修身) 담론은 정신의 향상을 최상의 가치로 삼는 가치관 형성에 공헌하고 있다고 할 수 있다.

앞서도 말했듯이 「선생의 유서」에는 정신주의와 국가 이데올로기 언설이 혼재한다. 정신주의는 도덕적 우위에 서기 위한 발판이 되고 어떠한 고난이라도 흔쾌히 받아들이는 자세를 이끌어낸다. 「선생의 유서」에 담긴 충효와 같은 유교적 덕목, 금욕적이고 자기희생적인 삶의 미화는 결국 국가 이데올로기에 봉사하는 정신적 바탕을 이룬다. 많은 나쓰메 연구자들은 장편소설 『마음』을 이루는 3개의 장(章) 중에서 「선생의 유서」를 중심으로 한 작품론을 전개해 왔다. 이는 이 텍스트의 정신주의를 시인하는 것일 뿐만 아니라, 정신주의적 관점에 의한 작품세계의 확대재생산으로 이어졌다. 그러한 점에서 『마음』이 정전의 위치에 오를 수 있었던 원동력은 역시 학문의 장치에서 나왔다고 말할 수 있다.

4. 근대국가 이데올로기 장치로서의 문학

근대일본에서 '문호'(文豪)나 '국민문학'과 같은 개념이 구상된 것은 청일전쟁 이후이다. 전승 분위기의 연장선상에서 문학의 의미가 내셔널리즘의 맥락에서 새로이 발견되고 부각된 것이다. 이것이 군사적 우위뿐만 아니라 정신적 우위를 통해 상대를 제압해온 서구제국주의에 대한 학습의 결과임은 말할 것도 없다. 우치무라 간조(內村鑑三)와 우치다 로안(內田魯庵)은 청일전쟁 후 '대문학'과 '대문학자' 대망론을 펼쳤다.

대문학은 안 나오는가. 우리는 고대 희랍의 현자를 본받아 온종일

제등을 밝히고 도시의 대로를 돌아다녀도 대문학자를 접할 수 없다. 청일전쟁 발발 후에도 대문학은 나오지 않았고 연전연승해도 대문학은 나오지 않았다. 승전으로 마쳤음에도 대문학은 나오지 않았다.[22] (內村鑑三, 「왜 대문학은 나오지 않는가」)

전쟁은 승리했다. 동아시아의 반문명국(半開國)은 일약 일등국의 반열에 들었다. 이에 걸맞게 문예기술은 말할 것 없고 사회 전반의 분야에서 일등국이지 않으면 안된다.[23] (內田魯庵, 「전후의 문학―국민이 시운을 탈 수 있도록 하자」)

진정한 '일등국'이 되기 위해서는 무력만이 아니라 '지력'(知力)도 그에 걸맞은 형태로 정비하지 않으면 안된다는 취지이다. 흥미로운 것은 이런 주장을 러일전쟁 후 나쓰메도 제기했다는 사실이다.

지금부터 스스로 깨닫고 스스로를 믿는 국민은 전세계 어디서나 당당하게 통할 수 있다. 과거의 우리나라 문학에서 큰 성공을 거둔 것은 없지만 지금부터는 성공한다. 지금부터는 대걸작이 만들어진다. 결코 서양에 뒤지지 않고 서양에 비견할 수 있는 것, 아니 그 이상의 것을 내놓지 않으면 안된다. 또한 그것이 가능하다고 믿는 기개(氣槪)가 분출할 것이다. 그리고 이것이 메아리쳐서 국민들이 자각하게 되는 것은 자연스러운 흐름이다. 이러한 추세에서 태어나는 일본의 문학은 이제까지와는 사뭇 다른 유망한 것이 될 것이다.[24] (「전후문학계의 추세」)

'서양에 비견할 수 있는' '대걸작' '셰익스피어에 비견할 수 있는' 대문호의 탄생을 염원하고 있었던 나쓰메는 당시 작가로 입문한 지 8

개월 정도밖에 되지 않은 '신인작가'였다. 나쓰메의 정전화가 전후에 이루어졌다는 것은 앞서 말한 대로이지만, 이른바 '나쓰메 신화'는 작가의 죽음과 동시에 기획되었다고 보는 것이 옳다.

> "문단의 거성이 지다"(『報知新聞』1916.12.10)
> "일본인에게 처음 보는 우수한 뇌" "얻기 힘든 연구재료" " '선생'의 뇌에서 천재의 뇌수 형을 직접 확인할 수 있었던 것은 해부에 입회한 사람들이 하나같이 감사하는 부분이다"(眞鍋嘉一郎, 「해부대 위의 문호」, 『東京朝日』1916.12.11)
> "이는 실로 귀중한 천재의 뇌수 형으로서 영구히 보물로 삼아야 할 것"(「문호의 뇌」, 『報知新聞』1916.12.11)
> "경탄할 만한 대천재의 뇌―해부된 나쓰메씨의 유해＝학계의 보물 ＝일본인에게 드물게 보는 뇌"(『福岡日日新聞』, 1916.12.12)[25]

나쓰메 신화의 프롤로그는 문호의 위대함을 뒷받침하는 신체적 비범함에 대한 경탄으로 장식되어 있다. 신문보도치고는 다소 들뜬 어조의 기사는 문호의 탄생을 갈망하는 시대분위기를 정확히 전달해준다. 나쓰메가 죽은 지 1년 후, 단행본 『나쓰메 소세키』(1917년 5월)를 출판한 아카기 고헤이(赤木桁平)는 "솔직히 말해서 우리들은 소세키 선생을 통해 처음으로 '위대'하다는 단어를 붙일 수 있는 국민적 작가를 얻었다"[26]고 말했다. 또 1917년 10월 25일자 『고쿠민 신문』(國民新聞)에 게재된 이와나미쇼텐판 『소세키 전집』(漱石全集)의 광고에는 "교양 있는 가정은 반드시 소세키 전집을 비치하자" "일본이 낳은 세계적 문호를 영구히 기념해야 할 소세키 전집을 구입해서 이를 자손에게 전하자. 메이지와 다이쇼 시대에 이 나라에서 삶을 영위하는 자로서 후대에 대한 당연한 책무다"라는 문구가 보인다. 나쓰메 신화의 제1장 첫 줄은 '국민적 작가' '세계적 문호'라는 영예로운 명칭의 헌정(獻呈)에서부터 시작되었다. 나쓰메를 읽는 것은 바로 '교양 있는(=품격 있는)' 국민이 되기 위한 필수조건이자, 나아가 국민으로서의 '당연한 책무'라는 것이었다.

세계에 자랑할 만한 문호의 존재는 그 자체로서 국가적·국민적 상징이 된다. 국가 구성원에게 일등국·문명국의 일원이라고 하는 자긍심을 안겨줌과 동시에 국민통합의 중추적 역할을 수행하기 때문이다. 그러나 그뿐만이 아니다. 앞서도 언급했듯이 국민작가란 국민국가의 경계 내부에 국한해서 존재하지 않는다. 그것은 국가의 팽창과 함께 구상되고 국가의 확장에도 관여한다. "인도의 부(富)를 잃는다 해도 영국을 위해 셰익스피어를 잃고 싶지 않다"는 취지의 토머스 칼라일의 유명한 말[27]은 문화적 우월함에 대한 언설이 식민지배 이데올로기와 맞닿아 있음을 보여주는 것이며, 영문학의 비견할 바 없는 탁월함을 과시해 마지않는 『노튼 앤솔로지』(*The Norton Anthology of English Literature*)의 두터운 분량은 그 자체만으로 제국의 정당성을 주장한다. 에드워드 사이드는 서양 인문학의 우월성에 대한 과시가 제국주의적 욕망과 동거하고 있음을 증명하기 위해 프랑스 식민주의자 쥘 아르망의 발언을 소개했다.

원칙으로서 그리고 기점으로서, 인종과 문명에는 위계(hierarchy)가 있다는 것, 우리는 우등인종과 우등문명에 속해 있다는 사실을 인정하고, 나아가 우등성에 의해 권리가 발생함과 아울러 우등성은 그 대가로서 커다란 의무를 지고 있다는 사실을 인정해야 한다. 원주민의 정복을 합법화하는 기본적인 요소는 우리들이 무기적인 경제라든가 군사적인 우위뿐만 아니라, 정신적으로도 우위에 서 있다는 확신이다. 우리들의 위엄은 바로 이 점에 있다. 이 점에 비서양세

계의 인류를 지도할 권리가 존재한다. 물질적인 힘은 이 목적을 달
성하는 수단에 지나지 않는다.(에드워드 사이드, 『문화와 제국주의』)

마찬가지로 일본에서 1890년대 이후에 전개된 '국문학'의 제도화는
단순히 국가 만들기를 위한 절차 이상의 의미를 띤다. 그것은 '국문
학'(National Literature)을 가지고 있지 않은 이민족과 타국에 대한
문화적 헤게모니의 행사로 이어지고, 결국에는 '지력(知力)에 의한
지배' 체제의 구축에 관여하게 되는 것이다. 이런 관점에서 본다면 '국
민작가' 나쓰메의 존재는 어쩔 수 없이 제국주의와 관계를 끊으려야
끊을 수 없게 된다.

　나쓰메는 1914년 가쿠슈인 대학(學習院大學)에서 행한 강연, '나
의 개인주의' 속에서 외국문화를 상대화하여 흡수하기 위해서는 어
디까지나 '자기본위'의 자세로 임해야 한다고 호소했다.

　　예를 들어 서양인이 이것은 훌륭한 시라던가 운율이 매우 좋다고
　　해도 그것은 그 서양인이 보는 바일 뿐, 설령 그것이 내게 참고가
　　안되는 것은 아니라 하더라도 내가 그렇게 생각하지 않으면 도저히
　　받아들일 수 없는 것입니다. 내가 독립한 한 명의 일본인이고 결코
　　영국인의 노예가 아닌 이상 이 정도의 견식은 국민의 일원으로서
　　갖추지 않으면 안됩니다.(중략)
　　　그러나 나는 영문학을 전공합니다. 영국 본토의 비평가가 말하
　　는 바와 내 생각이 상이할 때는 아무래도 조심스럽게 되기 쉽습니
　　다. 풍속, 인정, 습관, 나아가 국민의 성격까지가 모두 이러한 관점
　　의 차이를 낳는 원인을 이루고 있음에 틀림없습니다. 일반적으로
　　학자들은 문학과 과학을 혼동하여 갑의 국민이 좋다고 생각하는 것
　　은 반드시 을의 국민의 높은 평가를 받게 되어 있다는 필연성이 포

함되어 있다고 오인하고 있습니다. 그 점이 잘못되었다고 말하지 않으면 안됩니다. ……나는 이 자기본위라는 말을 스스로의 손으로 쥐고 나서 아주 강해졌습니다.[28]

여기서 나쓰메는 서양문명의 상대화를 주장하고 있다. 서양문명의 절대적인 영향하에서 근대화를 추진해야 했던 메이지 시대의 일본인들에게 정신적 자립을 호소한 것은 정치적으로 옳다. 그러나 이 자기본위의 입장이 절대타자로서의 서양이 아닌 아시아의 타자에게 투사되었을 경우 또 하나의 자민족중심(우월)주의로 전용될 가능성을 내재하고 있다. 실제로 나쓰메가 남긴 한국 및 중국에 관한 언설에서는 제국의식의 편린이 드러난다.

나쓰메의 자기본위 사상이 전후 일본국민의 이데올로기적 통합에 기여한 담론이었을 것이라는 추측에는 충분한 근거가 있다. 나쓰메를 비롯한 근대일본의 지식인들은 일본/서양의 이원론적 구도에서 세계를 파악했다. 서양문물의 압도적 영향 아래 놓인 근대일본이 나아가야 할 방향으로 자기본위를 주창했던 나쓰메에게 서양은 영국 등 서유럽을 의미했다. 그리고 패전과 함께 미국에 의한 점령통치기를 거친 전후의 일본인에게 있어서 미국이 곧 서양이 되었다. 즉 전후에도 자기본위는 일본인에게 절실히 필요한 가치체계였고, 『마음』에 투영된 금욕적 정신주의는 국민적 도덕으로 결정(結晶)될 수 있었다. '문호 나쓰메 소세키,' 그리고 일본근대문학 최대의 정전인 『마음』은 '일본국민'이라는 공동체의 가치체계 형성과 불가분의 관계를 이룬다.*

---

* 이 논문은 『比較文學硏究』81호(東大比較文學會, 2003.3)에 발표한 「國民のなかの『心』」을 가필 수정한 것이다.

제국의 국민문학과 '문화=번역'의 좌절
스스로 식민지가 되는 제국일본

조관자[*]

식민제국의 문화적 가능성

1937년 발발한 중일전쟁이 영미제국과의 충돌로 격화되면서 일본은 조선과 만주의 문화를 제국의 신체제에 편입시키려 분발했다. 전선이 동남아시아로 확대되고 총동원의 요구가 절박해질수록 '일본어=국어'의 전일적 지배를 강화하는 국책문화가 암흑의 꽃을 피웠다. 그러나 날이 어두워지면 불을 밝히려는 움직임도 생기는 법이다. 비록 그 빛이 어둠을 온전히 밝히는 등불이 아니었다고 해도. 특히 1939년 무렵 『분가쿠카이』(文學界)의 담론을 보면 '내선일체' '동아협동체'라는 정치적 슬로건 아래서 민족적 지방적 경계를 넘어서 소통하는 문화를 이루려고 노력한 흔적이 남아 있다.[1]

1939년 10월 조선문인협회를 비롯하여 식민제국 안의 각종 문화예술단체를 망라하는 일본문예중앙회가 결성되었다. 그들의 사명은 단순한 전쟁협력이 아니라 "최고 수준에 달하는 국민문화"를 창조하는 데 있었다. 그들이 추구하는 새로운 국민문화는 구체적으로 '동아

---

* 1964년 충남 서산에서 태어났다. 서울대학교 국어국문학과를 졸업했으며 도쿄대학 종합문화연구과에서 석사 및 박사학위를 받았다. 현재 일본 주부(中部) 대학 인문학부 교수이다. 일본어로 발표한 논문으로 「서인식의 역사철학—세계사의 불가능성과 '나의 운명'」(2004), 「탈/식민지와 知의 제도」(2006), 「이광수·신채호를 통해 본 식민지의 公共知」(2006) 등이 있다.

공영권'의 확립을 가져오고 '공공적 문화재'를 구성하는 것이어야 했다.[2] '혁신적' 의미를 공유하는 가운데 국민문학과 세계문학에 대한 논의가 일어나고 번역의 문제도 첨예하게 대두했다. 국민문학의 건설이 제국일본의 문화적 통합을 증명하는 것이라면, 번역은 동아시아 민족의 협동과 협화를 가져오고 세계문화를 꽃피우는 최선의 방법으로 인식되었기 때문이다.

이 글에서는 중일전쟁기에 일본인과 조선인이 함께 자리한 좌담회 및 조선문화에 대한 일본지식인들의 태도가 드러난 기록을 살펴본다. 신체제의 국민문학 건설을 둘러싸고 번역의 문제가 부상하면서 어떠한 논의가 이루어졌는가. 민족융화를 추구하면서 일방적인 동화정책이 추진되는 이면에는 어떠한 음흉한 논리가 도사리고 있는가. 협동과 협화를 불가능하게 만드는 식민제국의 일상적 삶은 어떠한 것일까. 이런 면면들을 추적해본다. 하지만 그 목적은 일본제국주의의 폭력적 양상이나 피차별 민족의 문화 보존에서 검증되는 주체성을 확인하는 데 있지 않다.

이 글은 궁극적으로 식민지/제국의 지정학적 차이 속에서도 주변과 중심을 동시에 가로지르는 문화적 가능성과 불가능성에 대해 고찰하고자 한다. 식민지 획득을 위한 세계사적 경쟁의 대열에서 제국일본은 아시아에 대한 군사팽창과 문화통합을 시도했다. 그 과정에서 빚어진 '초민족적 제국주의=아시아주의=천황제 민족주의'의 문화적 양태는 피차별 민족의 동화나 저항을 부른 것으로 그 역사적 역할을 끝내지는 않았다. 그 문화적 '유산=흔적'은 친일청산론이나 식민지근대화론만으로 포착할 수 없는 어떤 것을 내포하고 있다.

식민제국의 문화는 단일제국이나 단일민족의 자기동일적인 문화사를 서술하는 단일언어, 즉 '일본어/국어/우리말'로는 온전히 표현할 수 없는 '무경계'의 테두리를 형성한다. 식민지와 제국을 잇는 역사적 공간이 '순수한' 민족어 또는 '공식적' 국어가 관습적으로 표상하는 자기동일성을 이미 넘어서 버렸기 때문이다. 식민제국의 문화적 통합의 시도 그 자체가 전복적이고 혼종적인 문화, 반복과 어긋남, 모방과 차이를 동시에 생산하는 가능성들로 충만하다. 그 혼란함 속에서도 전통의 지위를 확보하는 문화적 재화가 축적되거나 보편을 향한 문화적 운동이 활발하게 일어날 수 있었던 것이다.

이 글의 전략적 핵심은 식민지/제국에서 나타나는 '번역=문화=보편'의 가능성을 검토하는 데 있다. 그리하여 역으로 서양 중심의 보편주의를 비판하고 자본주의의 세계사적 문제의 해결을 외친 대동아주의=천황제 민족주의가 '번역=문화=보편'의 가능성을 억압하고 차단한 사실의 의미도 드러낼 것이다. 식민제국 일본에서 추동된 신체제문화는 식민지/제국이라는 비대칭적 공간에서 일어날 수 있는 문화의 역동적 가능성과 함께 문화생산을 불가능하게 만드는 사회적 적대성의 문제를 적나라하게 드러낼 것이다.

1. 식민지/제국의 끈끈한 내연: '훌륭한 정신'의 계보

『분가쿠카이』(文學界) 1939년 1월호에 「조선문화의 장래」라는 좌담회의 기록이 실렸다.[3] 이 좌담회는 대륙개척문예간화회(大陸開拓文芸懇話會)를 조직하고 만주와 조선에서 문장보국(文章報國)을 공작하는 하야시 후사오(林房雄)가 중심이 되어 1938년 11월 하순 경성에서 열렸다.

일본측 참석자 명단에는 가라시마 다케시(辛島驍, 경성제국대학 교수), 후루카와 가네히데(古川兼秀, 총독부 도서과장)의 이름이 보인다. 그 가운데 주목할 만한 이름은 일본에서 「춘향전」을 연출한 무라야마 도모요시(村山知義), 일본어 번역·각색을 담당한 조선인 작가 장혁주, 극작가 아키타 우자쿠(秋田雨雀)와 같은 연극 관계자들이다. 이 좌담회에 앞서 그들은 1938년 10월 25일부터 사흘 동안 조선의 고전「춘향전」의 일본어 번역극을 경성에서 공연했다.[4] 조선측 참석자 명단에는 임화·김문집·이태준·정지용·유치진이 올라 있다.

회의를 시작하며 하야시는「조선문화의 장래와 현재」「문화에서 내선일체의 길은 어디에 있는가」라는 의제를 제시했다. 하야시는 먼저 조선의 언론·잡지계의 현황과 작가들의 생활실태를 묻는다. 종이값이 상승하고 총독부의 통제정책으로 잡지발행이 격감하고, 문인들의 생활이 더욱 곤란해졌다는 답변이 오간다. 그리고 화제는 자연히 연극 쪽으로 옮겨가면서 곧바로 춘향전의 번역문제를 둘러싼 쌍방의 힘 겨루기가 시작된다.

조선측 참석자들은 춘향전을 일본어로 번역하면 고유한 맛을 살릴 수 없다고 주장한다. 훗날『분가쿠카이』에「조선문학에 관해서」를 쓴 무라야마는 조선측의 태도를 회상하고, "이것은 단순한 번역 부정의 논리가 아니라, 조금씩 사라져가는 조선말에 대한 애정과 집착의 몸부림"이었다고 변호한다.[5] 조선문학가들의 '몸부림'을 읽고 있던 무라야마는 연극 춘향전의 일본공연이 가지는 의미를 호소한다.

무라야마 말의 재미는 어떤지 몰라도 춘향전의 에스프리는 전할 수 있었다고 생각합니다.
김문집 그것은 시국에 관계된 문제겠지요.
하야시 그렇지 않아요. 춘향이가 몽룡을 그리워하며 정절을 지키는 점이 훌륭하오. 나도 도쿄에서 보았지만, 그것은 만인을 감동시키는 훌륭한 정신이었소.
정지용 춘향전의 좋은 점은, 예를 들면 유교정치의 시절에 그런 이야기가 나왔기 때문입니다.

하야시 거기에 조선의 모습이 있는데, 그것을 예술화한 것이 대단히 좋은 거죠.[6]

번역의 의의와 춘향전의 예술성을 강변하는 하야시의 이해는 춘향전의 예술성을 형해화한다. 정지용의 '그런 이야기'라는 애매한 표현에는 춘향전을 향수하는 조선인들의 공통감각(common sense)이 함축되어 있다. 그 입담의 재미는 단지 조선어 특유의 음성 이미지에서 우러나오는 것만은 아니다. 양반사회의 문화적 권위인 충절의 명분이나 유교의 교양을 재미있게 패러디하면서도 성애를 솔직하게 담아내는 그들의 목소리는 신분과 성의 억압을 일탈하여 해방의 감각을 토해낸다. 고전문학 연구의 선구자인 김태준은 춘향전이 상류사회에서 승인하지 않는 염정소설이었기 때문에 걸작일 수 있었다고 평가했다.[7] 18세기 이래 서민문화 속에서 근대성을 찾아내려는 조선의 문화인들이 그러한 이해에 공명하고 있었음을 짐작하는 것은 어렵지 않다.

춘향전이 민중의 오락으로 향수될 때, 민중은 어떤 사회적인 해방의 가능성을 공유하게 된다. 춘향이 구현한 것은 실제로 소수의 양반이 전유하고 있었던 지위와 윤리다. 기녀의 딸이 입신출세한 사대부의 정부인이 되는 스토리에서 당대의 청중들은 그 정절과 사랑의 모럴에 감동하진 않았을 것이다. 영원한 사랑은 어느 시대에나 감동적일 수 있지만, 양반 중심의 사회에서 그 감동의 효과는 이미 균열되기 시작한 위계질서를 확인하고 하층민의 신분상승욕과 그 성취 가능성을 사회적으로 승인한다는 데 있다. 상상적인 전복의 힘이 재현되는 곳에 춘향전의 재미가 있었다. 무라야마가 춘향전 에스프리의 재현을 강조했을 때도 그 에스프리란 상상적인 전복의 힘을 의미했다.

민중의 사회적 신분상승과 전복의 생동감을 정절의 '훌륭한 정신'
으로 해석한 것은 다름 아닌 하야시의 '일본정신'일 것이다. 근대적인
자유주의의 관념과 싸우는 신일본주의자 하야시에게는 '훌륭한 정
신'이 단지 여성에게 정절을 요구하는 논리만이 아니다. 국민의 어머
니로 해석되는 현모양처상과 천황제 가족주의와 충절의 정념을 부합
시키는 '일본정신'의 코드가 춘향전의 '전복적인 쾌락'을 '훌륭한 정
신'에 재배치한 것이다.

그러나 번역과 오독의 경계는 불안정하며 '오독'을 바로잡기 위한
'정독'을 규정할 수도 없다. 번역은 서로 다른 언어 사이의 '약분불가
능성'(incommensurability)을 전제하여 행해지는 것이며, 어떤 말의
의미체계나 음성 이미지를 그대로 옮기는 것은 처음부터 불가능하
다.[8] 민중의 독특한 이야기며 가극 양식인 판소리는 '정본'(正本)이
없는 채 전승된 복수의 목소리가 문자로 정착된 것이다. 춘향전이 재
연되는 그 마당마다, 후세에 향수되는 그 순간마다, 각각의 춘향전은
복수의 '이본'(異本)의 탄생이다.[9] 그 복수의 다른 이야기 노래는 일
정한 문화공동체에 안착하지 않고, 그것이 전파되는 가운데 그들의
공통감각을 다른 시공간 속으로 퍼뜨리고 다른 것들과 섞인다. 이본
들의 차이는 하나의 고유성이나 개별 안에서 완결되는 것이 아니고,
그들 속에서 교잡하는 것이다. 하나의 개별성 안에 이미 복수의 목소
리가 서식하고 있으며, 주디스 버틀러가 말하듯 거기에서 "번역작업
은 늘 벌써 시작되고 있다."[10]

각각의 춘향가(전)이 향유될 때마다 그 순간 이미 번역이 진행중
이라고 본다면 "여러 가지 춘향전을 만들려고 시도하여 마땅하다"는
무라야마 도모요시의 주장도 일리가 있다.[11] 춘향전의 일본어 대본
은 또 하나의 이본의 탄생으로 꼽을 수 있다. 제국의 문화로 번역되
는 과정에서 춘향전은 자유를 요구하는 민중정신의 보편적인 전형,

혹은 조선의 문화적·윤리적 전통으로서의 지위를 확보하게 된다. 이러한 '전통'이나 '보편'의 창조를 부정할 필요도 없으며, 새롭게 문화를 구성하는 번역행위를 배척할 이유도 없다.

이 글에서 '조선문화' '일본문화' '세계문화'를 말할 때, 각각의 문화 개념에 인식론적 공통성이나 문화적 동일성이 단일하고도 고유한 것으로서 미리 존재하고 있다고 생각하지 않는다. 또 이 글에서 말하는 '보편' 개념은 어떤 역사적 맥락에서 폭넓게 수행적(performative)으로 인식되는 것을 의미한다.[12] 그런데 춘향전이 조선의 고전으로 부흥할 때, 복수의 번역(해석)이 서로 다투면서 변주해온 문화의 '정신사'를 간과해서는 안될 것이다.

춘향전은 해방후 한국에서 14번이나 영화화되었지만, 춘향전을 처음 영화로 만들려고 한 것은 일본인이었다. 1922년, 경성의 동아문화협회에 속해 있던 하야카와 마스타로(早川增太郎)는 조선인 배우를 기용하여 춘향전을 완성했다. 조선인으로서는 1935년 이명우 감독이 조선 최초의 유성영화 춘향전을 경성촬영소(대표: 分島周次郎)에서 제작했다. 이 필름은 1942년에 홋카이도의 탄광 등지 징용 노동자의 숙소에서 위안 프로그램의 하나로 상영되기도 했다.[13]

대중오락을 겸한 '훌륭한 정신'을 보증받음으로써 춘향전은 조선 민중의 전통적인 이야기의 지위를 넘어서 제국의 국민문화로 환영받았다. 이러한 '훌륭한 정신'의 번역은 하나의 문화사적인 계보를 만들어냈다. 해방후 남북한의 국민문화가 강조한 '춘향전'은 권선징악의 대중적 윤리에 바로 제국일본이 감동한 '훌륭한 정신'을 재편집한 것이다. 사실 '정절의 여성'도 '반역의 민중'도 모두 '훌륭한 정신'을 의미했으며 그 어느 쪽도 '남녀상열'을 노골적으로 반기는 모습은 아니었다. 전후 일본에서 춘향전은 무라야마 도모요시의 오페라를 비롯하여 소설이나 영화의 형식으로 반복 소개되었고, 한일 양국의 문화

교류나 재일본 조선인의 문화공연에서도 자주 등장했다.[14] 또한 한류의 대중문화가 각광받는 오늘날의 일본사회에서, 하야시 후사오의 '감동'이 강조했던 유교전통을 한국문화의 핵심으로 인식하는 사람들은 여전히 많다.

덧붙여 지적하고 싶은 것은 중국보다도 더 '유교적'이라는 한국의 이미지가 일본의 식민주의 눈길과 교차하여 굳어졌다는 점이다. 식민주의는 정체된 조선을 문명화시킬 제국일본의 사명감을 자극하는가 하면 한편에서는 양반문화의 훌륭함을 치켜세움으로써 식민지에 대한 차별의 시선을 얼버무린다. 식민제국 일본에서는 유교적 봉건성의 이미지를 부각시킬 뿐 아니라 유교적인 규율문화를 강조했다. 그 과정에서 유교 담론은 식민지사회의 통합적 지배 이데올로기로서 기능하며 아울러 조선의 전통문화로서의 지위를 재생산하게 되었다.

2. 식민지/제국의 적대적 사이

1) 세계문화의 불/가능성

조선측이 번역문제를 제기한 근저에는, 조선어 교육이 금지되고 의무교육이 실시되는 가운데 조선어 문화가 존속 가능한가라는 중대한 문제의식이 깔려 있었다. 그러나 일본측은 "내지어로 써주었으면 한다"는 위압적인 '제국의 욕망'을 드러낸다.

이태준 우리의 독자적인 문화를 표현할 경우, 그 맛은 조선어가 아니면 안되는 것이 있습니다. 그것을 내지어로 표현하면 그 내용이 내지 것으로 끝나는 듯한 느낌이 듭니다. 전적으로 그렇게 됩니다. 그렇게 되면 조선의 독자적 문화가 없어진다고 생각합니다.

하야시 그것은 번역하면 됩니다.

무라야마 ……과거의 것이라도 세계적으로 독특함을 갖고 있는 것
은 존재해야 합니다. 그런 것처럼 조선의 고전적인 예술은 어디까
지나 존재하지 않으면 안됩니다. 이런 것은 정부로서도 보호하지
않으면 안된다고 생각합니다.

임화 그러한 박물관적인 것이 아니라…….[15]

조선어 표현에는 조선어의 음성 이미지가 현재적으로 살아 있다. 번
역은 그 현재적인 감수성의 문맥과 단절되는 것인 만큼, 일본어 창작
이나 번역이 조선어 문학을 대신할 수는 없다. 그러나 하야시는 우선
일본어로 창작한 뒤에 조선어로 번역할 것을 쉽게 강요한다. 국어의
통합책에 저항하는 조선의 문학가들에게 국가적인 지원과 일본인 독
자들의 수용 등 좋은 변화가 있을 거라는 유혹의 말들이 쏟아진다.
"조선어 독자가 사라지면 너희들의 밥줄도 끊어지겠지"라는 식의 협
박도 따르고 있다.

현실적으로 일본어 작품을 쓰기 힘든 조선인에게 일본어 문학의
강요는 절필명령과도 같다. 그런데도 하야시는 일본어로 쓰는 것이
세계문화로 나아가는 길이라고 한다.

하야시 영국이 아일랜드에서 행한 정책은 어땠는가? 그래도 아일
랜드 문학은 있지 않습니까. ……오늘, 조선어가 아니면 안된다든
가, 내지어에 저항한다든가 말하는 것은……오늘, 내지의 영향으
로부터 벗어난 예술은 없을 텐데요.

김문집 자연적인 경향은 그렇게 됩니다.[16]

(중략)

하야시 그겁니다.(경제적인 지원: 인용자) 지금부터 여러분이 작품

을 내지어로 자꾸자꾸 쓰길 바라는 건. 그 반향은 반드시 있습니
다.〔국가의 경제적 지원을 의미함 ― 인용자〕

이태준 그것은 일본문화를 위해서입니까? 조선문화를 위해서입니
까?

하야시 세계문화를 위해서입니다.[17]

하야시는 아일랜드 문학의 세계적 경쟁력과 세계문화의 의의를 들먹
인다. 세계문화를 떠벌리는 것은 "왜 일본어로 써야 하는가"라는 항
의에 대하여 얼버무리는 것처럼 보인다. 그러나 아일랜드인의 영어
문학이 세계의 모더니즘 문학을 이끌고 있듯이, 조선인의 일본어 창
작이 일본어 문학의 세계적인 지위를 향상시켜줄 것을 하야시는 기
대하고 있었는지도 모른다. 일본의 무력팽창이 아시아의 해방을 가
져오고 세계사의 의의를 창조한다고 믿는 그였기 때문에 '영어제국'
과 싸우는 '일본어제국'의 모습을 상상했을 수도 있다.[18]

한편 김문집은 식민지 예술이 본국의 영향을 받는 것을 '자연적인
경향'이라고 인정한다. 조선인이 유교를 부정하고 근대화를 욕망한
것도, 신문학이나 마르크스주의 운동을 전개한 것도, 나아가 전통의
발견이나 고전 부흥, 향토문학에 주력한 것도 조선문화의 독자적인
운동은 아니었다.[19] 문화와 역사의 문제는 세계자본주의의 운동과
연동하고 있으며 일본의 문화도 세계사의 변동에 포섭되어 있다. 식
민지의 예술문화는 일본뿐만 아니라 제국주의의 세계사적인 경쟁에
'자연스럽게' 편입되어 있다. 따라서 근대문화의 이식과 수용은 조선
이 세계사에 편입되고 일본의 지배에 포섭된 결과이며, 그러한 구조
변화 속에 조선인의 주체적 대응이 드러나 있다고 보아야 한다.

그런데 제국주의·식민주의의 문화통제를 '세계문화를 향한 도정'
으로 바꿔치는 논리는 침략과 해방을 분별할 수 없는 일본주의의 나

르시시즘에서 유래한다. 만일 어떤 보편을 향한 세계문화를 지향한다면 적어도 그것은 자본주의의 문명화, 그 세계사의 '자연적 경향'에 따르는 침략성이나 불균등성을 문제 삼아야 한다.

신쿄(新協)극단에서 춘향전의 무대를 연출한 무라야마는 좌담회에 참가하기 전부터 이미 "조선인 배우의 조선어 토크" 영화 춘향전을 기획하고 있었다.[20] 그 시나리오의 일본어 번역의 전문(前文)에서 무라야마는 말한다. "춘향전 이야기는 조선의 긍지로서 널리 소개되어 마땅한, 뛰어난 내용과 감정을 가지고 있으며, 그것은 또 민족이나 국경을 넘어서 누구에게도 호소할 수 있는 보편성을 가지고 있다." 춘향전이 아무리 보편적인 감동을 준다 해도 영화의 시장성을 우선한다면 그는 일본어 영화를 만들어야 했다. 그런데도 무라야마가 군이 조선어 영화를 고집한 이유는 무엇이었는가?

> 그것은 첫째로 이번의 영화를 될 수 있는 한 '조선의' 영화로 하고 싶기 때문이며, 둘째로 춘향전과 같이 뼛속까지 조선적인 것을 어디까지나 조선적인 것으로 만들고 싶기 때문이며, 셋째로는 그것이 예술적으로 가장 딱 맞는 것, 틈새 없는 것이 된다고 생각했기 때문이다.

무라야마는 식민지/제국 안에서 일본어와 조선어의 '약분불가능성'을 깨닫고 조선어에 대한 차별적 대우를 안타까워한다. 좌담회에 출석한 이태준·유치진·임화는 무라야마의 영화 만들기에 협력하는 고문단의 멤버이기도 한다. 조선의 영화를 고집하는 무라야마는 그러나 "이것들은 모두 지금으로서는 아직 '희망'이며 '꿈'이며 그것이 결과적으로 그대로 될는지 아닌지는 아무도 모른다"고 부언한다. 결국 영화는 만들어지지 않았다. '뼛속까지 조선적인' 영화를 만들고 싶어했던 무라야마조차도 좌담회에서는 "일본어로 써주었으면 한다"고

국책을 대변했다. 그리고 1940년 8월 신쿄(新協) 극단과 신치쿠(新築) 극단의 강제해산과 동시에 무라야마도 검거되었다.

좌담회에서는 무라야마 등 연극 관계자들이 먼저 퇴장했다. 그 직후 하야시는 조선의 문학가들에게 종군할 뜻을 총독부에 제출하도록 권한다. 이에 대하여 유치진이 대찬성의 뜻을 표하고 하야시가 그 취지를 총독부에 보고하겠다고 말한다. 모두가 박수를 치며 좌담회를 마친다. 좌담회의 기록이 그 풍경을 그대로 전하고 있는지 알 수 없지만, 1939년 여름, 김동인·박영희·임학수가 종군작가로서 참가하고 10월에는 총독부 산하에 조선문인협회가 조직된다.

제국의 국어정책이 식민지 문학의 생산이나 작가적 생명을 위협하는 것에 반발하는 그 순간에도, 그들은 제국의 국민으로서 충성을 맹세하고 문화의 익찬(翼贊)체제에 편입된다. 사카이 나오키(酒井直樹)가 지적한 대로 "보편주의적인 국민통합의 논리가 그를 배신하고 있음을 아는 순간에도 자기의 죽음을 향해서 선구적인 각오를 결심"하는 사태가 차례로 연출되었던 것이다.[21] 그러나 종군작가의 결의나 국민적 의무의 이행은 친일파 비판의 담론이 주장하듯이 민족을 배신한 채 천황을 위한 성스러운 죽음을 각오하는 그런 것이 아니다.

식민지의 생활자들은 하이데거가 말하는 것 같은, 일상성을 등진 '선구적인 죽음'을 결의하는 것이 아니라, 일상성을 지속하기 위해서 '국민의 의무'를 이행할 뿐이다. 그때, 조선인에게도 차별 없는 국민생활이 주어진다는 기대는 정치=문화적으로 볼 때 '일본정신'의 승리에 걸린 문제가 된다.

일본의 후발제국주의가 선진제국주의를 이기기 위해서 일본인도 조선인도 '일본정신'으로 무장시켜 동원하는 정치신학체제가 만들어졌다. 천황제의 정치신학과 국민총동원의 명령을 일상 속으로 침투시키려 할수록 파시즘의 결벽증은 식민지 주민들의 민족적 징후를

말살하지 않고는 견딜 수 없게 된다.[22] 초조하게 승리를 다짐하는 절
대권력이 조선인을 일본국민으로서 재생하고 순사(循死)하도록 강
제하고 있었다.

2) 국어의 곤란과 조선어 말살의 필연성

『분가쿠카이』1939년 9월호에는 이토 세이(伊藤整), 무라야마 도모
요시(村山知義), 곤 히데우미(今日出海)가 참석한 좌담회「조선·만
주를 돌아보고」가 실렸다. 첫 번째로 떠오른 화제는 만주에서 조선인
에 대한 평판이 나쁘다는 것과 관련되어 있다.

> 이토 ……내지의 일본인과 만주에 와 있는 일본인과는 전혀 다르
> 지 않을까라고 말들 하는데, 그런 식으로 고향을 벗어나면 사람들
> 의 전투적인 기질만이 앞서게 되어서 외부의 인상도 좋지 않은 게
> 아닌가요?
> 무라야마 조선사람의 나쁜 성격 중에는 대단히 질투심이 깊다든가,
> 분명히 말하지 않고 음험하다든가, 뒤돌아서 자꾸만 욕을 한다든
> 가, 또 갑자기 화나서 흥분하고 이성을 잃고, 마치 성격이 바뀐 것
> 같다든가. 그러한 말들은 자주 있지만…….[23]

재만 조선인들의 나쁜 평판에 대해서 무라야마는 역사적인 맥락에서
이해하려고 한다. 그는 조선인은 "오랫동안 중국에 억제당했고, 봉건
적 절대권력에 항의할 자유도 권리도 방법도 없었다. ……자신의 생
존을 주장하기 위해서, 정의도 공론도 통용되지 않기 때문에, 자연히
음험한 책략을 농하게 된다. 견딜 수 없는 상황에서는 온몸이 잘려나
가는 듯이 피가 역류한다"고 말한다.[24] 춘향전에서 전복의 힘을 감지
하는 무라야마이지만 조선의 봉건성을 문제삼는 그의 말투는 일본판

오리엔탈리즘을 반복하고 있다. 그렇지만 이들은 봉건체제하에서 비뚤어진 성격만이 문제라고 생각지는 않는다. 이들은 "온몸이 잘려나가고 피가 역류하는" 체험이 식민지 상황과 무관하지 않음을 충분히 감지하고 있다.

> 무라야마　미나미 총독은 학교 선생님이든 관리든 절대로 내선(內鮮)인을 구별해선 안된다고 하지만, 현실은 상당히 그렇지 못한 모양입니다.
> 이토　내가 만난 '동양지광'의 박사장도, 그런 구별이 괴롭다고 눈물을 글썽이며 말했습니다. 내선일체는 일본인측에서 꺼낸 말이지만, 그것을 진지하게 생활문제로 느끼는 것은 반도인이죠. 그런데 실제로 내선일체가 어떤가 하는 것은 반도인의 몸이 되어 보지 않으면 알지 못합니다. 그리고 우리들은 그런 슬로건을 하나 발매하고 나면, 이미 그것이 끝난 것처럼 안심해버리는 버릇이 있는 것이 아닐까요.
> 곧　조선만이 아니라고 생각해요. 이번의 동아협동체론의 내면에 들어가서도 말할 수 있지 않을까요…….[25]

토론자들은 일본어의 동화정책에 전면적으로 반대한 것은 아니지만 어디까지나 조선어와 만주어가 처한 곤란에 동정한다. 조선인이나 만주인의 일본어 능력이 부족한 현실상황에서 조선어와 만주어의 병용을 인정하자는 것이 그들의 대안이다.

　그러나 더욱 '곤란'을 느낀 것은 식민지인의 이중적 언어생활이 아니었다. '곤란'의 진상은 현지어를 모르는 일본인의 곤란에 있으며 그들의 곤란을 식민지에 전가하는 데 있다. 주의 깊게 읽어보면 좌담회에서도 그런 문제가 드러난다. 이토는 "반도인 자동차 운전사는 일본어를 할 수 있으므로 대단히 편리"하다고 감동하고, 곤은 "지금 여하 튼 일본어 문학이 나오는가 아닌가를 따지기 전에 우선 일본어를 가 르치지 않으면 불편해서 어쩔 도리가 없다"고 개탄한다.[26] 일본어가 제국의 일상에 보급되지 않은 상황에서, 만주국에 이주한 이등국민 의 역할은 그의 일본어 능력을 전제하고 있다.

그런데 무라야마의 곤란은 일상의 편의성 문제에 그치지 않는다. "조선에 가서 대단히 난처한 것은 만나는 사람은 일류 작가이고 그와 이야기를 나누지만, 그가 쓴 글을 이쪽은 하나도 읽지 않았다"는 데 있다.[27] "친한 친구의 예술적 본질을 조금도 모르"는 곤혹은 제국의 지식인으로서 '협동체'를 이루려고 할 때 근본적인 장애이다. 무라야 마는 "내지인 전체가 조선의 문단은 조금도 모른다. 그러므로 결국 이쪽에서 충언을 해줄 수도 없고, 무엇인가 함께 일을 하려고 생각해 도 할 수 없다"고 고백한다. 이런 문제인식에서 그는 일본어의 창작 을 강요하기보다 조선문학을 일본어로 번역할 필요성을 제기했다.

1940년『조선소설대표작집』(신건〔申建〕 편역),『조선문학선집』(제 1권 장혁주 편역)이 도쿄에서 간행되었다. 조선문학은 이제 '국민문 학'의 일부로 포섭되어 번역·출판되기 시작했다. 그 해 5월에 출간된 여러 잡지에는 조선문학이나 만주문학의 현황을 알리는 문장이 실렸 다.『신초』(新潮)에 권두평론「조선문학에 관한 한 가지 의문」과 장 혁주의「조선문단의 대표작가」,『분가쿠카이』에 무라야마 도모요시 의「조선문학에 관해서」와 한식의「조선문학의 최근 동향」,『분게』 (文藝)에 백철의「조선문학통신」과 기자키 류(木崎龍)의「만주문학 통신」,『고론』(公論)에 아사미 후치(淺見淵)의「조선작가론」이 일제 히 활자화되었다. 그 중에서 도발적이고 문제적인 글은『신조』(新潮) 에 실린 익명의 평론「조선문학에 관한 한 가지 의문」이었다.

조선문학이 지금까지 국내에서 방치되어 있었던 이유의 하나는, 그들 조선문학이 주로 국어에 따르지 않고, 조선어로 쓰였기 때문이라 생각한다. ……조선말이 전 조선에 걸쳐 보급되어 있고 뿌리 깊게 그 본래의 토양에 정착되어 있음이 틀림없다는 것은 나도 알겠다. 그렇지 않다면, 그 말을 사수라도 하는 듯 조선어로 쓰인 조선문학이 오늘날 존재하는 의의를 인정할 수가 없다. ……만약 영구히 조선문학이 오늘날과 같은 본연의 자세를 계속한다면, 민족의 혼일적인 융화가 도대체 어떻게 해결될 수 있겠는가. 조선문학에 대한 국내의 관심이 날로 높아지는 이때, 이 의문 역시 따라서 깊어지는 것을 부정할 수 없다.[28]

의무교육이 강화되었어도 식민지 인구의 절대다수는 아직 일본어를 습득할 만큼 문화생활을 누리지 못한다. 조선인의 교육과 생활 향상을 위해 '내선일체'를 환영한 인정식은 조선어의 금지가 민중의 언어를 빼앗는 것과 다름없다고 비판한 적도 있다.[29] 그러나 의무교육이 충실해지면 조선어의 뿌리 깊은 생명력을 상실하는 날이 닥쳐올 수도 있다. 익명의 필자는 이렇게 식민지인에게 고통스런 딜레마를 안겨주는 문화정책을 반성할 줄 모르는 채 조선어의 뿌리를 당장에 뽑으려 한다. 일본어와 조선어의 '의사불통'을 오로지 조선어의 존재 탓으로 돌리고 일본 국내에서 조선문학을 환대하기 위하여 조선어를 말살하자고 음모한다. 익명의 논자는 결국 조선어를 모르는 일본인을 위해서 일본어의 독점적 보급을 제기하고 있는 것이다.

민족융화를 진실로 원한다면 상식적으로 생각해도 조선어를 강제적으로 금지할 필요는 없다. 조선인 중에는 "조선어를 사용하는 한, 조선인은 내지인에게 모든 점에서 뒤떨어질 것이다. 일본인이 절대될 수 없을 것이다"고 초조해 하며 조선어의 폐지를 외친 현영섭도 있다.[30] 단지 그는 식민지와 제국의 융화 불가능성을 터득한 까닭에 식민지 민족의 징후를 스스로 완전히 소거함으로써 얻을 수 있는 '무의식적 융합'을 갈망했다. 1938년 1월 일본어로 간행된 그의 저서 『조선인이 나아가야 할 길』에서 서술한 '도의국가 일본'의 모습을 보면, 식민지 민족이 제국의 국민이 되도록 최면을 거는 그 말투가 제국일본의 도덕적 결벽성과 프로파간다를 반복하고 있었음을 알 수 있다.[31]

이토가 말한 대로 내선일체는 제국 스스로의 정책적 요구로 제기되었다. 무라야마는 "식민지라는 기분으로는 안되는 것을 만주의 경우 처음부터 알고 있었다"고 말한다.[32] 내선일체, 만선일여, 오족화협의 슬로건은 식민지배의 곤란을 승인하고서 찾은 제국 스스로의 궁여지책이다. 그러나 제국주의의 본성은 식민지 지배의 곤란을 감수하려 하지 않는다. 제국의 곤란을 속이는 '협동'의 본연의 자세는 제국의 곤란을 보다 가혹한 방법으로 식민지에 전가하고 일방적인 동화를 강요한 데 있다. 식민지의 '문명화'를 기대하는 사람들은 탈식민지적 슬로건에 기대어 차별 없는 생활의 확대를 노렸다. 제국의 국민이 되려는 욕구는 결국 국가적 폭력에 포섭될 수밖에 없었지만 그들은 조선어의 강제적 상실을 원하지 않았다.

그렇다면 일본인의 일상에서 '민족융화'는 얼마나 절실한 것이었을까? 민족융화의 추구가 조선어의 존재를 꺼리게 만들고 조선어의 존재가 일본에 대한 반항으로 해석되는 이유는 무엇인가? 그것은 현영섭과 같은 조선인 스스로가 일본인에게 가르친 '역식민'(逆植民)의 효과인가?

익명의 논자는 번역의 노고를 감수하길 꺼리며 조선문학에 대한 관심이 필연적으로 조선어의 폐지를 요구할 것이라고 예견한다. 내선일체를 강제하는 그에게 민족융화의 실상은 조선어를 모르는 불편과 반항적인 조선인에 대한 공포로부터 벗어나기 위한 안전장치였을 것이다. 그러나 남의 말과 기억을 빼앗는다면 '민족융화'는 절대 있을 수 없다. 그것이 인간 심리나 도의의 기본이거늘 제국의 오만함과 횡포함은 법적 강제력을 집행하여 일상의 상식을 짓밟는다.

3) 무너진 방수로와 방파제

임화의 「동경문단과 조선문학」은 1940년 5월의 도쿄 문단의 정황을 보고하고 있다. 그는 마르크스주의 문학운동이 활발하던 시기에도 조선과 타이완의 문학이 번역된 적이 있었지만, 그것은 큰 반향을 불러일으키지 않았다고 말한다. 그런데

> 朝鮮文學을 급작스러히 밝은 脚光 앞으로 끄으러내인 것은, 역시 東京文壇의 새로운 環境이다. 물론 그것은 時局이다. 時局이 비로소 日本文學 앞에 支那와 滿洲와 朝鮮이라는 새 領域을 展開시켰다. ……大陸이라는 廣大한 領域이 日本文學의 새로운 現實이 되었다. ……日本民族의 새로운 環境으로서 大陸의 諸民族이 登場한 것이다. ……그 領域에는 몇 개의 民族의 現實이 있고 文化가 있다. 그것들과 協同하고 그것들을 同化시켜가는 것이 現代日本의 大途인 까닭으로 먼저 그것들을 熟知하고 理解할 必要가 提起되는 것이다.[33]

임화는 식민제국에 국민문학이라는 범주가 탄생하고 여러 민족의 협동과 동화의 문제가 제기되는 현실을 숙지하고 있다. 도쿄 문단은 기존의 문단 중심적 활동을 벗어나 문학가들이 국가적 현실에 참여하는 조직적 통로를 이미 구축했고 동아시아의 신체제를 이끄는 국민문학을 실현하자는 논의도 왕성했다. 그 중에서도 아사미 후치나 무

라야마 도모요시는 중국이나 조선의 민족주의를 포섭하기 위해서 이들의 문학을 일본에 적극적으로 소개할 것을 주장한다.

한편 임화는 조선문학의 존립을 의문시하는 익명의 의견에 대항하여 아사미의 의견을 끌어들인다. 아사미는 조선문학이 내지문단에 대항할 만큼 비약하여 성숙기에 접어들었으므로 그것을 소개함으로써 일본문학의 시야가 확충될 수 있다고 말한다.[34] 임화가 보기에 일본의 분가쿠카이에서 '외지문학'에 주목하는 것은 단지 시국의 요구를 반영한 것만이 아니다. 그것은 "슬럼프에 빠진 일본문학이 방수로를 추구해서 방황하는 표현"이다.[35] 그렇다면 식민제국 일본에서 조선문학을 번역·소개하는 것의 의미는 간단하지 않다.

번역이란 문화적 행위는 조선어 말살 음모에 대한 '방파제'이며 동시에 일본문학의 침체에 대한 '방수로'라는 이중적 의미를 가지며 현실상황에 대응한다. 조선의 지식인이 협동과 동화의 문제를 둘러싼 국민문학론에 적극적으로 대응할 때 그것은 단순히 제국주의의 전시체제에 말려드는 과정이 아니었다. 러시아를 비롯하여 서구의 근대문학은 번역과정을 거쳐 국민문학과 세계문학의 위상을 인정받았다고도 말할 수 있다. 물론 조선문학이 유럽문학사에서 말하는 국민문학의 주권을 행사할 수 없다. 그러나 식민제국의 국민문학이 다민족을 이해하는 통로로서 다민족의 언어소통을 전제하여 성립한다면 조선어는 말살될 리가 없다. 만약 조선어문학이 존립할 수 없게 된다면, 장래에 작가나 배우를 지망하는 젊은이들은 일본어를 감각적으로 체득하기 위해서 자발적으로 제국의 중심에 동화할 수밖에 없다.

문화의 이식과 번역을 중요시하는 임화의 궁극적 지향점은 식민제국의 국민문학의 위계질서를 해체하고 근대화과정 속에서 각 지역의 문화가 교류하는 세계문학을 구성하는 데 있다. 임화는 가와카미 데쓰타로(河上徹太郎)가 『분가쿠카이』의 편집후기에 쓴 글에 주목한다. 가와카미는 만주문학이나 조선문학은 일본 현대문학의 식민지적 대리점이 아니고, 세계문학이 20세기에 지방적으로 개화한 근대문학의 일종이라고 간단히 언급했다.[36] 임화는 그 짧은 문구를 지적하면서 '양식 있는 문학가의 견해'라고 평가한다.

조선의 근대문학을 민족문학의 수립보다 이식의 관점에서 논하던 임화는 국가가 일방적으로 통제하는 형태로서의 '문화'를 상정하기 힘들었을 것이다. 식민제국에서 '방수로'의 의미를 찾는 임화에게 '조선문화, 조선어'에 대한 '일본문화, 일본어'의 일방적인 지배는 처음부터 문화적 본성을 억압하는 것으로서 문화를 불가능하게 만드는 시도로 보였을 것이다. 일본어의 전일적 지배로 끝나는 국민문학을 부정하는 관점에서 중요한 것은 일본어문학과 조선어문학이 지방적 경계를 넘어서 서로 교류하는 상황이다. 제국의 모든 언어적 매체가 트랜스로컬(trans-local)한 세계문화의 구성체로서 병존하는 상황이다.

1941년, 한식의 「국민문학의 문제」는 도쿄 문단에서 논의되는 국민문학론에 대해 정리한다.[37] 아사노 아키라(淺野晃)는 문학가의 활동을 비순수로 간주하는 문단 중심적인 사고를 비판하고 국민문학을 제창한다. 신체제의 좌파적 혁신운동을 노리는 그는 문학가가 천황제 국가의 운명을 자기의 운명으로 자각하고 국가역사에 대한 감각을 체득할 것을 제안한다. 한편 나라 지방 출신으로 일본 낭만파를 대표하는 야스다 요주로(保田與重郎)는 농본주의와 고전적 낭만적 전통에 근거하는 민족문학을 건설하려 한다. 일본낭만파의 문학은 민족의 이상을 천명하고 국민적 영웅이나 전설, 민족사 속에서 문학의 모티프를 얻는 것을 중시한다.[38]

한식은 또한 그들의 국민문학론의 차이를 총괄하여 자신의 의견을 덧붙인다. 즉 국민문학이란 신분·계급·민족적인 것을 통일한 순수한 국민성의 표현이며 국민 생활의 반영이다. 그것은 국민적 감정·사상·종교·민족적 이상을 선양하고 실천하는 것을 목적으로 삼는다. 그러나 이러한 국민문학론은 자기모순적인 애매함을 내포한다. 그것은 "시대의 제약, 국민의 해석, 민족개념의 역사적 변천" 등을 해명하지 못하고 견뎌낼 수 없을 것이다. 한식이 간파한 대로 민족 안팎의 차이와 차별을 통일하는 국민문학은 환상에 불과하다. 무엇보다도 국민과 민족 사이의 괴리나 언어문제를 통합하고 농민·노동자까지 포함한 전국민을 독자로 만드는 문학이 존재할 수 없기 때문이다.

그런데 한식은 국민문학의 현실적 불가능성을 자각하면서도 국민문학에 찬동하고 그 실현을 요청한다. 그는 국민적 문학은 국민의 정신생활을 배경으로 한 개성의 표현이면서, 동시에 다음 시대의 정신생활을 구성할 수 있는 힘이며, 완고한 인종적 편견과는 결별한 자유로운 인간성의 문학이라고 한다. 그가 상정하는 국민문학은 괴테가 말하는 세계문학과 국민문학의 조화를 염두에 둔 것이다. 일본 낭만파들도 많이 언급하던 괴테의 말을 빌려서 그는 식민지인의 언어생활이나 창작의 자유를 파괴하는 국민문학이 민족과 계급의 문제를 해결해야 할 새시대의 요망에 역행하고 있음을 고발했다. 유럽의 국민문학=세계문학을 따라잡으려는 신체제 일본의 후발적 국민문학론이 문화의 방수로를 내지 못하고 일본주의의 '낭만'과 국가적 '신념'에 머물렀음을 식민지의 지식인들도 간파하고 있었다. 비록 그들이 그 거센 낭만과 신념에 무릎을 굽혔을지라도.

3. 중심에 파고드는 '식민지화'의 도미노

자본주의가 일반화하는 세계에서 생활인들은 복수의 경계를 넘나드다. 식민자와 피식민자가 개척지나 제국의 도시를 향해서 이동하고 식민지 모어와 제국의 국어가 뒤섞인다. 식민제국 일본에서는 조선어와 일본어라는 '약분'되지 않는 언어, '조선'과 '일본'이라는 융합하지 않는 고유명사가 병존한다. 이 식민지/제국에서 요청되는 '국민문학 세계문학'이 있다면, 그것은 '일본어 제국'이 '조선어 식민지'를 대변할 수 없는 것이나, 공용어 시장이 확대되어도 살아남는 조선어의 생활력을 인정함으로써만 옹호될 수 있다. 그 실천적 가능성은 번역과정을 통해서만 모색되는 것이다.

디아스포라와 교류의 생활세계, 거기에서 필연적으로 이루어지는 만남이나 엇갈림, 그것들의 예상할 수 없는 커뮤니케이션의 다양한 형태를 통하여 문학/국민문학/세계문학의 가능성이 열린다.[39] 이렇게 다민족의 생활과 언어가 서로 얽히는 곳에서 형성된 문화는 원래 민족적 동일성이나 민족간의 협화성에 근거한 새로운 국어·국민문화의 완성을 의미하지는 않는다. 그것은 하나의 '문화=보편'을 만들어갈 뿐이다.

버틀러가 말하듯 "문화를 교류관계나 번역작업에 영향을 미치는 것으로서 이해하는 것이야말로 보편 개념"이다.[40] 어떤 보편 개념도 단일한 문화라는 개념 안에서 궁극적으로 다스려지지 않는다는 버틀러의 견해는 어떤 종류의 '국민문학 세계문학'을 지향하는 운동에도 해당할 것이다. 반복하여 말하지만, 번역과 교류의 과정에서 나타나는 '보편=문화'의 가능성은 개별을 통합하는 것도 아니며 개별을 대신하는 것도 아니기 때문이다.

서로 다른 것들 사이에 가능한 '융화=통일'은 항상 '세포분열'하고 있으며 그에 따라 어떤 언어적·문화적 '화합의 고리'를 이탈해간다. 그러나 동시에 서로 다른 것들이 만나서 '세포분열'을 지속할 때 다른 것들 사이의 실제의 '융화' 활동도 이루어진다. 그러한 의미에서 서로 다른 것들을 소거해서 국민적 통합을 도모하려는 식민제국의 '일본정신'은 자기의 생명활동을 가로막는 '암'이었다.

『분가쿠카이』1939년 10월호에는 기시다 구니오(岸田國士), 아베 도모지(阿部知二), 가와카미 데쓰타로(河上徹太郎)가 참석한 「번역 문학의 제문제」라는 좌담회가 실렸다. 번역과 문화적 교류가 제기된 이 자리에서, 조선어·만주어의 번역문제는 한마디도 언급되지 않았다. 이 좌담회에서 번역의 대상은 오로지 유럽 언어이며 서구가 곧 그들의 타자였음이 드러난다.

아베는 "세계 각국이 사상의 공통성을 좁혀 오고 있다. 19세기는 아마 세계의 정치·경제와 관련하여 문화의 세계적 공통성이 대단히 비약적으로 널리 퍼진 시대"였겠지만, 지금은 "다른 인간세상을 보면서 이쪽과 비교하여" 공통적인 고민과 차이를 보고 있다고 말한다. 아베의 발언에 이어 기시다는 "젊을 때 책을 읽고, 그 중 보편적인 것에 가장 마음이 끌리다"가 "나이가 들면 특수한 것에 마음이 끌리는 경향도 어느 정도 있겠으나, 전반적으로 지금은 보편적인 것을 발견하지 않는 시대"라고 응답한다. 가와카미는 서구 지식인들이 주창한 '문화의 옹호'가 서구중심주의라며 반발하고 "인터내셔널리즘이 이미 하나의 내셔널리즘"일 뿐, "진실로 세계적인 것"은 아니라고 비판한다.[41]

역설적으로 말하면, 서양 중심의 보편주의에 대한 일본의 반발이 깊어진 까닭에 오히려 조선문학과 만주문학에 대한 관심이 높아지고 있는 시대이다. 그러나 실제로 조선문학에 대한 관심과 번역작업은 '제국어'를 확대하는 과정에 지나지 않았다. 조선에서는 1939년부터 조선문학에 활기를 주어 온 문예지『문장』(2월 창간)『인문평론』(10월 창간)이 1941년 4월에 폐간되었다. 최재서가 간행하는『인문평론』은 같은 해 11월부터 일본어 중심의『국민문학』으로 개편되었다.

도사카 준(戶坂潤)이 예견한 것같이 "번역으로 가능하게 되는 세계문학은, 그것을 가능하게 만드는 정치·문화적인 조건을 결여하고서는 성립하지 않는다. 사실을 말하면, 세계문학은 번역으로 가능해지는 것이 아니다. 반대로 그것은 번역에 선행하며 번역을 사회적으로 성공시키는 문화적 조건을 이룬다. 세계문학은 사회의 인터내셔널리즘이 가능함으로써 비로소 필연이 될 수 있다는 말도 있다. 그렇다면 문학에서 번역의 문제는 근본적으로 세계문학의 문제이다. 문화일반에서 그것은 세계문화의 문제다. 문화를 세계적으로 운반 매개하는 문제다."[42]

세계문학은 사회의 인터내셔널리즘이 가능할 때 필연적으로 가능해진다는 발언에는 주목해야 할 의미가 함축되어 있다. '사회의 인터내셔널리즘'은 자기완결적인 이념형이 아니다. 그것은 번역을 통해서 타자와의 교류를 항상 열어가는 문화적 지향성이자 수행적 운동태일 때에 비로소 그 구체적 모습이 나타난다.

"문화를 세계적으로 운반 매개"하는 운동은 하나의 보편적 가능성이다. 가령 문화를 매개하는 자본이 빈부의 차이와 권력의 편차를 확대하고 동시대의 세계사를 비동시적인 것으로 갈라놓는다 해도, 그것은 더 이상 한 지방문화의 특수한 문제가 아니라 동시대를 잇는 보편의 문제로 등장한다. 그 세계사적 보편적 문제, 비동시적인 동시대의 문제를 극복하기 위해서라도 사람들은 민족/국가의 사이를 잇고 넘어서는 교류를 확대해야 한다.

그렇다면 식민제국 일본에서 보편적 지향으로서 추구된 '국민문학 세계문학'의 좌절은 조선인의 수난만을 의미하지 않는다. 조선어 말살은 단지 식민지 민족과 일본 국가와의 적대성의 문제로 끝나지 않기 때문이다. 그것은 사회의 인터내셔널리즘을 가능케 하는 문화적 조건, 문화 자체가 그 자신의 방수로와 방파제를 만들 수 있는 가능성을 완전히 봉쇄했음을 의미한다. 말을 빼앗긴 것은 '조선어 식민지'뿐만이 아니다. 새롭게 '세포분열'하는 '일본어 제국'의 자유도 동시에 말살되었다. 그러한 의미에서 제국일본은 천황제 국가주의의 팽창과 식민지 억압을 통해서 스스로 식민지화하고 있었다.[43]*

---

* 이 글은 일본어로 발표한 「국민문학과 세계문학」(2003)을 가필 수정한 것이다.

신화 속 고토(故土) 복원을 위한 유적 탐색
메이지 시대 한반도에서의 고고학·미술사학적 조사(1900~1916)

배형일*

1. 근대일본의 정체성 형성과정에 나타난 제국건설과 고고학

제국주의 자체는 물론이고, 제국주의가 과거 식민지들의 정치·사회·문화 변동에 미친 영향은 포스트콜로니얼 연구에서 주요한 주제였다. 뛰어난 통찰력의 소유자이며, 선구적으로 지식의 '범문화적 범주'(cross-cultural terrains)를 연구한 것으로 널리 인정받는(Bhaba 1994) 사이드(Edward Said)는 식민지배자뿐만 아니라 피식민지인들이 어떻게 권력관계(Said 1979, 1993)에 의해 영향을 받았는가에 대한 논의의 중요성을 역설했다(Dirks, 2001). 현재 위의 주제에 대한 연구에 있어서 가장 영향력 있는 이론적 배경을 제공하는 이들이 '하위 주체'(Subaltern) 학파이다(Chatterjee 1993, Guha & Spivak 1988). 그들은 유럽의 영토 확장과 그에 따른 문명화 담론의 문화적 맥락을 연구하며, 특히 어떻게 식민지 지식의 축적(Cohn 1986)이 제2차 세계대전 이후 아시아·아프리카·남아메리카에서 국가의 역사서

* 1958년 서울에서 태어났다. 서강대학교 사학과를 졸업하고 미국 하버드 대학 대학원 인류학과에서 박사학위를 받았다. 현재 미국 캘리포니아 주립대학 샌타바바라 캠퍼스 교수이다. 저서로 *Constructing "Korean" Origins: A Critical Review of Archaeology, Historiography, and Racial Myth in Korean State Formation Theories*(2000)가 있고, 논문으로「朝鮮の過去をめぐる政治學—朝鮮半島における日本植民地時代考古學の遺産」(2004) 외 다수가 있다.

술에 기여했는지를 모색하고 있다. 그들은 여러 이질적인 집단들, 이를테면 마르크스주의 혁명가, 국가건설을 주창하는 정치인, 지식인, 예술가, 그리고 언론인이 어떻게 아무런 이견 없이 식민지 시대의 건축물들을 국가기념물로 삼고 있을 뿐만 아니라(Pelizarri 2003) 억압의 도구로 사용되었던 통치기구, 법, 교육과 문화 제도들을 이어받아 변함없이 사용하는지 의문을 던지고 이를 밝히려고 노력해왔다. 터키에서부터 남북한 두 나라에 이르기까지, 전후(戰後)에 새롭게 형성된 국가들은 민족의 연대와 소속감을 구축하려는 노력의 일환으로서 민족의 역사적 정체성을 확립하는 데 있어서 '상상의' 건국시조들(Anderson 1993), 문명의 태고성(Gathercole and Lowenthal 1990), 그리고 선사시대 이래 민족적 동질성(Pai 2000)에 그 바탕을 두었다.

많은 경우 연극·의복·행사·왕실의례(Fujitani 1996, Hobsbawm and Ranger 1993)와 같은 전통의 '재발명'과정에서 지도에 나타난 국가영역(Abu 2001, Thongcai 1994)과 민족사(Lewis 1975)가 날조되었다. 19세기 말엽부터 시작된 국가의 선사시대(Abu 2001, Silberman 1982)와 인종적/문화적 연속성(Smith 1986)을 밝히려는 노력은 당시에 태동하던 새로운 '학문분야들,' 즉 고고학·민족학·미술사·건축사에 기반을 두고 있었다. 이런 학문들은 학자들뿐만 아니라 아마추어 및 상업적 사진작가들(Edwards 1992, Ryan 1997), 그리고 여행자들에 이르는 다양한 분야의 사람들로부터 관심을 받았는데, 이는 이 학문의 전문가들이 이른바 '경험적 증거'(empirical evidence)를 제시할 수 있었기 때문이다. '과학적 자료'에는 유적과 유적지, 박물관에 수집·복제·전시된 예술품과 유물, 그리고 복원된 기념물이 포함되며, 이런 자료들은 민족성과 민족의 유구함을 알리는 증거로서 그림엽서에 인쇄되어 널리 배포되기도 했다. 일반적으로 '고고학적 자료'는, 유물 및 유적을 통해 "명백히 구분되는 고고학

적 문화권"의 형태로 과거 국가 및 민족집단들과 그들의 영역을 표시
할 수 있을 것으로 기대되었기 때문에 많은 관심을 모았다(Abu
2001:3). 빅토리아 시대 연구자들의 현지조사방법론(Stocking 1968)
은 이른바 '민족학적' 문화비교의 관점에 바탕을 두었는데, 그들은 더
욱 '원형'(原形)에 가까운 '고식'(古式)의 유적들은, '토착'민족들이
20세기에도 살고 있는 새로 발견된 땅에 위치할 것이라 믿었다. 또한
이러한 현지조사를 통해, 이전에 군인이나 선교사들과 같이 '훈련되
지 않은' 관찰자들로부터 얻은 여행정보자료와는 구별되는 완전히
다른 종류의 지식이 축적되었다(Pratt 1992). 조사자들은 발견된 정
보들을 체계적으로 기록하는 일이 필요했고, 이 과정에서 대학원생
이나 박물관 학예사와 같은 많은 전문가들이 양성되었고, 이들 전문
가들에 의해 유물 및 유적의 실측, 도면작성 및 사진촬영 등이 이루
어졌다(Roth et al. 1997, Pelizarri 2003). 겉으로 드러난 목적은 당연
히 자료수집에 뒤이은 '과학적' 기록이었지만, 동시에 조사단원과 학
자들은 요즘의 학자들이 연구비를 받을 때 그러하듯이 정부기관·학
회뿐만 아니라 많은 경우 박물관 기금에 크게 기여한 부유한 후원자
들을 만족시켜야만 했다[1](Stelzig and Alder 2000). 즉 조사자들이
가져온 '토착민'들(Lutz and Collins 1993)과 그들의 사라진 세계들
(赤澤威 1991, Akazawa 1992)의 사진들뿐만 아니라 선사시대의 석
기, 토기, 무기, 조각품, 성문과 사원건축물의 일부, 부조와 명문의
탁본 등과 같은 화려하고 다양한 수집품들은 베를린·파리·런던·뉴
욕을 비롯한 서양의 주요 대도시와 수도에 위치한 대학박물관, 국립
박물관, 사설 미술관의 전시실을 가득 채웠다(Barringer and Flynn
1998). 이 많은 유물의 정리, 목록작성, 보관, 분류, 연대기록, 전시
등의 작업이 필요해졌고, 이는 과거에 대한 연구와 보존사업에 중점
을 둔 근대적 문화재 조사기관 설립으로 이어졌다(Coombes 1994,

Hooper-Greenhill 1992). 문화재보존위원회와 고고학연구소와 같은 기관들이 문화재 관련 법률 제정과 그 법규를 시행하기 위한 중앙 정부기관으로 설립되었다(Handler 1985). 문화재 관리는 유네스코 세계문화유산기금의 핵심 업무이자 현재 각국 정부기관의 관할 아래 있다. 박물관이 '국가의' 그리고 '제국의 소유물'을 전시하기 위해 존재한다는 것은 '귀중한 국가 소유 유물과 유적'에 위계가 존재하며 그러한 위계가 무엇이 '중요한 문화유산'으로 보존될지 최종적으로 결정한다는 것을 의미한다.

그러나 개인 수집가들은 말할 것도 없고 박물관 학예사들조차 끊임없이 그리스·로마·이집트·수메르·인도·중국·캄보디아·멕시코 등지의 고대 문명들이 남긴 화려한 유물들을 구입하길 원하고 있으며, 이러한 수요는 광범위한 유물 도굴과 밀수를 조장하고 불법적인 유물들은 국제 암시장에서 지속적으로 거래되고 있다.[2] 현재 이러한 유물의 금전적 거래는 소더비나 크리스티 같은 유명 경매회사의 활발한 판매와 '앤티크 로드쇼'(Antique Roadshow)와 같은 텔레비전 프로그램의 인기가 입증하듯이 큰 사업인 동시에 오락거리로 여겨지고 있다. 2년 전, 세계언론과 고고학계는 한 목소리로 미군의 이라크 침공시 바그다드의 혼란한 상황 속에서 이라크 국립박물관에 대한 조직적인 약탈을 저지하지 않은 미군을 비난한 바 있다. 이 충격적인 뉴스는 전쟁, 폭력, 그리고 빈곤과 같은 사회경제적 조건이 어떻게 문화재의 불법적 유통에 영향을 미치는지 보여주는 최근의 예에 불과하다.

21세기에도 박물관은 관광을 위한 상업적인 현장으로서, 또 국가 고대 보물의 관리자, 예술적/미적 기준(standard)의 창고 및 근대시민의 문화교육시설로서 중추적 역할을 계속 담당함으로써 근대성과 문명을 상징하는 세련되고 품위 있는 핵심 국가기관으로서 자리 매김하고 있다. 그러므로 국가건설, 식민주의, 그리고 '과학적 자료'와 문화유산의 수집은 선택된 원시적 민족들(Marcus & Fischer 1986)과 원시적 문명들을 사진과 도해, 예술과 유물의 형태로 기록하는 작업을 촉진시켰다.

포스트콜로니얼 시대를 맞아 식민지를 벗어났으나 여전히 도굴피해를 입고 있는 국가의 토착학자들은 식민지시대에 활동한 선학들의 연구를 한 목소리로 비판하고 있다(Brown 2003). 식민지시대의 미술사학자들과 고고학자들은 자국의 예술과 민족지적 수집품에서 '선사적이고 원시적인' 면만을 강조함으로써 자국의 '후진성'을 의도적으로 묘사해왔고 자국의 과거를 편파적으로 해석하는 오류를 범했다고 비난한다.

이러한 제국주의, 유물 수집, 지식생산 사이의 떼려야 뗄 수 없는 관계(Dirks 2001)는 오늘날 문화유산을 둘러싼 분쟁 중 가장 논란이 되는 세 가지 문제를 야기했다. 반환, 배상, 소유권이 그것이다.[3) 이 글에서 다루고 있는 주제들은 아메리카 대륙에서부터 아프리카, 오스트레일리아 대륙에 이르는 많은 지역에서 문화재의 반환을 위한 법정분쟁, 공개토론, 그리고 계획된 시위 등의 반향을 일으키고 있다(Greenfield 1996).

이 논문의 목적은 메이지 시대 당시 일본이 자신의 제국 정체성을 찾기 위해 어떻게 한반도 내에서 '선별적'이고 '편향적'인 민족학과 고고학 야외조사를 실시했는가를 고찰하는 것이다. 20세기 초에 한반도 내 선사유물, 불교유적지, 그리고 고분 유구가 발굴·수집·복원·촬영되었고, 앨범이나 도록이나 우편엽서로 제작·배포되었으며, 이 모든 자료들은 동북아시아에서 일본의 '상상' 속 선사시대 기원과 영역을 다시 쓰기 위한 근거자료가 되었다(Pai 1999). 패총·고인돌·무덤 등과 같은 한국의 고고학적 유적의 위치는 일본의 신화 속 시조들의 정복경로[4]로 구성되었고 세밀하게 지도화되었다. 한반도 내 선사 유적과 유구는 아시아 대륙에 이르는 일본의 신화적 정복 제국의 고대 영역을 나타내는 지표인 동시에 황국 종교의 원천을 알려주는 '주요한 민족적 표시'로 여겨졌기 때문이다. 또한 1910년의 한일병합이 2천년 전 일본 황족의 땅이었던 한반도를 회복한 것에 불과하다고 주장하며 침략을 정당화하려 했다[5](Peattie 1984).

당시 대부분의 문화재 관련 법과 보존위원회, 그리고 인증과정은 일제시대 초기 일본인 학자와 관리들에 의해 수행된 고고학적 조사, 유적의 측량, 지도, 사진과 같은 '야외조사 보고'(朝鮮總督府 1918~1941, 1918~1937, 1919~1930)에 기반을 두고 있었다(Pai 1994). 따라서 문화재청 및 국립박물관 시스템과 같은 한국의 문화재 기관들의 '과학적'이고 행정적인 기반은 메이지 시대 개척자들의 조사과제, 방법론적 접근과 메이지 시대 법률과 규정의 채택을 통해 이루어졌다(Pai 2001).

이 논문에서 필자는 1900~1910년대 한반도 내에서 얻어진 초기의 현지조사 성과들을 중점적으로 다루고자 한다. 이러한 초기 성과들은 일본에서 고고학과 역사서술의 발전을 가져왔을 뿐 아니라 고대 유적과 유물을 관장하는 1916년의 조선총독부의 고적 및 유물 보존규칙(古跡及遺物保存規則) 제정에도 영향을 미쳤기 때문이다. 또한 메이지 시대의 한국에 대한 '과학적' 조사의 몇 가지 형성단계는, 이후 일제의 동북아시아에서의 군사적 팽창으로 귀결된 메이지 시대 제국주의적 정치, 문명화 담론(Suzuki 1998) 그리고 국가 문화정책(高木博志 2001)의 발전과 시기적으로 일치한다.

2. 한반도 내 일본의 태고성 재발견

1) 식민지 인종주의와 석기시대 조상의 탐구

메이지 말기와 다이쇼 초기에 일본 국외에서 이루어진(Pai 2004) 첫 현지조사는 일본 인류학계가 일본인의 '민족기원'이라는 문제를 가장 시급한 현안으로 삼고 있을 때 착수되었다(工藤雅樹 1979, Hudson 1989). 이른바 '인종론'으로 불리는 논쟁(小熊英二 1995: 3-42)은 1870년대 말 다윈의 진화론과 인류의 역사를 석기시대, 청동기시대, 철기시대 등 세 시기로 구분했던 '선사시대'(prehistory)의 개념 도입과 함께 시작되었다. 폰 지볼트(Von Siebold 1796~1866), 에드워드 모스(Edward Morse),[6] 어니스트 새토(Ernest Satow 1843 ~1929), 에르빈 밸츠(Erwin Bälz 1849 1913), 존 밀네(John Milne) 등과 같은, 메이지 초기 서양학자들은 일본의 '원주민'인 아이누인 (Ainu)을 고찰한 출판물들을 통해 인종이론들을 소개한 첫 세대다(工藤雅樹 1979: 43-79). 19세기 빅토리아 시대 인류학[7] 방법론에 대한 열정적 주창자인 이들 과학자들은 모든 인종과 문명은 미개 (savagery)에서 야만(barbarism)을 거쳐 드물게 '문명'(civilization)단계에 도달한다고 믿었다. 그러므로 유럽중심 인종주의자들이었던 그들의 관점은 아이누인의 '원시적인' 체형, 수렵생활의 지속, 상시적인 빈곤상태를 과거 '석기시대' 인류의 잔존을 반영하는 '선사성'(pre-historicity)의 지표로 간주했다. 비록 아이누인의 기원, 관습, 사회적 상태에 대한 논쟁들은 도쿠가와 시대 중엽인 18세기부터 이어져 오긴 했지만(Suzuki 1994), 다윈주의적 진화론의 관점(Sanderson 1990)은 아이누인을 '퇴보한 타민족'으로 낙인찍어 버렸다.[8] 1910년대부터 한국에서 흘러나오는 당시의 고고학적 소식뿐만 아니라 아이누인에 대한 이중적인 태도로 말미암아 인류학자들은 아이누인을 일

본민족의 직접 조상에서 배제해버렸다.[9]

2) 도쿄 인류학회와 한반도에서의 민족학적 비교관점

19세기 말, 서양학자들을 초빙하여 강의를 들었던 일본 도쿄 대학 학생들이 일본의 제1세대 인류학자가 되었다. 도쿄 인류학회와 그 학술지(1886~현재)는 인류학과 인종학 분야에서 대단히 큰 영향력을 가지고 있었다. 1884년에 당시 22세의 의대생이었던 쓰보이 쇼고로(坪井正五郎, 1863~1913)에 의해 창설된 학회의 학술지에 실린 논문, 조사보고서, 현지조사, 그리고 월례토론은 시베리아에서 사모아에 이르는 방대한 지역들을 다루었다(木曜クラブ 1996). 당시 서양의 선도적인 학술지들이 '잡다한' 주제를 다루었던 것처럼, 도쿄 인류학회의 학술지 또한 그 범위가 방대해서 인류 생물학으로부터 해부학, 유전학, 심리학, 생존양식, 구습, 패총, 토기, 고기(古器), 움집, 고분, 문자기록의 역사, 언어 계통, 방언, 음악, 친족, 촌락 조직, 민족분류법, 그리고 인류의 분포상태에까지 이르렀다. 일본사회에서 인류학의 역할에 대한 쓰보이의 개론적인 논문들은 일반인을 대상으로 쓰인 것이었다. 아래에 인용한 그의 글은 일본에서 새롭게 성장 발전하는 인류학의 가장 중요한 목적을 나타내는 것으로 간주해도 무방할 듯하다(坪井正五郎 1889:15-29, 1905). "민족학은 어떤 종류의 생활양식, 형질적 특징, 지식, 예술과 공예품이 우리 조상들이 남겨준 유산들과 서로 연관되어 있음을 밝히려는 일본 고고학의 중심 과제에 대한 해결책을 제공할 수 있다."

이미 1910년의 한일병합 이전에도 한반도는 일본 조상의 기원에 대한 실증적 증거를 찾으려는 연구에서 중요한 역할을 했다. 메이지 정부는 1874년의 천황 칙령 공포 이래 황실의 것으로 여겨져 온 고분들[10](Edwards 2003)에 대한 발굴을 엄격하게 제한해왔기 때문이

다. 궁내청에 의하면, 이러한 법들은 '무분별한 발굴'을 금지했으며
만약 그런 일이 이미 발생했다면 도면과 함께 보고서를 문부성에 제
출하도록 규정했다(Ibid.). 궁내성의 주요 목표는 정권의 정통성 확립
이었으며, 그 일환으로서 '제국의 문화적 자산들'에 대한 접근 통제와
조작이 이루어졌다(高木博志 2001 : 267-9). 그러므로 메이지 정부 문
화재관리의 궁극적 목표는 신성한 국체(國體)를 나타내는 민족적 상
징들로 선택된 미술품과 건축물의 확인, 복원, 보존, 그리고 홍보 등
이었다.[11] 따라서 고분 내 매장물에 대한 궁내성의 규정들은, 일본
황실의 역사를 2천년 이상 끌어올려서 신화시대부터 끊임없이 이어
져온 일본의 국가정체성을 강조하는 거대한 일본사 다시 쓰기라는
국가 프로젝트에 있어서 필수 구성요소가 되었다(Ruoff 2001). 학문
의 자유를 침해하는 제국정부의 제한과 검열은 특히 고고학과 인류
학 분야의 발전을 저해했다. 이런 학문 분야들의 '과학적' 신빙성은
현장에서 수집된 자료들에 의존했기 때문이다.[12] 그러므로 타이완,
만주, 한반도, 그리고 태평양지역(Sakazume 1997)이 개방되자마자,
젊고 야심찬 고고학자들은 기회를 놓치지 않고 일본인의 기원에 대
한 초기의 가설들과 추측들을 현장에서 검증하기 위해 해외로 나갔
다(姜在彦·李進熙 1997).

1단계: 선사시대의 지표: 토기, 고인돌, 그리고 잃어버린 인종적 연결고리
야기 소자부로(八木奘三郎)는 1900년 도쿄 인류학회가 한국에 파견
한 최초의 인류학자였다(연표 참조). 그 해 도쿄대학 대학원생이었던
그가 자신의 지도교수인 쓰보이 쇼고로에게 보낸 편지의 서두는 처
음 현지조사를 떠나는 여느 젊은 대학원생과 마찬가지로 자부심과
함께 추구하고자 하는 연구목표를 담고 있다. "저는 한국에서의 제
연구목표를 다음의 세 가지로 삼고자 합니다. 첫째는 한국의 인종구

성, 둘째는 한국 고고학, 셋째는 한국 민족지학입니다"(八木 1900).
따라서 처음부터 도쿄 인류학회의 한국 현지조사는 고고학적 그리고
민족지적 '증거'를 통해 원시인간의 기원과 성격을 밝힘으로써 인류
진보의 보편적 진화과정을 설명하고 선사시대 민족과 문화의 확산을
기록하는 것을 목적으로 했음을 알 수 있다. 비록 야기는 그의 첫 조
사에서 어떠한 선사시대 석기들도 발견하지 못해 실망했지만, 그는
과감하게 지표에서 쉽사리 발견되는 토기편들을 조선양식, 혹은 '원
(原) 일본' 토기인 이와이베(祝部) 형식이라고 규정했다. 1902년에
작성된 그의 현지보고서는 최초로 토기의 형식을 통해 '일본'인종과
의 관련성을 밝히고자 했다는 데 그 중요성이 있다. 그는 특히 이러
한 토기 종류가 대체로 일본에서 가까운 한국의 동남지역(부산·김
해·경주)에서 집중적으로 발견된다고 주장했다.

　그 후 6년이 지난 1906년, 도쿄 대학 출신 역사학도 이마니시 류
는 김해에서 최초로 선사시대 패총을 발견했다(今西龍 1907). 이듬해
에 그의 요청에 따라 도쿄 인류학회에서는 또 다른 젊은 대학원생인
시바타 조에(柴田常惠)를 파견했고, 그는 그 해 여름 단기조사를 실
시했다. 두 연구자는 패총의 크기, 패총의 분포, 지표에서 수집된 동
물뼈와 석기, 그리고 무엇보다도 이와이베 토기의 존재를 근거로 이
패총이 일본의 야요이(彌生) 시대와 고분시대 유적들과 깊은 관련이
있다는 데 의견의 일치를 보았다[13](今西龍 1907). 따라서 이마니시는
한국 문명은 분명히 삼국시대 이전의 삼한시대(오늘날 기원후 1~3세
기로 연대가 추정된다)까지 거슬러 올라가는 '선사'시대부터 시작된
선진적인 문화내용을 지니고 있는 문명으로서 이는 매우 흥미롭다고
결론지었다.

　이후 다이쇼(大正) 시대와 쇼와(昭和) 시대에 발간된 보고서들에
서는 토기 유물 분석에 기초하여 '일본/한국'문화가 같은 계통이라는

견해를 제시하고 있는데, 이러한 견해는 위의 젊은 대학원생들의 연구로부터 많은 영향을 받은 것이었다(濱田耕作 1922). 그럴 만도 한것이 이처럼 메이지 시대의 발굴보고서들은 당시로서는 혁명적이었는데, 그 보고서들은 '일본의 선사시대 과거'를 한반도에서 찾을 수있다는 견해가 적용된 최초의 사례들이기 때문이다(Pai 2004). 그때부터 한국으로부터의 '고고학적' 자료들은 일본 초기 문명사를 편년하는 과정에서, 7세기경에 편찬된 『일본서기』 혹은 『고사기』의 기록에 기반한 전통적 황실 중심의 서술들보다 이른 시기를 차지하게 되었다. 그러한 유적들은 발굴되기 전이었으므로 구체적인 절대 연대가 설정되지 않았음에도 불구하고, 도쿄 인류학회 조사원들은 한국에서의 고고학적 조사가 일본 '원사'(原史)시대 혹은 야요이 시대와성숙해진 다이카(大化)국 형성기 사이에 놓인 시간적 공백 혹은 '잃어버린 단계와 인종적 연결고리'를 채워줄 수 있는 '과학적' 잠재력이있다고 확신했다.[14]

한국에서 선사유적의 발견과 분묘형식 간의 편년이 일본의 인종과 문명의 기원을 밝히는 데 도움이 될 수 있다는 견해가 고고학자와역사학자 사이에서 받아들여짐에 따라(喜田貞吉 1921), 1910년에 도리이 류조(鳥居龍藏)[15]가 조선총독부가 후원하는 한국 내 최초의 체계적인 고고학적·민족학적 그리고 역사학적 조사를 수행하도록 공식 임명되었다(鳥居龍藏 1893). 20세기 초, 도리이가 이미 10년 동안 도쿄 인류학회를 위해 현지조사를 수행한 것을 감안할 때, 그는메이지 시대 일본에서 그와 같은 조사를 하는 데 가장 적합한 인물이었다. 그는 만주(1895), 타이완(1896), 쿠릴 열도(1899), 중국 남부(1902~1903) 그리고 몽골(1906)에서 조사를 수행했다.[16] 그는 이미 『사기』, 『한서』, 「위지동이전」, 『삼국사기』 등과 같은 중국, 한국과일본 왕조의 역사가 기록된 온갖 고서에 정통했다(鳥居 1910: 10

그림 1 황해도 은율군 고인돌(朝鮮總督府 編, 1916, 『朝鮮古蹟圖譜』第2卷).

14). 예를 들면, 1910년에 출판된 고구려에 대한 그의 독창적인 초기
논문들 가운데 하나는 광개토대왕릉 비문이 그 일대에서 발견된 왕
족 분묘들과 광개토대왕릉과의 계통적 연관성을 나타낼 가능성이 있
다는 것에 주목했다(Ibid.). 특히 한경(漢鏡), 인장, 동전, 그리고 명

그림 2 한대(漢代)의 점선현(秥蟬縣) 비. 『한서』(漢書)에 기록된 한반도 내 낙랑의 존재를 확인해주는 비문(朝鮮總督府 編, 1916, 『朝鮮古蹟圖譜』第1卷).

문들과 같은 중국과 일본 고분에서 출토되는 고고학적 유물들에 대한 방대한 지식을 바탕으로 그는 고고학 연구의 주요 목적인 절대 연대를 찾아낼 수 있었다. 그는 교차 연대측정을 통해 선사시대 석기들의 연대(鳥居 1908)를 밝혔을 뿐 아니라, 랴오닝 지방, 한반도, 일본 열도에 널리 분포하고 있는 고인돌 유적들(鳥居 1922, 1923, 그림 1)의 연대를 제작연대가 알려져 있는 '화천'(貨泉, 대략 기원후 14년 왕망시대)과 같은 한대 동전 등의 출토유물에 근거하여 설정할 수 있었다. 한나라 동전에 대한 지식과 그 당시 새로이 발견된 평양의 낙랑 유적 내 한대(그림 2) 매장 유구 출토 유물들(연표 참조)을 근거로, 그

는 김해 패총(鳥居 1924: 100) 퇴적층의 층위와 연대를 측정할 수 있
었다(Pai 2000: 127-236).

　1910년대 한반도에서 수행된 도리이의 현지조사는 한국, 몽골, 일
본, 그리고 중국의 고고학자들과 민족학자들 사이에서 여전히 이루
어지고 있는 이른바 '문화사적' 접근의 토대가 되었다.[17] 몽골인, 만
주인, 그리고 한국인의 '어느 정도 야만적인' 이국적 관습, 샤머니즘
적 종교와 유목민적 생활양식을 묘사한 도리이의 민족지는 당시 저
명한 서양 인류학자들 사이에 폭넓게 받아들여졌다. 그는 동북아시
아의 제민족은 고아시아족, 퉁구스족, 동이족(鳥居 1925a) 등과 같은
신석기/청동기 시대 제민족의 공통 혈통의 직계 후손으로, 그것은
그들의 지리적 범위나 '원시적' 외형(그의 인체측정학적 계측치에 기초
해서)이 2천년이 지나도록 변하지 않았기 때문이라고 주장했다. 따
라서 그는 동북아시아 제민족의 고고학적 유물들과 분포에 대한 상
세한 연구가 동북아시아 내 일본민족의 먼 기원과 관련된 '선사시대
의 자취'를 밝힐 수 있다고 강조했다(鳥居 1925b). '선사시대의 고고
학적 문화들'에 대한 도리이의 묘사는 궁극적으로 대부분 간접적인
민족지적 정보와 연출된 촌락사진들(Pai 2004)에 의존했음에도 불구
하고, 묘사된 민족들의 이미지는 도리이가 현지에서 직접 수집한 정
보에 기초한 것들이었기 때문에 당시에는 '과학적인 사실'로 받아들
여졌다[18](赤澤威 1991, Akazawa 1992). 그는 또한 만주·한국·일본의
선사시대 토기 유물들의 교차연대측정을 위한 연구의 기초를 다진
최초의 고고학자로 인정받고 있다. 김해 패총에 대한 그의 층위 분석
(鳥居 1924)은 '무문토기'로 '김해식 토기' 그리고 삼국시대에 이르기
까지 패총이 지속적으로 점유되는 동안 토기양식의 변화가 있었음을
밝혀냈다. 그러므로 도리이의 관점에서 일본 및 한국의 '토기양식'은
시대를 나타내는 중요한 증거이며 인종 및 문화 변동의 표지로서 인

정받았다. 그는 일본 고고학자들 사이에서 '무문' 혹은 '야요이' 토기 제작인의 등장(鳥居 1925b)은 농경, 야금술, 그리고 발달된 문명을 가진 집단이 원사(原史)시대에 한국에서 일본으로 건너온 것을 알려 주는 것이며, 이는 우월한 '천계민족'(天系民族)의 출현을 의미한다고 주장한 최초의 학자로 기억되고 있다.[19]

끝으로 도리이가 제기한, 일본문명은 혼합적인 민족기원으로 이루어졌다는 거대한 가설과 침입가설(鳥居 1925b)은 인종론 연구에서 '문화 전파'적 설명에 크게 의존했음을 보여주는 전형이라 할 수 있다(工藤 1979). 1920년대와 1930년대 대부분의 인류학자와 고고학자들은 선진문화가 이집트, 수메르, 북인도의 모헨조다로, 중국의 상(商) 문명이라는 세계 4대 문명으로부터 전파된 결과라는 이론을 믿었다.[20] 따라서 문화변용의 과정은 우월한 민족과 정복제국이 확산하며 열등한 민족을 동화 혹은 흡수하는 과정에서, 그들이 지니고 있던 발달된 문명의 요소들, 즉 청동기 제작기술, 문자, 기념비적 건축물 그리고 주요 종교들이 열등한 타 지역으로 전해지는 것으로 이해되었다.

2단계: 제국 유적들의 수복(收復): 한국 유물의 기록과 보존

한국의 유적과 유물들에 관한 기록과 목록작성은 세키노 다다시(關野貞, 1867~1935)에게 위임되었다(그림 3). 그는 일본 미술사 및 건축사학의 아버지로 간주되는데, 이는 1890년대부터 시작된 일본 '건축기념물' 보존을 위한 그의 선구적 노력을 기리기 위한 것이다(日本建築學會 1972). 또한 그는 이미 나라(奈良) 지역의 사찰과 사원들을 현지 조사한 경험이 있었기 때문에 당시에 한국 내 조사를 담당하기에 가장 적합한, 훈련된 인물이었다. 도쿄제국대학이 세키노를 한국에 처음 파견한 것은 1902년이었다. 비록 그는 여름 두 달밖에 한국

그림 3 현화사 7층 석탑을 조사하고 있는 도쿄대학 교수 세키노 다다시(朝鮮史學會. 1932.
『朝鮮美術史』).

에서 머물지 못했지만, 경주·개성·평양·한성 등 역대 왕조의 도읍지
들에 위치한 유명한 유적들을 모두 답사할 수 있었다. 귀국 후, 그의
뛰어난 업적은 1904년 「도쿄제국대학 공과대학 학술보고」에 수록되
었다(關野貞 1904). 한국건축조사보고21)라는 제목을 단 이 보고서는
무덤·조각·사찰·대문·궁궐뿐만 아니라 능묘 등 한국 미술과 건축에

대한 스케치와 사진촬영이 수반된 최초의 포괄적이고 체계적인 조사 보고서로서 지금까지도 여전히 참고가 되고 있다. 1909년부터 1914년까지 매년 가을에 3~4개월 동안 세키노와 그의 유능한 조수들인 다니이 세이이치(谷井濟一)와 구리야마 슌이치(栗山俊一)는 13개 지방을 여행하면서 수천 개의 새로운 발견물들을 그림과 사진으로 기록했다. 건축가·기술자·화가로 구성된 4년간의 이 '드림팀'[22]은 보존가치가 있는 유물 및 유적의 국보 등록을 위해 고안된 메이지 정부의 기준에 따라 569개의 유적들(廣瀨繁明 2003)을 분류했다. 그 기준은 다음과 같다. ①갑: '최고의 장인기술'로 제작된 예술품, ②을: 역사적인 기원과 전설적인 기사(記事)를 반영하는 물건, ③병: 역사적 증거로서 가치 있는 유물(文化廳 1997: 197-205).

3단계: 제국유산의 목록화——한국의 고대 유물과 기념물들에 관한 도록 출판

메이지시대의 연구자가 건축학적 조사를 하는 주요 목적은 『조선고적도보』(朝鮮古蹟圖譜) 총서 중 기념비적인 제1권 서문에 명확히 서술되어 있는바, '역사적 증거'와 '예술적 모범'의 복원이다. 공식 후원자였던 조선총독부에 의하면, 이 총 15권의 도록(조선총독부 1916 1935)을 출판한 목적은 일본 학계에 수천 년 전에 만들어진 한국의 옛 유적들의 존재를 알리기 위해서였다(朝鮮總督府 1916). 식민정부는 엄청난 기금뿐만 아니라 유능한 학자, 최신 사진기술과 인쇄기술을 투입하여 제작한 수많은 도판(그림 4)과 사진(그림 5, 6)을 통하여 자신들의 고고학적 조사성과를 알리고자 했다. 이것은 행정관료들만이 아니라 식민지 학자들도 한국유적에 관한 세심한 연구가 그들이 말하는 이른바 "과거의 신비 속에 감추어졌던 예술적 사실들"을 드러낼 것이라고 믿었기 때문이다(Ibid). 비록 도록에서 그것이 '누구의 과거'인지 명확히 밝히지는 않았지만, 도록의 서문은 1910년 일본제

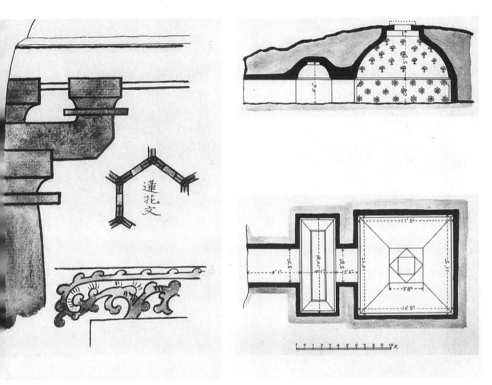

그림 4 세키노 다다시의 중국 지안(輯安) 귀갑총(龜甲塚)의 실측 도면 및 스케치(朝鮮總督府 編, 1916,
『朝鮮古蹟圖譜』第1卷).

국의 한 부분으로 한국을 병합한 사건이 어떻게 한반도에 대한 첫 번
째 체계적 조사를 시행하도록 촉진했는지에 대해 언급하면서 시작되
고 있다. 따라서『조선고적도보』의 첫 두 권을 낙랑(기원전 108)과 고
구려(기원후 약 3~7세기)의 훌륭한 무덤·벽화·성벽을 촬영한 사진
들로 채운 것은 놀라운 일이 아니었다. 거대한 기념비적인 석물들을
'쇠락하는 아름다움'의 이미지로 부각시키면서, 이 사진들은 한국이
라는 국가와 국민이 죽어가는 민족이며 몰락하는 문명이라는 일본의
식민주의적 이미지를 조작하는 데 일조했다. 당시에 두 책은 동경·
귀걸이·토기·기와 같은 고분 부장품에 대한 세밀화와 상세한 관찰

뿐만 아니라 사진, 원색 지도와 화보 등 질과 양 모든 면에서 놀라움을 안겨주었다.

90년이 지난 지금도 무덤의 단면도와 평면도에 보이듯 이처럼 정교한 스케치와 제도(製圖)는 세키노가 도쿄대학의 미국인 건축학 교수로부터 배운 서양의 제도기술을 훈련을 통해 몸에 익혀서(關野克 1978: 10) 자기 나름대로 응용한 것으로, 그 자체가 하나의 작품이라고 할 만하다.[23]

3. 일선동조론의 제창과 한반도의 병합

처음부터 사진, 미술 수집, 모사, 그리고 출판 등으로 나타난 한국의 고고학 유물과 관련된 엄청난 성과는, 한국 도예에 관한 한 가장 영향력 있는 감정가로 알려진 야나기 무네요시(柳宗悅)뿐만 아니라 (Brandt 2000) 이토 히로부미, 데라우치 마사타케 등의 조선총독들과 조선사편찬의 출판기획에 착수했던 대표적인 일본 역사학자 구로이타 가쓰미(黑板勝美) 등과 같은 강력한 식민지 지배 엘리트들에 의해 이루어졌다(李成市 2004). 이러한 발견들의 의미는 식민정책 결정자들에 의해, 일본의 한국 점령이 공통된 조상을 가진 한일 두 민족의 재결합을 위한 것이라는 제국주의적 논리(일선동조론)의 정당화를 위해 조작되었다. 병합 이후 대량으로 출판된 이른바 '조센진' 혹은 한국민족에 대한 조사연구와 출판물(Pai 2000: 37-9)은 한 목소리로 한일병합을 이전에 선사시대 한반도에 존재했던 그들의 모국을 향한 운명적인 '귀환'이라고 규정했다(山道襄— 1910). 인종, 언어, 종교 및 관습과 같은 수많은 유사점들(최석영 1997) 가운데, 한국의 유물들은 이론의 여지가 없는 '기본적인 사실관계'를 구성하는 것으로

그림 5 복원 전인 1908년경 석굴암 전경(朝鮮總督府 編, 1938,『佛國寺と石窟庵─朝鮮寶物古蹟圖錄』第
1卷, 京都文星堂).

가장 많이 인용되었다(Abu 2001). 그러므로 한국 땅에서 발견된, 일
본제국의 태고성을 증명하는 유물들은 발굴보고서, 사진, 그리고 총
독부박물관의 소장품으로서 영구보존하게 되었다. 비록 '닛칸(日韓)
가설'이 1880년대 말까지 거슬러 올라가 메이지 시대의 역사문헌에
서 제시되기는 했지만(吉田東伍 1893), 신화 속 건국 천황들은 제국주
의적 매장유물의 발굴, 명명, 그리고 사진촬영 등과 같은 '객관적인'
관찰을 통해 구체화될 수 있었으며 그들의 정복활동 또한 2천년이
지난 식민시대에 이르러서야 구현되었다.

    비록 일본제국만의 독특한 사례는 아니지만(Abu 2001), 필자는
정복된 '타민족'을 시공간 속에서 낭만적으로 포장했던, 이러한 상상
속의 '제국주의적 향수'라는 반복되는 주제가 어떻게 메이지 시대 일

그림 6 복원 전의 불국사 전경(朝鮮總督府 編, 1916,『朝鮮古蹟圖譜』第4卷).

본만이 아니라 한 세기가 지난 오늘날 남한의 고고학적 유산관리정
책에 투영되어 지속되었는가에 대해 간략히 언급하고자 한다.

4. 메이지 시대 유물관리의 정치성과 한국 고대유물의 제국
   자산화

1897년 메이지 국보보존법(鈴木良·高木博志 2000)이 공포되자 '국가
재산'으로서 사원과 사찰에 속한 모든 건물과 자산에 대한 1차 조사,
목록작업, 등록이 뒤따랐다. 이러한 대규모 사업은 수세기 동안 성스
러운 불교미술과 유적 같은, 제국의 종교적 권위의 물적 상징들을 관
리해온 사제와 승려들의 권위를 무너뜨리기 위한 메이지 정부의 계
획적인 노력이었다고 할 수 있다. 또한 일본이 1867년 파리 만국박
람회에 사절단을 파견했을 때, 메이지 정부의 관료들과 사업가들은
'전통' 미술품과 공예품이 수출상품이 될 수 있는 충분한 잠재적 가
치를 인식하게 되었다(佐藤道信 1999: 171-182). 타깃이 될 만한 주
고객층으로는 서양인을 비롯해서, 새로 지은 서양식 거실을 고급스
러운 '동양적' 장식으로 치장하기를 원하는 부유한 메이지 귀족들이
있었다. 이른바 '국민적' 미술양식과 디자인의 창조와 개발을 지향한
메이지 정부의 노력은 '문화의 상품화와 소비'를 위한 메이지 시대 초
기의 시도로 해석될 수 있다(Appadurai 1986). 이를 위해 1880년대
말 어니스트 페널로사[24)](山口靜一 1983)와 오카쿠라 덴신은, 당시 궁
내경(宮內卿)이었던 이토 히로부미와, 도쿄미술학교 및 제국박물관
(東京國立博物館 1976) 건립과 공예산업의 발전방안에 관해 긴밀히
협의했다. 그러므로 미술과 통상의 발전은, 새로 획득한 식민지에서
찬탈한 유물들을 박물관에 소장하고 전시하는 유럽의 경쟁제국들과

마찬가지로 '근대적'이고 동시에 '문명화된' 국가로 보이고 싶은 일본의 욕망을 반영하는 것이었다.[25]

도쿄대학에서 잘 훈련된 수재들을 한국 내 일본의 '제국적 발견물들'을 기록하기 위해 파견한 것은, 앞으로 영원히 제국의 문화적 자산으로 보존되고 전시될 귀중한 고대 유물들의 목록을 작성하는 데 있어 필수적인 일이었다. 1910년대 세키노가 작성한 한국유물 조사목록을 보면(廣瀨繁明 2003), 전통적 훈련을 받은 건축가로서 그의 학문적 편향뿐만 아니라 그의 개인적인 성향도 엿볼 수 있다. 예를 들어 그는 삼국시대부터 조선시대에 걸쳐 만들어진 건축물과 산재해 있는 석탑, 비석, 그리고 석상 등에 대해 국보급에 해당하는 최고 등급을 매겼다(廣瀨繁明 2003: 61). 그는 다이쇼 시대에 출판한 저서들(關野 1910)을 통해 신라시대를 한국문명의 절정기로 찬양했고, 그 이후 지속적으로 쇠락(정체론)한 것으로 보았다(Pai 2000). 고대 한국의 미술과 건축에 대한 그의 견해는, 이마니시 류, 시라토리 구라키치(白鳥庫吉), 구로이타 가쓰미, 무라야마 지준(村山智順), 도리이 류조 등 한국의 고대사와 관습을 전공하는 당대 일본의 주류 역사학자와 인류학자로부터 공감을 불러일으켰다(Pai 2000).

한국의 문화유산들은 1916년의 '고적 및 유물 보존규칙'에 따라 공식적으로 일본제국에 속한 자산이 되었다. 이 규칙은 일본 역사상 최초의 종합적인 고고학 유산 관리를 위한 법률로서, 일본에서 시행되기 3년 전에 한국에 먼저 적용되었다.[26] 일본 근대사학의 아버지 구로이타 가쓰미(1874~1946)가 1912년 처음으로 규칙 초안을 작성했고, 이것이 한국에 적용되었다(黑板博士記念會 1953).

이 규칙에 따라 '조선고적연구회'가 만들어졌다. 이 기구는 1916년 규칙시행을 관리 감독하는 역할을 담당하여, 고고학 유물조사뿐만 아니라 전시기획, 기념물 보존 및 복원, 국가유산 지정, 조사활동의 결과물 출판 등에 이르는 광범위한 분야의 일을 관장했다. 이 법규는 '소실되고 도난당한 고적, 사찰 및 신사 보호법' '비석 및 금속 명문 보존법' '제국박물관법' 등의 메이지 시대 말기의 문화재 관리법들을 포괄 종합한 것이었다(朝鮮總督府 1924: 215-30). 1915년 12월 1일, 한국 최초의 미술관인 조선총독부박물관이 서울 한복판에 위치한 경복궁터 내 서양식 신축건물에 개관했다. 이 박물관에서 준비한 최초의 전시(전경수 1999)는 발굴된 유물만이 아니라 기증받거나 구입한 미술작품, 1908년에 건립된 이왕가(李王家) 박물관에서 소장했던 미술품들로 기획되었다(朝鮮總督府 1918~1941).

또한 1916년의 법규를 통해 어떠한 한국유물들이 보존·지정·조사될 가치가 있는 것으로 간주되었는지를 가늠할 수 있다. 제1조는 '고적'을 패총, 석기, 골각기와 같은 유물을 포함하거나 수혈주거지, 고분, 성벽, 궁궐, 방벽, 성곽, 역참, 봉수대, 관청부지, 서원, 능, 절, 도요지, 옛 격전지 등을 비롯한 유적 혹은 역사적 사건이 벌어진 현장을 포함하는 개념으로 규정했다. '유물'의 범주에는 고탑(古塔), 비석, 종, 돌이나 금속으로 만든 불상, 당간, 석등, 그리고 역사적·미술적·고고학적 가치를 지닐 만한 물건이 포함되었다(Sekino 1931: 7).

한국 유물과 기념물에 관한 정의에 이어, 제2조는 조사자 혹은 보고자가 반드시 준수해야 할 지방경찰에 대한 고지(告知) 등의 필수적인 보고요령을 명시하고 있다. 지방경찰은 경찰에 제출된 모든 관련 정보를 기재해야 하며, 관할 경찰서장은 1912년에 공포된 법률에 따라 즉시 조선총독부에 보고해야만 했다(朝鮮總督府 1924: 233-42). 서장의 보고서에는 반드시 유물 명칭과 그 위치, 소유자 혹은 관리자의 이름과 주소, 유물의 현상태, 그리고 연관된 전설이나 이야기, 마지막으로 보존방법에 대한 권고 등이 포함되어야 했다. 등록 서류양식 중 어떤 항목이든 변경될 필요가 있을 경우에도, 조사자는 조선총독부와 관할 경찰에 보고함으로써 그 기관들이 해당 유물에 대한 최신의 정보를 가지고 있도록 해야만 했다.

　제3조는 이미 등록된 고적을 다루고자 하는 사람의 의무적인 보고를 규정한 것이다(朝鮮總督府 1924: 151-52). 기념물에 대한 변경, 제거 혹은 복원을 하고자 원하는 자는 누구든지 조선총독부의 허락을 얻어야만 했다. 예를 들어 그 조항은 비문을 탁본할 경우라도 누구든 금석문 보존에 관한 규정에 따라 조선총독부의 허락을 받도록 규정했다. 다음의 기술은 그러한 규정이 필요한 이유를 밝히고 있다. "최근 몇 년간 금석문은 한국고대사 연구를 위해 그 가치가 점차 높아지고 있다. 그러므로 누구든지 암석 혹은 청동기에 새겨진 명문이나 비문에 손상 혹은 훼손이 있을 경우 이를 경찰에 보고해야만 한다. 만약 국가에 등록된 기념물을 탁본하고자 하는 자는 조선총독부의 허락을 얻어야 한다. 그 기념물이 사찰에 속한 것일지라도, 그 역시 조선총독부의 허락을 받아야 한다"(朝鮮總督府 1924: 156-7). 신청양식에는 등록번호, 명칭, 제거나 복원의 목적과 방법, 그리고 소요예산이 포함되어야 했다.

　등록되어 있는 물품을 조선땅 바깥으로 반출할 경우에도 위에서 언급한 규정과 서류양식이 적용되었다. 우선 세관에서 도난물품인지를 확인받아야만 했으며, 도난품이면 세관원은 즉시 경찰에 신고해야 했다. 만약 정해 놓은 절차에 따르지 않았거나, 누군가 고적 규정 혹은 사찰령을 위반했다는 의심이 들 경우에는 경찰에 신고해야 했다. 오직 총독부의 허가를 받은 뒤에야 해당 물품은 세관을 통과해 외부로 반출될 수 있었다. 마지막으로 이 규정을 위반하여 체포된 자에 대한 처벌 조항에 따르면 위반자는 200엔의 벌금 혹은 6개월 이하의 징역에 처한다고 되어 있다.

　지금까지 살펴보았듯이 조선총독부는 한반도 전역의 모든 고적,

미술품 및 공예품에 대한 보고, 보관, 수송, 거래 등에 대한 정확한 등록양식을 발급하고 요구하는 최종 권한을 가졌다(朝鮮總督府 1924: 158). 이러한 조사, 발굴, 인증과 기록의 엄격한 절차를 통해 최초의 포괄적인 문화재관리법을 공포한 지 8년 만인 1924년에 조선총독부는 이 법규에 따라 그때까지 알려진 모든 정보를 포괄하는 193개 품목의 목록을 출간했다(朝鮮總督府 1924).

5. 결론: '한국' 문화는 누구의 소유인가?

끝으로 일본이 미친 문화재 관리에 대한 기여에도 불구하고 오늘날 대다수 한국인은 오직 그 부정적인 결과만을 의식하고 있다[27](이구열 1996). 전후의 고고학과 미술사학 출판물들(황수영 1973)은 한결같이 일제시대의 조사와 보고서를 '일제 한국문화재 피해자료'로 언급하고 있으며, 일제의 강점(김용섭 1966, 1973)이 어떻게 체계적으로 전문학자들의 조사를 제국주의적 목적달성을 위해 활용했는가를 여실히 보여주는 명백한 증거라고 규정하고 있다(Pai 2000). 이들에 의하면, 수집가치가 있는 분묘와 유물을 구분할 수 있는 능력을 지닌, 식견이 풍부한 대학교수들을 이용하여 일제는 더욱 효율적으로 한국 내 부장품을 도굴할 수 있었으며, 그럼으로써 한국인의 문화유산과 인종적 정체성을 뺏을 수 있었다는 것이다(김용섭 1966, 이홍직 1964). 한국에 대한 일제의 약탈을 비난하는 입장에서 계속 제기되는 이러한 주제는 오늘날에도 한일간 외교관계를 저해하는 가장 첨예한 논쟁거리들 중의 하나로 남아 있다.[28]

필자는 소유권과 반환이라는 주제와 관련해서 나름의 견해를 밝히는 것으로 글을 맺고자 한다. 첫째, 필자는 '독립적인 정신을 소유한 한국인'이 자신의 유산을 포기하도록 획책한 탐욕스러운 일본인 수집가들의 무의식적 피해자라는 민족주의적 주장에 동의하지 않는다. 그들을 신뢰하지 못하는 첫 번째 이유는 필자가 이전의 글들에서 지적했듯이(Pai 1994, 1999, 2000, 2001, 2004), 일본의 미술사학자들과 고고학자들이 한국에 등장하기 이전에 지배층이었던 양반 엘리트는 조선왕조 이전에 존재했던 선사시대의 분묘나 미술품에 관심이 없었기 때문이다. 그러므로 그들의 소장품은 그림, 서예, 금석문, 족보, 문방구 용품, 인장, 그리고 사료에 국한된 작품들로서 전통적인 '중국' 상류사회에 대한 추종을 보여주었다. 19세기 말의 한국에는 고려와 조선 왕조의 왕릉보다 오래된 건물지, 유물, 고분 또는 불교 미술과 같은 '토착적/선사적 유물 혹은 민속품'에 대한 지식이 존재하지 않았다. 그러므로 한국인은 자신의 유산을 속아서 빼앗긴 것이라기보다는 일본 엘리트 지배층이 체계적으로 수집하기 이전에는 '한국적인 것'의 전통이나 문화재에 대한 인식이 없었다고 할 수 있다. 1920년대에 들어와서야 송석화(현재 한국 민속학의 아버지로 기억되는)와 같은, 일본에서 교육받은 식민지 엘리트나 투자의 가치를 인식한 한국인들이 등장함에 따라, 한국인에 의해서도 '한국적' 물품들이 수집되기 시작했던 것이다.

둘째, 일본인의 식민지 보고서들보다 이전에 수행된 한국의 근대 고고학적 혹은 역사적 야외조사와 발굴활동이 전무한 점을 감안할 때, 20세기 초에 이루어진 일본의 조사 보고서들은 오늘날 한국학자들에게는 필수적인 참고자료일 수밖에 없다. 일본인이 식민지 시대에 출간한 저서들의 진가는 필자가 서울대학교, 문화재청, 국립박물관 등 한국의 주요 국가기관 소속 고고학 교수들, 고고학자들, 미술사학자들, 그리고 학예사들의 연구실을 방문할 때마다 쉽게 확인할 수 있었는데, 그들의 서가에는 조선총독부의 모든 보고서들이 반드

그림 7 『朝鮮古蹟圖譜』에 수록된 사진을 토대로 복원한 창덕궁 인정전(문화부, 1992, 『우리나라의 문화행정』).

시 꽂혀 있었다. 그들은 이러한 보고서들을 소장하고 연구하며 한국 고고학과 미술사 전공 대학원생들을 위한 필독서로 지정해 놓고 있었다.

20세기 초, 『조선고적도보』의 사진·지도·그림 등은 전쟁과 경제 개발, 도시화로 파괴되거나 훼손되기 이전 시기의 '동결 보존된' 기념물의 이미지로서 그 가치는 엄청난 것이다. 산업화와 도시화 계획이 한국전쟁 이후에 더욱 가속화된 이후, 결과적으로 그 자료들은 한반도 전역에 흩어진 '국보' 혹은 사적으로 지정된 성문, 궁궐 그리고 사찰의 전후 대규모 복원과정——관광개발의 목적을 포함한——에서 '청사진' 역할을 해오고 있다(그림 7). 한국과 일본의 고고학 전공 대학원생들뿐만 아니라 고고학자, 교수, 문화재청의 보존 담당 직원들은 지속적으로 이러한 20세기 초 출판물들에 관심을 가지고 구매하고 있으며, 이러한 현상은 식민지시대 발굴보고서의 영인을 전문으로 하는 (한국과 일본 모두의) 출판사의 번창으로 이어졌다. 80년이 지난 지금도, 그 중 가장 유명하고 대표적인 보고서들은 여전히 출판물 목록을 통해 합리적인 가격과 훌륭한 인쇄품질로 구입 가능하며, 도쿄의 서점들과 헌책방에서도 발견된다.

셋째, 필자가 2001년 마지막 조선총독부 박물관장이었던 아리미쓰 교이치와의 인터뷰를 통해 얻은 정보에 의하면, 해방 후 1945년 8월 미군정하의 초대 국립박물관장이었던 김재원 박사가 일제시대에 발굴된 대부분의 소장품들을 인수했다(木曜クラブ 2003, Pai 2000: 237-43, 김재원 1992). 물론 문화유산을 암시장에서 거래한 탐욕스런 개인과 도굴꾼들이 존재했다는 것은 부정할 수 없는 사실이고, 일부 저명한 일본 고고학자들에 의해, 한국 고대 유적에 대한 이른바 '사굴'(개인 발굴) 행위가 있었던 것도 간과할 수 없다.[29] 그렇다면 한일 양국 모두가 한국의 문화재를 그토록 소유하고자 하는 주된 이유는 무엇일까? 그것은 이들 문화재가 한편으로는 고대 한국인의 과거를, 다른 한편으로는 과거 일본제국의 유산을 시공간적으로 위치시키고 표상하는 가시적 증거물로서의 대체불가능한 가치를 지니고 있기 때문이다.*

---

* 본고의 현지조사 및 문헌조사는 일본국제문화연구센터의 방문교수 연구지원비(2000~2001)와 일본재단 중진학자 연구비(2004~2005)를 받아 이루어졌다. 일본국제문화연구센터의 이나가 시게미(稲賀繁美) 교수, 교토대학 고고학과의 요시이 히데오(吉井秀夫) 교수, 그리고 전 일본의 자료를 찾는 데 도움을 주신 일본 국제문화연구센터 도서관과 교토 대학 문학부 도서관의 사서 여러분께 감사드린다. 또한 목요클럽 회원들도 본고의 연표를 작성하는 데 있어 꼭 필요했던 정보를 제공해주셨을 뿐 아니라 편집과 번역상의 많은 도움을 주셨다. 이에 감사드린다.

한반도에서 일본인 학자가 행한 **고고학 조사연표**(1900~1945)

1900년   야기 소자부로(八木奘三郞)의 한반도 인류학 조사 개시.

1902년   한반도에서 일본인의 고고학 조사 개시.
세키노 다다시(關野貞)에 의한 최초의 건축·미술공예에 관한 조사.
(한성, 개성, 부산, 대구, 가야산, 경주에서 사찰·묘[廟]·궁궐·분묘 등 조사).

1905년   만주 지안(輯安)에서 도리이 류조(鳥居龍藏)가 고구려 성지를 최초로 발견, 광개토대왕비 답사.

1906년   이마니시 류(今西龍)의 경주고분 1차 조사.

1907년   이마니시 류의 김해 패총 발견, 시바타 조에(柴田常惠)의 김해 패총 발굴.

1908년   창덕궁 내에 이왕가 박물관과 동식물원 건립.

1909년   고적 보존을 위해 세키노 다다시·다니이 세이이치(谷井濟一)·구리야마 슌이치(栗山俊一) 등이 한반도 전역에 걸친 조직적 조사(미술공예·건축·분묘 등에 대한 등급 분류와 시대구분 개시).

1910년   한국병합(한국에서의 모든 고고학, 역사 조사와 관련 출판 을 당시 조선총독부가 관장하게 됨).
조선교과서 편찬을 위한 조선문헌사료 수집 개시(1910~1916), 오다 쇼고(小田省吾)가 주도.

1911년   도리이 류조에 의한 한반도 전역의 고고학 및 역사자료 조사(~1915).
선사 유물유적 최초 발견.
황해도 사리원에서 한(漢) 대방군의 당토성과「대방태수장무이」(帶方太守張撫夷) 명전(銘塼) 발견(세키노 다다시 등).
조선총독부의 사찰조사사료(사원관계기록사료)조사에 기초한 조선사찰령 발포(사찰·암자의 관리를 위한 최초의 법령).

1912년   간성리에서 고구려 장식고분(연화총) 조사.
최초의 체계적인 고구려시대 발굴조사 개시(강서 삼묘리에서 벽화고분 발견).

1913년   조선교과서 편찬용 자료수집을 위해 이마니시 류 파견(~1914).
평안남도에서 낙랑토성과 점선현 비(碑) 확인(이마니시 류).
석굴암 복원사업 개시(이후 16년간).

1915년   경복궁 내에 조선총독부박물관 설치.
조선교과서 편찬용 자료수집을 위해 구로이타 가쓰미(黑板勝美) 파견.
백제의 능산리 왕릉 조사(다니이 세이이치).

1916년   고적조사위원회 설치(고고학·역사 조사, 수집, 고적 등록, 발굴조사 감독). 고적 및 유물보존규칙 공포(최초의 포괄적 보호 법령).
세키노 다다시에 의한 낙랑고분 발굴.
경주 황룡사지·사천왕사, 전라남도 송광사 측량조사(구로이타 가쓰미).

1917년 지안 고구려 고분 조사, 환도성(丸都城)터 발견(세키노 다다시).

최초 낙랑유적의 발굴과 한대 유물의 연대 결정.

경성 교외에서 백제시대 석촌동 1호분 발굴(이마니시 류).

과거 왕도의 유적·묘(廟)·고분묘·궁궐·성터·사찰 관리 보호규칙.

1918년 경주에서 신라시대 분묘(적석총(積石塚)) 발굴 개시(구로이타 가쓰미·하라다 요시토(原田淑人)).

고령·창녕·김해에서 임나(가야)시대 분묘 발굴.

불국사 복원사업 개시(이후 8년간).

1919년 일본에서 사적명승천연기념물보존법 발포.

조선총독부에 고적조사과 설치(1924년 폐지).

1920년 경상남도 양산에서 부부총 발굴(오가와 게이키치(小川敬吉)·바바 제이치로(馬場是一郎)).

김해패총 발굴(하마다 고사쿠(濱田耕作)·우메하라 스에지(梅原末治)).

금석병용기 시대 명명.

경주 입실리에서 청동기 발견.

1921년 경주에서 금관총 발굴(하마다 고사쿠·우메하라 스에지).

1923년 일본에서 간토(關東) 대지진 발생. 이후 조선총독부 재정 축소.

1924년 경주에서 금령총(金鈴塚)·식리총(飾履塚) 발굴(고이즈미 아키오(小泉顯夫)·사와다 도조(澤田豊丈)).

낙랑 석암리 고분 5기 발굴(후지타 료사쿠(藤田亮策)·오바 쓰네키치(小場恒吉)), 기년명(紀年銘) 발견, '낙랑 붐' 발생.

1926년 경주에서 서봉총(瑞鳳塚) 발굴(후지타 료사쿠·고이즈미 아키오·사와다 도조).

조선총독부박물관 경주분관 설치.

1931년 낙랑 채협총(彩篋塚) 발굴(고이즈미 아키오·사와다 도조=平壤研究所)

조선고적조사연구회 설치.

1933년 조선보물고적명승천연기념물보존령 공포.

공주 송산리에서 백제분묘 발굴.

1934년 김해에서 유적 발굴, 석관묘·묘광(墓壙)과 김해식 토기로 명명된 옹관묘를 조사(가야모토 도진(榧本杜人)), 평양부립박물관(관장은 고이즈미 아키오) 개설.

1938년 전라남도 나주 반남면에서 옹관묘 발굴(아리미쓰 교이치(有光敎一)·사와다 도조).

1939년 조선총독부박물관 부여분관 개설.

1940년 지안에서 고구려시대의 무용총 발굴.

1943년 조선총독부의 문화재 최종 등록수는 591건.

(보물 340건, 고적 101건, 고적 및 명승 3건, 명승 1건, 천연기념물 146건)

참고문헌

한국어

김용섭. 1966. 「日本·韓國에 있어서의 韓國史 敍述」, 『역사학보』 31, pp. 128~47.

───. 1973. 「日帝 官學者들의 韓國史觀」, 歷史學會編, 『韓國史의 反省』(신구문화사), pp. 29~39.

김재원. 1992. 『박물관과 한평생』(탐구당).

문화부 편. 1992. 『우리나라의 문화행정』(문화부).

오세탁. 1997. 「일제의 문화재 정책」, 문화재 관리국 편, 『일제 문화재 정책평가 세미나』(문화재관리국), pp. 15~44.

이구열. 1996. 『한국문화재 수난사』(돌베개).

이만열. 1976. 「일제관학자들의 식민지사관」, 이우성·강만길 편, 『한국의 역사인식』(창작과 비평), pp. 315~55.

이홍직. 「재일 한국 문화재 비망록」, 『사학연구』 8, pp. 791~808.

최석영. 1997. 『일제의 동화이데올로기의 창출』(서경문화사).

황수영 편. 1973. 『日帝期文化財被害資料』, 考古美術資料 第22輯(韓國美術史學會).

홍윤기. 1995. 『한국인이 만든 일본 국보』(문학세계사).

일본어

姜在彦·李進熙 編. 1997. 『朝鮮學事始め』(東京: 青丘文化社).

高木博志. 2001. 「近代天皇制の文化史的究」(考古出版).

工藤雅樹. 1979. 『日本人種論』(東京: 吉川弘文館).

關野克. 1978. 『關野貞展: 日本·東洋建築·美術史の先驅的研究者』(上越市: 上越市總合博物館).

關野貞. 1904. 『韓國建築調査報告』第六卷(東京: 東京帝國大學).

───. 1910. 『朝鮮芸術之研究』(京城: 朝鮮總督府).

廣瀬繁明. 2003. 「初期の朝鮮建築 古跡調査とその後の〈文化財〉保護」, 『考古學史研究』 10(京都木曜クラブ), pp. 57~106.

今西龍. 1907. 「朝鮮にて發見せる貝塚に就て」, 『東京人類學會雜誌』 23(259), pp. 6~13.

吉田東伍. 1893. 『日韓古史斷』(東京: 富士山房).

東京國立博物館. 1976. 『東京國立博物館百年史』(東京: 東京國立博物館).

藤田亮策. 1933. 「朝鮮の古跡調査と保存の沿革」, 『朝鮮總覽』(京城: 朝鮮總督府), pp. 1027~1047.

鈴木良·高木博志 編. 2000. 『文化財と近代日本』(東京: 山川出版)

梅原末治. 1923. 「考古學上より觀たる上代日鮮の關係」, 『朝鮮』8, pp. 138~170.

梅原末治. 1969. 「日韓倂合の期間に行われた半島古跡調査と保存事業に携わった ─考古學徒の回想錄」, 『朝鮮學報』51, pp. 95~148.

木曜クラブ. 1996. 「『人類學雜誌』掲載の周一地域關連文獻目錄 1910まで」, 『考古學史研究』6(京都木曜クラブ), pp. 3~20.

───. 2003. 「有光氏 インタビュー」, 『考古學史研究』10(京都木曜クラブ), pp. 3~30.

文化廳文化財保護部. 1997. 「文化財保護關係法令集參考」, 文化廳文化財保護部 編, 『文化財保護關係法令集』(東京: ぎょうせい), pp. 195~201.

白鳥芳郎·八幡一郎. 1978. 『日本民族文化大系』9(東京: 講談社).

濱田耕作. 1922. 『通論考古學』(東京: 大鐙閣). 영인(東京: 雄山閣出版, 1984).

山口靜一. 1982. 『フェノロサ: 日本文化の宣揚に掲げた一生』上·下(東京: 三省堂).

山道襄一. 1910. 『朝鮮半島』(京城: 日韓書房).

小熊英二. 1995. 『單一民族神話の起源』(東京: 新曜社).

李成市. 2004. 「コロニアリズムと近代歷史學」, 寺內威太郎〔ほか〕編著, 『植民地主義と歷史學: そのまなざしが殘したもの』(東京: 刀水書房), pp. 71~1012.

日本建築學會. 1972. 「建築學史研究の發達: 伊栗忠大と關野貞」, 『近代日本建築學發達史』(東京: 丸善).

赤澤威 外. 1991. 東京大學總合研究資料館特別展示實行委員會編, 『乾板に刻まれた世界: 鳥居龍藏の見たアジア』(東京: 東京大學總合研究資料館).

全京秀. 1999. 『韓國博物館史における表象の政治人類學: 植民地主義としてのグローバリズム』, 國立民族博物館研究報告 24(2)(大阪), pp. 247~90.

鳥居龍藏. 1908. 「滿州石器時代遺跡と朝鮮の石器時代遺跡と關係に就て」, 齋藤忠 編, 『日本考古學選集』7(東京: 築地書館, 리프린트 1974), pp. 2~9.

───. 1910. 「鴨綠江上流に於ける高句麗の遺跡」, 같은 책, pp. 10~30.

───. 1922. 「ドルメンに就いて」, 『ドルメン』創刊號(東京: 岡書院), pp. 14~19.

───. 1923. 「有史以前における朝鮮と其の周邊との關係」, 朝鮮總督府, 『朝鮮』9(京城: 高麗書林), pp. 1~28.

────. 1924. 「濱田梅原兩氏著『金海塚報告』をよむ」, 齋藤忠 編, 앞의 책, pp. 92
～103.

────. 1925a. 『極東民族』第一卷, 東洋人種學叢書第一號(東京: 文化生活研究
會).

────. 1925b. 『人類學上より見たる我が上代の文化』(東京: 叢文閣).

────. 1953. 『ある老學徒の手記』(東京: 朝日新聞社).

朝鮮總督府. 1916～1935. 『朝鮮古蹟圖譜』全15卷(京城).

────. 1916. 『朝鮮古蹟圖譜』第一卷「緒言」(京城).

────. 1918～1937. 『古跡調査報告』全19卷.

────. 1918～1941. 『博物館陳列品圖鑑』第1-16集(京城: 朝鮮總督府博物館).

────. 1919～1930. 『古跡調査特別報告』全6卷.

────. 1924. 『古跡及遺物登錄壹帳抄錄』金澤印刷部.

佐藤道信. 1999. 『明治國家と近代美術』(東京: 吉川弘文館).

勅使河原彰. 1995. 『日本考古學の步み』(東京: 名著出版).

坂詰秀一. 1997. 『太平洋戰爭と考古學』歷史文化ライブラリ 第十一卷(東京: 吉川
弘文館).

八木奘三郎. 1894. 「考古學に於ける古墳の眞價(承前)」, 齋藤忠 編, 『日本考古學
選集』4(東京: 築地書館, 리프린트 1976), pp. 116～21.

────. 1900. 「韓國通信」, 『東京人類學會雜』16(177)(東京: 東京人類學會), pp.
90～94.

坪井正五郎. 1889. 「日本考古學講義總論」, 齋藤忠 編, 『日本考古學選集』2(東京:
築地書館, 리프린트 1971), pp. 25～29.

────. 1905. 「考古學の眞價」, 같은 책, pp. 30～34.

韓永大. 1992. 『朝鮮美の探求者達』(東京: 未來社), pp. 1～236.

喜田貞吉. 1921. 「日鮮兩民族同源論」, 『朝鮮』6, pp. 3～69.

黑板博士記念會編修. 1953. 『古文化の保存と研究: 黑板博士の業績を中心とし
て』.

黑板勝美. 1912. 「史蹟遺物保存に關する意見書」, 『史學雜誌』23(5)(東京: 史學
會), pp. 568～610.

영어

Abu El Haj, *Nadia. 2001. Facts on the ground: archaeological practice
and territorial self fashioning in Israeli society.* Chicago: University
of Chicago Press.

Akazawa, Takeru et.al. 1992. *The "Other" Visualized Depictions of Mongoloid Peoples.* Tokyo: University of Tokyo Press.

Anderson, Benedict. 1993. *Imagined Communities.* rev. ed. London: Verso.

Appadurai, Arjun, ed. 1986. *The Social Life of Things: Commodities in Cultural Perspective.* London: Cambridge University Press.

Barringer, Tim and Tom Flynn. 1998. *Colonialism and the Object.* London and New York: Routledge.

Bhaba, Homi. 1994. *Nations & Narration.* London: Routledge.

Bourdieu, Pierre. 1984. *Distinction: A Social Critique of the Judgement of Taste.* Translated by Richard Nice. Cambridge: Harvard University Press.

Brandt, Kim 2000. "Objects of Desire: Japanese Collectors and Colonial Korea," *Positions* v.8, no.3: 711-746.

Brown, Michael. 2003. *Who owns native culture?.* Cambridge, Mass.: Harvard University Press.

Chatterjee, Partha. 1993. *The Nation and its Fragment: Colonial & Post Colonial Histories.* Princeton: Princeton University Press.

Cohn. Bernard. 1986. *Colonialism and its forms of knowledge: the British in India.* Delhi: Oxford University Press.

Coombes, Arnie E. 1994. *Reinventing Africa Museums, Material Culture & Popular Imagination in Late Victorian & Edwardian England.* New Haven: Yale University Press.

Dirks, Nicholas. 2001. *Castes of mind: colonialism and the making of modern India.* Princeton, N.J.: Princeton University Press.

Edwards, Elizabeth. 1992. *Anthropology and Photography(1860-1920).* New Haven: Yale University Press.

Edwards, Walter. 2003. "Monuments to an Unbroken Line: The Imperial Tombs and the Emergence of Modern Japanese Nationalism," *The Politics of Archaeology and Identity in a Global Context.* Boston: Archaeological Institute of America. pp. 11~30.

Fenollosa, Ernest. 1913. *Epochs of Chinese and Japanese Art.* 2 vols. Vol. 1. Dover Books on Art History. New York: Dover Publications.

Frazer, James. 1981. *The Golden Bough: The Roots of Religion and Folklore.* New York: Random House, Gramercy Books.

Fujitani, Takashi. 1996. *Splendid monarchy: power and pageantry in modern Japan*. Berkeley: University of California Press.

Gathercole, Peter & Lowenthal, David. 1990. *Politics of the Past. One World Archaeology*. London: Unwin Hyman.

Greenfield, J. ed. 1996. *The Return of Cultural Treasures*. London: Cambridge University Press.

Guha, Rauajit & Spivak, Gayatri Chakravorty ed. 1988. *Selected Subaltern Studies*. New York: Oxford University Press.

Handler, Richard. 1985. "On Having a Culture: Nationalism and the Preservation of Quebec's Patrimoine," In ed. G. Stocking. *Objects and Others: Essays on Museums and Material Cultures*. Madison: University of Wisconsin Press. pp. 192～217.

Hobsbawm, Eric & Terence Ranger. 1993. *The Invention of Tradition*. Cambridge University Press.

Hooper Greenhill, Eileen. 1992. *Museums and the Shaping of Knowledge*. London and New York: Routledge.

Howell, David. 2004. "Making Useful Citizens of the Ainu Subjects in early twentieth century Japan," *Journal of Asian Studies* 63(1): 5-30.

Hudson, Mark. 1999. *The Ruins of Japanese Identity Ethnogenesis in the Japanese Islands*. Honolulu: University of Hawaii Press.

Kuno, Yoshio. 1967. *Japanese Expansion in the Japanese Continent*, 2 vols. Washington, N.Y.: Kennikat Press Inc.

Lewis, Bernard. 1975. *History Remembered, Recovered, Invented*. Princeton: Princeton University Press.

Lutz, Catherine A. and Jane L. Collins. 1993. *Reading National Geographic*, Chicago: The University of Chicago Press.

Marcus, George E. & Fischer, Michael M. 1986. *Anthropology as Cultural Critique*. University of Chicago Press.

Pai, Hyung Il. 1994 "The Politics of Korea's Past: The Legacy of Japanese Colonial Archaeology in the Korean Peninsula," *East Asian History* 7: 25-48.

─── . 1999. "Japanese Anthropology and the Discovery of Prehistoric Korea," *Journal of East Asian Archaeology* 1 : 353-382.

─── . 2000. *Constructing "Korean Origins": Archaeology, Historiography, and Racial Myth*. Harvard/Hallym Series. Cambridge, MA: Harvard University Press.

───── . 2001. "The Creation of National Treasures and Monuments: The 1916 Japanese Laws on the Preservation of Korean Remains and Relics and Their Colonial Legacies," *The Journal of Korean Studies* 25(1): 72-95.

───── . 2004. "Collecting Japan's Antiquity in Colonial Korea: The Tokyo Anthropological Society and the Cultural Comparative Perspective," in *Moving Objects: Time, Space, and Context, 26th International Symposium on the Preservation of Cultural Property Series*. Tokyo: National Research Institute of Cultural Properties Publication. pp. 87~107.

Peattie, Mark R. 1984. "Japanese Attitudes towards Colonialism," in *The Japanese Colonial Empire*, edited by Ramon H. Myers and Mark, R. Peattie. New Jersey: Princeton University Press. pp. 8~127.

Pelizarri, Maria A. ed. 2003. *Traces of India: Photography, Architecture and the Politics of Representation* (1850-1900). Exhibition Catalogue, Canadian Centre for Architecture, Montreal.

Pratt, Mary L. 1992. *Imperial Eyes Travel Writing and Transculturation*. London: Routledge.

Reischauer, Edwin O. 1939. "Japanese Archaeological Work on the Asiatic Continent," *Harvard Journal of Asiatic Studies* 4(1) : 87-98.

Rosenstone, Robert. 1988. *Mirror in the Shrine American Encounters with Meiji Japan*. Cambridge: Harvard University Press.

Roth, Michael S, Claire Lyons, & Charles Merriwether. 1997. *Irresistible Decay: Ruins Reclaimed*. Los Angeles: Getty Research Institute for the History of Humanities.

Ruoff, Kenneth. 2001. *The people's emperor: democracy and the Japanese monarchy, 1945-1995*. Cambridge, Mass.: Harvard University Asia Center: Distributed by Harvard University Press.

Ryan, James. 1997. *Picturing Empire: Photography and the Visualization of the British Empire*. Chicago: The University of Chicago Press.

Said, Edward. 1979. *Orientalism*. New York: Vintage Books, Random House.

───── . 1993. *Culture and Imperialism*. New York: Alfred A. Knopf.

Sanderson, Stephen K. 1990. *Social Evolution A Critical History*. Cambridge: Blackwell.

Sekino, Tadashi. 1931. "Ancient Remains and Relics in Korea: Efforts toward Research and Preservation." *Paper presented at the Fourth Bi annual Conference of the Institute of Pacific Relations*, Hangchou.

Silberman, Neil A. 1982. *Digging for God and Country Exploration, Archaeology, and the Secret Struggle for the Holy Land* (1799-1917). New York: Alfred K. Knopf.

Smith, Anthony D. 1986. *Ethnic Origins of Nations*. Oxford, New York: Basil Blackwell.

Stelzig, Catherine & Adler, Katrin. 2000. "The Preconditions, circumstances, and Consequences of Collecting Jan Czekanowski and the Duke of Mecklenberg's Expedition to Central Africa, 1907-1908," in *Journal of the History of Collections*, v. 12, no. 2: 161-176.

Stocking, George W. 1968. *Race, Culture and Evolution; essays in the history of anthropology*. Free Press: New York.

Stone, Peter G. and Brian L. Molyneaux, 1994. *The Presented Past: Heritage, Museum, and Education. One World Archaeology*. London: Routledge.

Suzuki, Tessa Morris. 1994. "Creating the Frontier: Border, Identity and History in Japan's Far North." *East Asian History* 7: 1-24.

Suzuki, Tessa Morris. 1998. "Becoming Japanese: Imperial Expansion and identity Crisis in the Early Twentieth Century Japan." *Competing Modernities in Twentieth Century Japan*. ed. by Sharon A. Minichiello. Honolulu: University of Hawaii Press. pp. 157~180.

Thongchai, Winichakal. 1993. *Siam Mapped*. Honolulu: University of Hawaii Press.

Trigger, Bruce. 1989. *A History of Archaeological Thought*. Cambridge University Press.

Vlastos, Stephen. 1998. *Mirror of Modernity: Invented Traditions of Modern Japan*, Berkeley: University of California Press.

Yoshino, Kosaku. 1995. *Cultural Nationalism in Contemporary Japan*. London & New York, Routledge.

후주

기억간의 전쟁 : 내셔널리즘의 충돌

1) '원초'에 대해서는 시간의 면으로는 '최초,' 작용의 면으로는 '아주 강력한'이라는 두 의미를 생각할 수 있다.

2) 초기 불교 대신 유식불교를 택한 이유는 심리분석에 동원된 언어가 내셔널리즘의 강고성(強固性)을 드러내는 데 편리하다고 생각되었기 때문이다.

3) 불교서 가운데 가장 철학적인 책의 하나. 유식론(또는 유심론)의 입장에서 인간의식에 대한 분석이 탁월하다. 6세기 이후의 중국불교와 한국불교에 큰 영향을 주었다. 보통 인도의 마명(馬鳴, Asvagosha)이 지었다고 하지만 범어본이 발견되지 않은 탓으로 인도 찬술 여부는 미해결의 문제로 남아 있다. 원효는 그것을 너무나 좋아해서 여러 종의 연구서를 썼고, 그 중「기신론소」와「별기」가 유명하다.

4)『韓國佛敎全書』(동국대학교, 1979) 1-755c 참조.

5) 불교는 탐심·분노·어리석음(貪瞋痴)을 우리 몸에 박힌 독화살에 비유했다.

6) 초기 불교에서 이런 경계상은 외계의 존재로 간주되었지만, 유식론에서는 마음 중의 객관을 말한다. 마음이 주관과 객관으로 분열된, 그 객관이 경계상이다. 8식 중의 경계상은 눈으로 보는 대상에 대상성을 부여한다고 할 수 있다.

7)『韓國佛敎全書』1-756c.

8) "初言智相者, 是第七識麤中之始……分別我塵, 故名智相."「기신론소」『韓國佛敎全書』1-757. 본문에서는 목적어를 앞세워 我塵分別로 한다.

9) 나와 내 것(我·我所)에는 심리적인 것과 물질적인 것 모두 포함된다. 네이션은 물질적인 것, 심리적인 것의 총칭일 것이다. 그리고 불교는 마음과 육신을 준별하지 않고, 소위 '자아'가 심신의 복합체임을 역설하고 있다.

10) 임지현,「국사의 안과 밖-헤게모니와 '국사'의 대연쇄(連鎖)」, 임지현·이성시 엮음,『국사의 신화를 넘어서』(휴머니스트, 2004), p. 27 참조.

11) 아래 이성시에 관련된 논의 참조.

12) 니시카와 나가오, 윤대석 옮김, 『국민이라는 괴물』(소명출판, 2002), pp. 288
   ~90 참조.

13) 같은 책, p. 32.

14) 내셔널리즘은 결과이면서 동시에 국민을 형성시키는 원인이기도 하다.

15) 니시카와 나가오, 앞의 책, p. 291.

16) 같은 책, p. 304.

17) 같은 책, p. 305.

18) 같은 책, p. 42.

19) 이 부분에 대해서는 허우성, 『근대 일본의 두 얼굴: 니시다 철학』(문학과지성
   사, 2000) 1장을 참조.

20) 『西田幾多郎全集』(岩波書店, 1966) 11권의 p. 370을 뜻한다.

21) 이 구절은 후쿠자와 유키치(福澤諭吉, 1835~1901)의 말이다. 이 말을 필자는
   마루야마 마사오의 책에서 인용했는데, 그 전문은 다음과 같다. "여전히 사라
   지지 않는 국제적인 중압 속에서 '전국 인민들의 뇌리 속에 국가라는 생각을
   갖도록 만든다'(福澤, 「通俗國權論」)는 것은, 바야흐로 새로이 메이지(明治)
   사상가들이 두 어깨에 짊어져야 할 절실한 과제가 되었다." 마루야마 마사오,
   김석근 역, 『일본 정치 사상사 연구』(통나무, 1995), p. 516.

22) 역사철학의 등장과 비판에 대해서는 허우성, 앞의 책, 3부 「역사철학과 그 비
   판」을 참조했다.

23) 순수경험과 자각은 역사적 기억과 역사적 습관보다 더 아래 있는 것이라고
   말해야 하지 않을까?

24) 니시다의 역사철학이 사적인 영역 일체를 국가에 종속시켰던가에 대해서는
   허우성, 앞의 책, p. 460 이하 참조.

25) 역사철학의 자발성과 창조성 역시 문제다. 예를 들어 시라카와는 제국주의
   일본의 전시체제 아래에서 니시다 철학과 경도학파에 대한 우익과 군부의 압
   박이 강화되었음을 지적하고 있다. 市川白弦, 「禪・華嚴・アナキズム」『市川
   白弦著作集』第三卷『佛敎の戰爭責任』(法藏館, 1993), p. 320.

26) 상세한 점은 특히 『西田幾多郎全集』10권 pp. 377~84를 볼 것.

27) 『西田幾多郎全集』12권, p. 431 참조.

28) 이성시 지음, 박경희 옮김, 『만들어진 고대: 근대 국민국가의 동아시아 이야
   기』(삼인, 2003), pp. 6~8 참조.

29) 같은 책, p. 7.

30) 임지현, 앞의 논문, p. 27.

31) 같은 논문, p. 24.

32) 같은 논문, pp. 30~31.

33) 니시카와 나가오, 앞의 책, 「저자서문」, p. 5.

34) 같은 책, p. 320.

35) 같은 책, 「저자서문」, p. 19 참조.

36) 같은 책, 「저자서문」, p. 13.

37) 같은 책, 「저자서문」, p. 6.

38) 같은 책, 「저자서문」, pp. 9~11 참조.

39) www.kbs.co.kr/drama. 2005.1.11.

40) 드라마 「해신」의 기획의도는 더욱 야무지고 다부지다. '바다를 지배하는 자가 곧 제국을 지배할 것'이라는 소제목, 그리고 '21세기 동북아 중심국가'를 지향하고 있다는 점에서 드라마 「해신」은 자주나 독립의 차원을 넘어서 제국주의 냄새조차 난다.

41) ゴーマニズム은 傲慢+ism으로 된 조어. 이 제목은 그가 만화의 끝에서 결론을 내리기 전에 "오만하게 말해도 좋습니까?"라고 자신이 말하는 컷을 항상 넣는 데서 따왔다.

42) 淺羽通明, 『ナショナリズム名著でたどる日本思想入門』(ちくま新書, 2004), p. 11.

43) 다카하시 데쓰야(高橋哲哉)는 1990년대 후반에 대두한 일본 네오내셔널리즘의 움직임에 대해 다음과 같은 심각한 우려를 표명하고 있다. "그 세력은 매스미디어를 교묘히 이용하여 정력적으로 자신들의 주장을 선전하고 있습니다. 이 때문에 일본에서는 자국의 과거 잘못에 눈을 돌리기를 싫어하고, 주변 민족에 대한 반감을 불러일으키는 등 급격히 민족주의적인 풍조가 확산되고 있습니다."(이규수 역, 『일본의 전후책임을 묻는다』, 역사비평사, 2000, 한국어판 머리말), p. 10. 다카하시가 언급한 매스미디어에는 『전쟁론』 같은 만화도 포함되었을 것이다. 그런데 일부 지식인들이 『전쟁론』이 '고마니즘 선언'의 전향·변절·우전회라고 말하는 것에 대해 아사바는 '고마니즘 선언'의 당연한 귀결이라고 말하고 있다.

44) 小林よしのり, 『新ゴーマニズム宣言 Special 戰爭論』(幻冬舍, 1998), 2004, 44쇄, pp. 34~37 참조.

45) 같은 책, p. 367.

46) 같은 책, p. 365.

47) 같은 책, p. 34.

48) 같은 책, p. 150 참조.

49) 같은 책, p.97.

50) 같은 책, p.100.

51) 같은 책, p.346 그리고 pp.342, 100~01도 참조할 것.

52) 같은 책, p.346.

53) 淺羽通明, 앞의 책, pp.14~5 참조.

54) 小林よしのり, 앞의 책, p.348.

55) 淺羽通明, 앞의 책, p.20.

56) 같은 책, p.21.

57) 같은 책, p.21.

58) 같은 책, p.22.

59) 같은 책, p.23.

60) 같은 책, p.23 참조.

61) 여기서 신체성은 마음이나 심리를 배제한 것이 아니다. 신체와 심리는 연속적인 것이기 때문이다.

62) 淺羽通明, 앞의 책, p.24. 여기에 일본의 자리에 한국이란 이름을 넣어도 아사바의 기술은 거의 그대로 성립할 것이다.

63) 고바야시와 아사바 둘 다 신대동아 전쟁을 치르고 있는 것처럼 대미 굴욕을 아주 강하게 느끼고 있고, 미국식의 자유와 민주주의, 미국의 외교와 군사 행동을 신랄하게 비판하고 있다. 예컨대 고바야시는 다음과 같이 말하고 있다. "동시다발 테러 이후 미국의 전쟁에서 사용되는 부시 및 네오콘들의 말은, 분명히 대동아 해방을 위해 싸웠던 우리 일본을 우롱하는 논리로 일관하고 있다." 小林よしのり, 앞의 책, p.310.

64) 淺羽通明, 앞의 책, p.27.

65) 같은 책, p.27.

66) 같은 책, p.29.

67) 같은 책, p.288.

68) 같은 책, p.289.

69) 같은 책, p.289.

70) 『西田幾多郎全集』 제1권(岩波書店, 1965), p.166.

71) 간디·이예르 편, 허우성 역, 『문명·정치·종교 (상)』(2004, 소명출판), p.460.

72) 간디·이예르 편, 허우성 역, 『문명·정치·종교 (하)』(2004, 소명출판), pp.704~05.

73) 간디·이예르 편, 허우성 역, 『진리와 비폭력 (하)』(2004, 소명출판), p.383.

74) 같은 책, p.643.

75) 힌두교의 희생은 동료 힌두교도들도 수용하기가 어려웠다. 간디의 이런 태도는 극우파 힌두교도에 의한 암살과 무관하지 않다. 아사바 역시 내셔널리즘 이외의 길로 "무저항으로 멸망하는 길도 각오한다는 선택, 평화의 가치에 목숨을 바치는 적극적 내셔널리즘"을 제시하고, 이와 같은 자기희생의 길은 헌법 제9조를 엄수하려는 일본 대부분의 평화주의자의 태도라고 지적한 바 있다. 淺羽通明, 앞의 책, p. 272 참조.

76) 초기 불교에서는 추동력·형성력을 행(行)이라고 하며, 행은 오온(五蘊)의 하나이며 십이연기 고리 중의 하나를 이루고 있다.

77) 자비심은 최소한 아진 분별의 칠식은 넘어가야 한다.

78) 역사적으로 19세기와 20세기 일본과 한국의 많은 불교도들은 내셔널리스트였고, 불교 민족주의의 타당성에 대해서도 별로 의심하지 않았던 것으로 보인다.

79) 원효의 『기신론소』, 『韓國佛敎全書』 1-734 참조.

국가신도와 '신사비종교론'

1) 영문표기는 "Abolition of Governmental Sponsorship, Support, Perpetuation, Control, Dissemination of State Shinto(Kokka Shinto or Jinja Shinto)."

2) 村上重良, 『國家神道』(岩波書店, 1970), p. 1.

3) 영문표현은 "The term State Shinto within the meaning of this directive will refer to that branch of Shinto(Kokka Shinto or Jinja Shinto) which by official acts of the Japanese Government has been differentiated from the religion of Sect Shinto(Shuha Shinto of Kyoha Shinto) and has been classified a non-religious cult commonly known as State Shinto, National Shinto, or Shrine Shinto."

4) 영문표현은 "The Religious Functions Order relating to the Grand Shrine of Ise and the Religious Functions Order relating to State and other Shrines will be annulled."

5) 영문표현은 "The purpose of this directive is to separate religion from the state."

6) 이하는 주로 坂本是丸, 『近代の神社神道』(弘文堂, 2005), pp. 183~84; 小澤浩, 『民衆宗敎と國家神道』(山川出版社, 2004), pp. 45~57; 磯前順一, 『近代日本の宗敎言說とその系譜』(岩波書店, 2003), pp. 101~06; 박규태, 『상대와 절대로서의 일본』(제이앤씨, 2005), pp. 182~84 참조.

7) 1944년에 신기원이 간행한 『신사본의』에서는 다음과 같이 국가신도의 교의
를 단적으로 표명하고 있다. "대일본제국은 황송하옵신 황조 아마테라스(天照
大神)께서 개창하신 나라로, 그 후예이신 만세일계(萬世一系)의 천황께서 황
조의 신칙에 따라 태고로부터 영원히 다스리시는 나라이다. 이는 만방에 없는
우리나라의 국체이다. ……역대 천황은 항상 황조와 하나였고 현인신(現御
神)으로서 대대로 다스리시며 광대무변의 성덕을 베푸신다. 국민은 이 인자
하신 황은을 입어 억조일심으로 성지를 봉재하고 선조의 뜻을 이어받아 대대
로 천황을 받들어 모시며 충효의 미덕을 발휘함으로써 군민일치의 유례없는
일대 가족국가를 형성, 끊어짐 없이 무궁한 국가의 생명이 생생발전하고 있
다. 이것이 우리 국체의 정화이다. 만세토록 변함없으며 만방무비의 존엄한
이 국체에 입각하고 있으며, 태고로부터 무궁히 이어져 내려왔고, 국내외에
베풀어 이치에 어긋남이 없는 이 도야말로 신의 대도(惟神の大道)이다." 이른
바 국체(國體)라 불리던 이런 사상의 원형은 근세 후기의 미토학과 복고신도
에 의해 형성되었다. 미토학은 수호번주 도쿠가와 미쓰쿠니의 『대일본사』 편
찬에서 유래된 학풍인데, 18세기 후반에 후지타 유코쿠(藤田幽谷)와 도코(東
湖) 부자, 아이자와 야스시(會澤安) 등이 등장하면서 전기 미토학의 유교적·
합리주의적 역사관으로부터 후기 미토학의 신화적·비합리적 역사관으로 그
사상적 입장이 크게 바뀌어 갔다. 가령 천황의 종교적 권위를 부활시킴으로써
막말기의 위기상황을 타개하고자 모색했던 아이자와는 막부의 '이국선타불
령'(異國船打拂令, 일본 연해에 접근하는 외국선에 대해 무차별 포격하여 쫓아내라
는 막부의 지령)이 내려진 1825년에 『신론』(新論)을 저술했는데, 이 책은 후에
존왕양이(尊王洋夷)운동의 바이블로서 널리 읽혀지게 되었다. 여기서 아이자
와는, 불교의 전래 이래 국체가 외국 종교에 의해 침범당하고 가깝게는 그리
스도교와 민간의 사교가 사람들을 농락하여 민심이 주체성을 잃어버렸다고
하면서, 또다시 민심이 그리스도교로 흐르면 "싸우지 않은 채 천하가 외국손
에 들어갈 것"이라고 적고 있다. 이에 대해 천황이 제사를 관장하고 천지를 경
륜했던 제정일치의 세상으로 되돌아가야 한다는 것이 그가 제시한 처방전이
었다. 한편 근세 중후기의 국학(國學)에서 발전된 복고신도 또한 국가신도를
준비하는 큰 사상적 원천이 되었다. 가령 국학의 대성자라 불리는 모토오리
노리나가(本居宣長)는 대저 『고사기전』에서 유교와 불교 등의 가라고코로(漢
意, 외국풍)를 배제하고 『고사기』 및 『일본서기』 등의 고전에 묘사된 신도신화
를 문자 그대로 '사실'로서 받아들이고 있다. 이런 학문적 태도는 "무스비(産
靈)신의 미타마(御靈)에 의해 이자나기와 이자나미가 시작하고 아마테라스가
펼치신 가미의 도(神道＝古道)"를 무한하게 이상화시킨 새로운 신도설 즉 복

고신도를 출현시켰다. 그러나 노리나가의 신도설은 어디까지나 고전연구와 불가분의 관계에 있었다. 그에게는 아이자와처럼 고전연구를 정치적 목적에 이용하거나 혹은 교의적으로 체계화시키려는 의도는 없었던 것으로 보인다. 이런 노리나가 신도설에 의거하면서 거기에다 독자적인 해석을 덧붙여 복고신도를 문자 그대로 하나의 종교로 포장한 인물은 노리나가의 수제자임을 자칭한 히라타 아쓰타네(平田篤胤)였다. 아쓰타네는 『영능진주』(靈能眞柱)의 모두에서 "고학을 공부하는 자는 첫째로 일본정신(大和心)를 굳건히 해야 한다. 이를 위해서는 무엇보다 인간 사후에 영혼이 어디로 가는지를 알아야만 한다. 우선 아메(天)·쓰치(地)·요미(泉)의 세 가지 세계가 어떻게 생겨났는지를 알고, 각각의 세계를 만든 신들의 공덕을 헤아리며, 일본이 만국의 근본 나라이며 만사 만물이 세계에서 가장 뛰어나다는 점, 천황이 만국의 대군임을 숙지하지 않으면 안된다"고 하여 복고신도의 종교화를 꾀했다. 하지만 아쓰타네 이후 그의 종교적 국체론은 이윽고 구제론의 문맥을 벗어나 국가신도 이데올로기 속에 편입되고 만다. 小澤浩, 앞의 책, pp. 38~44. 특히 노리나가에 관해서는 박규태, 앞의 책, pp. 130~42 참조.

8) 에도 시대의 데라우케(寺請) 제도와 동일한 내용의 제도로서 2년 후에는 폐지된다.

9) 교부성에 소속된 교화정책 담당자를 지칭하는 말. 신관과 승려가 임명되다가 1884년에 폐지되었다.

10) 1334년 제96대 고다이고 천황 때에 행해진 천황통치의 부활.

11) 가마쿠라 시대 말기의 무장으로 남북조 동란기에 남조의 고다이고 천황을 위해 끝까지 충성을 바친 인물로 전설화되어 민간에 널리 유포되어 온 구스노키 마사시게(楠木正成, ?~1336)를 모신 신사. 에도 시대 이래 구스노키 이야기는 충신의 미담으로서 민중들 사이에 큰 인기를 얻게 되었으며, 이윽고 미토학, 안사이 학파, 양이파 지사들의 숭배대상이 되어 존왕사상 고취에 지대한 역할을 했다. 그리하여 1871년부터 이듬해에 걸쳐 구스노키 마사시게가 순국한 효고(兵庫) 현에 구스노키사가 창건되기에 이르렀다. 현재의 미나토가와(湊川) 신사가 그것이다.

12) 창건신사에 관해서는 박규태, 『일본의 신사』(살림, 2005), pp. 38~46 참조.

13) 전문은 다음과 같다. "짐이 생각건대 우리 황조황종께서 나라를 시작하시고 널리 덕을 세우심이 심후하도다. 우리 신민들이 충과 효로써 모든 마음을 하나로 하여 세세토록 그 아름다움을 이루는 것이야말로 우리 국체의 정화로다. 교육의 연원 또한 실로 여기에 있으니 그대 신민들은 부모에게 효를 다하고 형제끼리 우애롭게 지내고 부부간에 서로 화합하고 친구 간에 서로 신뢰

할 것이며, 공손함과 검소함으로 널리 사람들에게 박애를 펼치고 배움을 닦고 행실을 익히고 지혜와 능력을 계발하여 덕을 성취하고 나아가 공익을 넓히며 세상을 개척해야 할 것이다. 항상 국헌을 중시하고 국법을 준수하며 일단 유사시에는 의로움과 용기로써 공공을 위해 봉사하고 그리하여 천양무궁의 황운(皇運)을 보호하고 도울지라. 이는 오로지 짐의 충량한 신민이 되는 것일 뿐만 아니라 또한 그대 선조들의 유품을 기리는 것이기도 하다. 이 길은 실로 우리 황조황종의 유훈이자 자자손손 신민이 함께 준수해야 할 바라. 이를 고금을 통해 그르침 없게 할 것이며, 이를 안팎으로 시행하여 어긋남이 없게 할지라. 짐 또한 그대 신민들과 더불어 정성껏 지키고자 하니 모두가 그 덕을 하나로 하기를 심히 바라노라." 山住正己, 『敎育勅語』(朝日新聞社, 1980), p. 86.

14) 이 해 2월에 제일고등중학교의 칙어봉독식에서 촉탁교원이었던 우치무라는 그리스도교인으로서의 양심 때문에 칙어에 대한 배례를 거부했는데, 이것이 학내문제에 그치지 않고 신문잡지에 의해 '무례하고' '발칙한' '불충의' '난신적자의' '불결한' '불경' 행위로 보도됨으로써 사회적 논란을 불러일으켰다. 결국 이 사건으로 우치무라는 교직을 그만두어야 했다.

15) 이노우에는 일찍이 한학과 동양철학을 공부하고 1884년부터 독일을 비롯한 유럽 여러 나라에 유학했다. 6년간의 유학생활을 마치고 귀국한 직후 도쿄제국대학 문과대학의 교수로 취임했는데, 마침 이해가 바로 교육칙어가 발포된 1890년이었다. 애국심에 불타 있던 이노우에는 도쿄제국대학 총장 가토 히로유키(加藤弘之)가 행한 교육칙어 봉독식에 참가하여 깊은 감명을 받았다고 한다. 이듬해인 1891년에 펴낸 교육칙어에 대한 관변적 해설서 『칙어연의』(勅語衍義)에서 이노우에는 칙어의 주된 뜻이 효제충신의 덕행을 수양하여 국가의 기초를 확고히 하고 공동애국의 의로운 마음을 배양하여 갑작스런 이변에 대비하는 데 있음을 밝혔다. 우누마 히로코, 세키네 히데유키 옮김, 「국민도덕론에 관한 논쟁」, 이마이 준 외편, 한국일본사상사학회 옮김, 『논쟁을 통해 본 일본사상』(성균관대출판부, 2001), p. 447. 그 후 이노우에는 '국민도덕론'(근대 일본사상사에서 '국민도덕론'이란 일반적으로 메이지 40년대에 국가에 의한 도덕교육의 통제와 더불어 제창된 국가주의적 도덕운동을 가리키지만, 그 풍조는 메이지 10년대 유교적인 도덕사상의 부활로 거슬러 올라갈 수 있고 아래로는 태평양전쟁 말기에 행해진 국수주의 사상에까지 이른다. 같은 논문, p. 445)의 체계화에 있어 중심적인 역할을 수행하고 1912년에는 교육칙어를 일종의 성전(聖典)으로 강조하는 『국민도덕개론』을 펴내게 된다.

16) 같은 논문, p. 447.

17) 근대 일본사상사에서 '국민도덕론'이란 일반적으로 메이지 40년대에 국가에 의한 도덕교육의 통제와 더불어 제창된 국가주의적 도덕운동을 가리키지만, 그 풍조는 메이지 10년대 유교적인 도덕사상의 부활로 거슬러 올라갈 수 있고 아래로는 태평양전쟁 말기에 행해진 국수주의 사상에까지 이른다. 같은 논문, p. 445.

18) 이노우에는 자신이 동양 고래의 윤리와 충군주의 혹은 동양적 '교'(敎, 가르침)의 입장에 서 있음을 강조하면서, 그리스도교가 이 동양의 '교'와 다른 점으로 ①국가를 위주로 하지 않는 점 ②충효를 중시하지 않는 점 ③출세간(내세)에 중점을 두고 세간(현세)을 경시한다는 점 ④그리스도교에서 말하는 사랑이란 묵가의 겸애설과 마찬가지로 무차별적 사랑이므로 충효의 '도'(道)가 서지 않는다는 점 등을 들고 있다.

19) 같은 논문, p. 450.

20) 박규태, 「동아시아의 '종교'개념과 理: 한일비교의 관점에서」, 『아세아연구』 44/2(고려대 아세아문제연구소, 2001), p. 69.

21) 島蘭進, 「日本における「宗教」概念の形成: 井上哲次郎のキリスト教批判をめぐって」, 山折哲雄(他)編, 『日本人はキリスト教をどのように受容したか』(國際日本文化研究センター, 1998), pp. 69~71.

22) 제사로서의 신도인 국가신도(신사신도)에 대해 교단종교로서의 신도를 가리키는 용어이며 1882년에 국가적 종교제도로서의 틀이 확정되었다. 교파신도 13파라 하여 ①흑주교(黑住敎), 천리교(天理敎), 금광교(金光敎) 등 신도계 신종교 계열, ②실행교(實行敎), 부상교(扶桑敎), 어악교(御嶽敎) 등 산악신앙 계열, ③신도본국(神道本局), 출운대사교(出雲大社敎), 신궁교(神宮敎), 신습교(神習敎), 대성교(大成敎), 신도수성파(神道修成派), 계교(禊敎), 신리교(神理敎) 등 간나가라노미치(惟神の道) 계열의 세 부류로 구성되어 있다. 교파신도의 성립과 그 성격에 관해서는 島蘭進, 「敎派神道」, 『季刊 悠久』 58, 1993 및 井上順孝, 『敎派神道の成立』(弘文堂, 1991) 참조.

23) 戸村政博編, 『日本近代キリスト教史資料1─神社問題とキリスト教』(新教出版社, 1976), p. 3.

24) 같은 책, p. 4.

25) 아마 도시마로(阿滿利麿)는 '무종교'라는 일본적 관념을 중심으로 특히 메이지 유신 이후 일본인의 정신성이 어떤 구조에서 작동되어왔는가를 묻고 있다. 이때 그가 말하는 '무종교'의 내용과 준거점을 정리해보면 다음과 같다. ①일본인이 말하는 '무종교'는 서구인이 말하는 '무신론'을 뜻하지 않는다. ②'무종교'란 교단종교의 신자가 아니라는 것을 뜻하며, 실제로는 자연종교의 측

면이 강하다. ③ '무종교'는 단순히 '종교가 없음'을 말하는 것이 아니라, 기존
의 '종교' 개념으로 포착되지 않는 종교를 포괄한다. ④ '무종교'는 기존의 '종
교'에 대한 공포심에서 비롯된 자기방어의 한 표현이자 낙관적 인생관의 한
표현이기도 하다. ⑤ '무종교'의 역사를 추적하면 일본의 착종되고 왜곡된 역
사, 이를테면 '신사비종교론'과 결부된 근대 천황제의 모순뿐만 아니라 일본
인의 심성과 관련된 심층의 역사가 드러난다. ⑥ 이와 같은 '무종교' 관념의 성
립에는 중세 말 유교적 세계관의 도입, 근세 우키요(浮世)적 인생관, 이에
(家) 불교, 장의불교의 정착, 선악의 피안관, 물질 및 감정의 평형화를 추구하
는 일상주의 등이 밀접하게 연관되어 있다. 이 같은 '무종교'라는 용어가 등장
하게 된 배경에는 근대국민국가의 태동기에 보이는 특히 그리스도교에 대한
저항의식이 전제되어 있었다는 점을 간과해서는 안될 것이다. 아마 도시마
로, 정형 옮김, 『일본인은 왜 종교가 없다고 말하는가』(예문서원, 2000) 참조.

26) 제국헌법 제28조와 관련하여 당시 몇몇 신문은 일본인은 종교에 대해 담백
하여 역사상 심각한 종교분쟁이 없었다는 점을 지적하기도 했다.

27) 羽賀祥二, 『明治維新と宗教』, 筑摩書房, 1994, pp. 381~86 참조.

28) 종교의 자유 및 정교분리의 입장에서 1872년 '3조교칙 비판건백서'를 교부성
에 제출, "존황은 국체이며 교(敎)가 아니다. 또한 준조(遵朝)는 전제정치이
며 입헌정치가 아니다"라 하여 3조의 교칙을 정면으로 비판했으며, 진종 4파
의 대교원 분리운동을 전개하여 관철시키기도 했다. 그러나 그는 일본의 천
황제를 진종의 진속이체설(眞俗二諦說) 및 왕법즉불법(王法卽佛法)과 결부
시켜 천황제가 '차별 즉 평등'의 이상을 나타낸다고 하면서 긍정하는 한편(나
아가 적극적으로 황국 일본에 봉사), 그리스도교는 평등에 치우쳐 차별을 상실
했기 때문에 일본의 국체에 어울리지 않는 종교라고 하면서 1887년부터 그
리스도교 배척운동(排耶護國)을 전개하는 등의 한계를 보이기도 했다. 田村
芳朗, 「天皇制への明治佛教の對應」, 戶頃重基·丸山照雄 編, 『天皇制と日本
宗敎』 增補版(傳統と現代社, 1980), pp. 166~68와 이토 도모노부, 최석영 옮
김, 「폐불훼석 논쟁」, 이마이 준 외편, 한국일본사상사학회 옮김, 『논쟁을 통
해 본 일본사상』(성대출판부, 2001), pp. 435~40을 보라.

29) 村上重良, 『國家神道』(岩波新書, 1970), pp. 1~11.

30) 黑住眞, 「儒學と近世日本社會」, 『岩波講座―日本通史13』(岩波書店, 1994),
pp. 274~80.

31) 이시다 바이간(石田梅岩, 1685~1744)에 의해 교토에서 시작되어 18세기부
터 19세기에 걸쳐 100여 년이 넘도록 지속되면서 에도 시대 일본인의 대중도
덕에 가장 큰 영향을 미친 종교적·윤리적 사회운동. 박규태, 「근세일본의 민

중종교사상: 석문심학과 마음의 문제를 중심으로」, 『일본사상』 창간호(한국 일본사상사학회, 1999) 참조.

32) Park Kyutae, "Religion, National Identity, and Shinto," *The Review of Korean Studies* Vol.3. No.1, The Academy of Korean Studies, 2000, pp. 76~92.

33) 에도 시대를 통해 강력하게 시행된 그리스도교 탄압을 피해 지하에 잠복했던 신자들이 1865년 나가사키 우라가미 천주교회의 프랑스 선교사 프치잔을 찾아가 신앙을 고백한 이래 외교문제로 비화된 사건. 1870년 유신정부는 우라가미 마을의 그리스도교인 3천여 명을 12번에 나누어 유배시켜 개종을 유도했으나 소용없었다. 그 후 서구의 압력에 따라 1873년에 정부는 그리스도교 금압을 해제하고 그리스도교를 묵인하는 정책을 취하지 않을 수 없었다.

34) 종교로서의 국가신도 이해와 역사로서의 국가신도 이해에 관해서는 박규태, 『상대와 절대로서의 일본』, pp. 194~202 참조.

35) 대표적으로 坂本是丸, 『近代の神社神道』(弘文堂, 2005) 참조.

36) 이 점을 중점적으로 다룬 연구업적으로는 Helen Hardacre, *Shinto and the State 1868-1988*, Princeton University Press, 1989 참조.

37) 대표적으로 島薗進, 「國家神道と近代日本の宗教構造」, 『宗教研究』75-2, 2001 참조.

38) 磯前順一, 『近代日本の宗教言說とその系譜』, 岩波書店, 2003, p. 101.

39) 子安宣邦, 『國家と祭祀: 國家神道の現在』, 靑土社, 2004, p. 27.

무상과 무상법: 와쓰지 데쓰로의 국가론을 둘러싼 고찰

1) 이것은 결코 형이상학적 물음에 대한 부정이 아닌 이러한 성격의 물음이 어디까지나 제1원칙을 통해서만 가능성으로 열리는 영역임을 시사한 와쓰지의 방법론으로 이해할 필요가 있다.

2) 『原始佛敎の實踐哲學』(1927), 『和辻哲郎全集』第五卷(岩波書店, 1962)에 수록되어 있다. 이하 와쓰지의 저작은 『全集』권수: 쪽수로 표기한다.

3) 한글논문으로는 「인간세상의 지반」, 『인문학 연구 제6집』(한국외국어대학교 인문과학연구소, 2001)과 「와쓰지 데쓰로의 사상 속에 나타난 일본 근대사상」, 『근대일본의 두 모습』(한국일본사상사학회 제13차 학술대회 논문집)을 보라.

4) 석지현 역, 『숫타니파타』(민족사, 1993).

5) 한 예로 『숫타니파타』 364에는 "생존을 구성하는 이 요소(색수상행식 곧 오온) 속에서는 영원불변의 실체가 없음을 간파한 사람, 그리하여 저 모든 집착을 버리고 탐욕을 다스린 사람……, (이것이) 올바른 구도자의 길을 가는 것

이다"라고 되어 있다.

6) 고바야시 히데오, 「무상이라는 것」, 유은경 역, 『고바야시 히데오 평론집』(소화, 2003), pp. 225~30에서 재인용.

7) 통상 불생(不生)·불사(不死)·불로(不老)······라는 말을 빌려 표현되는 해탈의 상태가 육체적 생사의 반대 개념인 불생·불사가 아니듯, 무상의 양식을 떠난 무상은 상(常)의 대립개념인 무상(無常)이 아닌 무상임을 염두에 둘 필요가 있다.

8) "진정으로 자신의 진상이 공(空)임을 깨달았다면 거기엔 바로 자기의 멸, 곧 자타불이의 행(行)이 현전한다.······자비의 실천이 나오는 것이다."(『全集』 10: 317)

9) 『風土』(『全集』 8, 1935).

10) 『全集』 11(『倫理學 (下)』), pp. 28~29를 보라.

11) 『風土』 제2장에는 몬순(24-42)·사막(43-61)·목장의 순서로 인간의 풍토적 유형을 나누고 거기서 어떤 식으로 인간이 신들을 자각했는가의 문제가 구체적으로 논해지고 있다.

일본 근대국가 형성기의 '공론'

1) 막말유신기 공론은 '公議輿論' '公論正議' '公議' '衆議' 등 갖가지 용어로 사용되고 있었다. 이 글에서 '공론'은 이런 용어를 전체적으로 포괄하는 넓은 의미에서 사용한다.

2) 미타니 히로시는 막말기 '공의여론'은 '천하', 즉 일본 전체에 관한 결정에 임하여 정권 외의 정치주체가 정권 담당자에게 참조와 존중을 요구하는 집합적 의견으로 보고, 내용보다는 정책결정의 절차와 정당성에 관한 측면의 의미를 가지며 결정에 대한 영향력 행사에서 정권개입에 이르는 정치참여의 정통화가 그 주요한 기능이었다고 한다. 미타니는 또한 막말기의 '공의'개념이 '양이' '개국' '왕정복고' '폐번치현' '부국강병' '문명개화' 등에 필적하는 중요한 의미를 가진다고 주장한다. 三谷博, 『明治維新とナショナリズム』(山川出版, 1997) 제7장 참조.

3) 宮地正人·安丸良夫·山室信一 鼎 談, 「'公論'世界と國民國家」, 『思想』 831, 1993.9, p. 45.

4) 山室信一, 「國民國家形成期の言論とメデイア」, 日本近代思想大系, 『言論とメデイア』(岩波書店, 1990), p. 477.

5) 宮地正人, 「風說留からみた幕末社會の特質」, 『思想』 831, 1993.9, p. 14.

6) 막말기 일본의 대외정세에 대한 정보수집에 관해서는 吉田昌彦, 「幕末期の內

外情勢と情報」, 丸山擁成 編, 『日本の近世6─情報と交通』(中央公論社, 1992) 참조.

7) 하야시 시헤이와 구토 헤이스케의 대외정세의 인식에 관해서는 沼田哲, 「世界に開かれる目」, 辻達也 編, 『日本の近世10─近代への胎動』(中央公論社, 1993) 참조.

8) 같은 논문 및 宮地正人, 『幕末維新期の文化と情報』(名著刊行會, 1994); 田崎鐵郎, 「在村知識人の成長」, 辻達也 編, 『日本の近世10─近代への胎動』 참조. 미야치의 연구에 의하면 호농·호상과 재촌지식인을 중심으로 수집된 정치정보가 연월일별로 필사 또는 전사(傳寫)되어 수십권 또는 백권 이상에 달하는 형태로 축적되어 있는 것은 전국적인 현상이었다. 한편 이러한 현상을 배경으로 막말기 '공의여론'이 분출했다고 해서 그것이 곧 '정치적 공공권'의 형성을 의미하는 것이 아니라는 점에도 유의할 필요가 있다.

9) 미야치는 이 용어에 관하여 원 사료에는 '잡서(雜書), 신문(新聞), 풍문집(風聞集)' 등의 표제가 붙어 있으나 교과서에 나오는 'オランダ風說書'와의 혼동을 피하기 위해서 '후세쓰도메'(風說留)라는 용어로 통일했다고 한다. 宮地正人, 「風說留からみた幕末社會の特質」, p. 4 참조.

10) 같은 논문, pp. 13~14.

11) 근세 후기의 경제적 발전에 관해서는 山口啓二, 『鎖國と開國』(岩波書店, 1993) 제3장 참조.

12) 이상과 같은 현상들은 하버마스의 『공공성의 구조전환』에 나오는 설명이 중요한 시사를 하고 있다. 즉 하버마스는 '정치적 공공성'에 앞서 '문예적 공공성'이 선행하고 있으며 그것은 공론을 통하여 국가를 사회의 욕구로 매개한다고 하면서 '문예적 공공성'을 다음과 같이 설명하고 있다. 즉 17세기 후반에서 18세기에 걸쳐 프랑스와 영국에서 문예작품 등의 커뮤니케이션을 매개로 하여 함께 이를 향유하고 논의하는 '시민적인 독서공중'을 기반으로 해서 성립하는 것이 '문예적 공공성'이라는 것이다. 三谷太一郎, 「幕末日本における公共觀念の轉換」, 佐々木毅·金泰昌 編, 『公共哲學10─21世紀公共哲學の地平』(東京大學出版會, 2002), pp. 27~28 참조.

13) 미타니도 18세기 말부터 막부의 관학 쇼헤이코(昌平黌)가 막신뿐만 아니라 일반 서민들에게까지 개방되었으며 그것이 전국적인 규모의 횡단적인 지식인층을 형성하여 서로 자유로운 커뮤니케이션의 네트워크가 성립되고 있었다는 점을 지적하고 있다. 같은 논문, p. 28.

14) 이 밖에도 에도 시대 출판업의 발달은 막부의 엄격한 언론통제의 틀 안에서이기는 하지만 막말 유신기를 거쳐 메이지 시대 커뮤니케이션의 발달에도 중

요한 전제가 되었다는 점을 무시할 수는 없을 것이다. 사실 왕정복고 직후 신정부는 제번(諸藩)의 지지를 얻기 위해 당시의 상황을 보도하는 기관의 필요성을 느끼고 1868년 2월 『太政官日誌』를 발행했으나 그 주된 담당자는 교토와 에도의 서상(書商)으로 불리는 유력한 출판업자들이었다. 이 밖에도 오사카의 『內外新聞』(1868년 윤4월), 교토의 『都鄙新聞』(1868년 5월) 등은 모두에도 시대 이래 출판업자들에 의해 발행된 것이었다. 山室信一, 앞의 논문, p. 487 참조.

15) 예를 들면 가와라반(瓦版)은 에도 중기 이후부터 정치적 사건을 취급하면서 막부로부터 종종 탄압을 받아왔다. 특히 페리 내항을 전하는 가와라반은 정확한 정보를 전하는 것보다 독자들의 흥미 유발을 중시하고 있었기 때문에 정치풍자로서도 세련된 것이 적지 않았다. 田中彰 編, 『近代日本思想大系1― 開國』(岩波書店, 1991), p. 192.

16) 宮地正人, 「風說留からみた幕末社會の特質」, p. 5.

17) 한편 오랜 연구축적을 바탕으로 일본사의 전체상 속에서 근세란 무엇인가 하는 문제의식에서 독자적인 견해를 제시한 비토 마사히데(尾藤正英)는 막말기 '공의여론'을 존중하는 풍토의 배경을 페리 내항에 의한 정치적 충격이나 또는 유교사상의 영향에 의한 '하늘'(天)의 관념에서 비롯된 것으로 보는 종래의 통설을 부정하고 이를 근세 무사사회의 합의제적인 전통과 그것을 낳은 요인으로서의 지역공동체 조직에서 유래하는 근세무사의 발생 배경에 주목하고 있다. 즉 비토는 '국사'(國事)를 위해서 '사'(私)를 버리는 공공적인 정신을 무사적인 가치의식으로 보고 이를 막말기 '공의여론' 형성의 전제로 보고 있는 것이다. 尾藤正英, 『江戸時代とは何か』(岩波書店, 1992), p. 192 참조. 그러나 이런 비토의 주장은 미야치 등이 주목하는 '후세쓰도메'의 세계와 호농·호상·재촌지식인 등 무사와는 다른 사회계층의 역할을 간과하고 있으며, 이는 또한 일본근대화에 대한 평가와도 관련하여 중요한 문제점을 안고 있는 것으로 보다 신중하게 검토해야 할 것이다.

18) 吉田松陰, 「時勢論」 1858.9.22, 三谷太一郎, 앞의 논문, p.38에서 재인용.

19) 三谷博, 앞의 책, 제3부 참조.

20) 吉田常吉·佐藤誠三郎 編, 『日本思想大系56―幕末政治論集』(岩波書店, 1976), p. 148.

21) 林辰三郎外 編, 『史料大系·日本の歷史』 第6卷(大阪書籍, 1981), p. 284.

22) 쇼군 도쿠가와 요시노부의 브레인이었던 니시 아마네(西周)의 『議政腹稿』(1867)는 '공의정체론'을 가장 체계적으로 묘사한 것으로 평가되고 있다. 여기서 니시는 '대정봉환' 후에도 전국적인 행정권의 중추로서 쇼군의 지위를

확보하면서 한편으로는 전국적인 입법권의 주체로서의 의정원(議政院, 다이묘로 구성되는 상원과 각 번의 대표로 구성되는 하원)을 설치할 것을 제언하고 있다. 大久保利鎌 編,『西周全集』第2卷(宗高書房, 1962), pp. 177~82.

23) 도야마 시게키는 이와쿠라를 "왕정복고의 음모성을 한몸으로 체현한 책사"였다고 평가한다. 遠山茂樹,『明治維新と天皇』(岩波書店, 1991) 제2장 참조. 그 밖에도 막말 토막파의 마키아벨리즘적인 권모술수에 관해서는 井上勝生,『幕末維新政治史の硏究』(塙書房, 1994) 제5장 참조.

24) 林辰三郞 外編,『史料大系·日本の歷史』第6卷, p. 340. 좌막파의 토살표(討薩表)에 "사쓰마의 도적은 어린 천황을 위협하여 그 사악함을 불러오고 이로써 천하를 속이고 있다"는 주장은 일관되고 있었다. 그들은 사쓰마를 비롯한 토막파의 행위를 공론에 대치되는 '사론'(私論) '사의'(私意)로 규탄하고 있었던 것이다.

25)「奧羽人民告諭」, 遠山茂樹 編,『日本近代思想大系2—天皇と華族』(岩波書店, 1991), p. 28.

26) 安丸良夫,『近代天皇像の形成』(岩波書店, 1991), p. 166.

27) 林辰三郞外 編, 앞의 책, p. 335.

28) 같은 책, p. 353.

29) 야마무로 신이치는 여기서 '공론'이란 어디까지나 제번회의와 다른 논의를 '私論'으로 배척하는 것이었으며 이는 공론 표방에 의해 처사횡의(處士橫議)가 백출하는 것을 금지하는 연장선상에 있는 것으로 보았다. 山室信一,「國民國家形成期の言論とメデイア」, p. 523.

30) 多田好問 編,『岩倉公實記』中(原書房, 1968), p. 687.

31) 安丸良夫,「一八五○~一八七○年代の日本」,『岩波講座日本通史』第16卷 近代1(岩波書店, 1994), pp. 35~36.

32) 이상의 설명은 같은 논문, pp. 41~45.

33) 飛鳥井雅道 編,『史料大系—日本の歷史』第7卷(大阪書籍, 1979), p. 85.

34) 같은 책, p. 70.

35) 당시 신문은 중요한 매체로서 민권운동이 급속히 사회적으로 확산하는 데 크게 기여했다. 인쇄자본주의의 출현과 이에 따른 신문의 보급은 전국적으로 획일적인 정보유통을 통하여 국민 형성에도 기여했다. 특히 문맹자를 위해서 각지에서 신문회화회(新聞會話會), 신문설화회(新聞說話會), 신문강의회(新聞講義會) 등이 열리고 있었으며 신문구입이 불가능한 사람을 위해서 다양한 신문종람소(新聞縱覽所)가 전국적으로 설치되었다. 또한 도쿄와 요코하마에서는 만담 공연장(寄席釋場)에서 만담가가 대중들에게 신문을 읽어주어 인

기를 얻기도 했다(山室信一, 앞의 책, pp. 486~87). 이러한 현상들이 활발하
게 전개되고 있었다는 것은 전국적으로 '국민 형성'의 과제를 자각해 가고 있
었음을 말해준다.

36) 1871년의 「新聞紙條例」, 山室信一 編, 『日本近代思想大系11─言論とメディ
   ア』(岩波書店, 1990), p. 410.

37) 安丸良夫, 앞의 논문, p. 55.

38) 민권운동기 연설회의 실태와 의의에 관해서는 安丸良夫, 「民權運動における
   近代」, 『日本近代思想大系21─民衆運動』(岩波書店, 1989) 참조.

39) 多田好問 編, 『岩倉公實記』下, p. 946. 『横浜毎日新聞』 1877년 8월 11일자에
   서는 메이지 10년 연설회의 성황을 마치 미국혁명 전야의 실제와 같다고 비
   유할 정도라고 전하고 있다.

40) 「國會開設請願書」 1880.12.3, 庄司吉之助, 『日本政社政黨發達史』(御茶ノ水書
   房, 1989), p. 156.

41) 安丸良夫, 앞의 논문, p. 255.

42) 『朝野新聞』 1881.6.9. 사설.

야나기타 구니오의 '일국민속학'

1) 단순히 분류하더라도 종교사회학 혹은 일본종교사, 세상사 혹은 일본풍속사,
   언어학 혹은 국어사, 설화학 혹은 국문학, 수필문학 혹은 기행문, 인류학 혹은
   일본인의 기원론, 촌락사 혹은 가족제도사, 건축사 및 지리·생물학, 학문론
   혹은 방법론, 기타 민속학 계열 등으로 나눌 수 있을 것이다(임경택, 「야나기타
   구니오(柳田國男)의 '일국(一國)민속학'과 식민주의에 관한 일고찰」, 『정신문화연
   구』 27/3, 2004, p. 68).

2) 남근우, 「순국이데올로기의 창출」, 『日本思想』 4, 2002, p. 205.

3) 小熊英二, 『單一民族神話の起源』(新曜社, 1995), p. 205.

4) 옐리네크의 국가법인설에 근거하여 통치권은 법인인 국가에 있으며, 천황은
   그 최고기관으로서 통치권을 행사하는 것으로 간주하여, 천황주권설과 대립
   한 것을 가리킨다.

5) 임경택, 앞의 논문, p. 71.

6) 내셔널리즘을, 정치적 단위와 국가적 단위가 일치해야만 한다고 주장하는 정
   치적 원리라고 규정한 겔너(E. Gellner)의 정의와, 자치와 통일 그리고 내셔
   널 아이덴티티(national identity)라는 목표를 달성하고 유지하기 위한 이데
   올로기적 운동이라고 규정한 스미스(A. Smith)의 정의가 여기에 속할 것이다.

7) Khon, H.(1946), Patten, A.(1999) 등이 있다.

8) Hutchinson, *The Dynamics of Cultural Nationalism: The Gaelic Revival and the Creation of Irish Nation State*. London: Allen & Unwin. 1987, pp. 1~29 참조.

9) 같은 책, p. 40.

10) Hutchinson, "Moral Innovators and Politics of Regeneration: The Distinctive Role of Cultural Nationalists in Nation-Building," in A. D. Smith (ed.) *Ethnicity and Nationalism*, Leiden, New York and Köln: E. J. Brill, 1992, pp. 101~17 참조.

11) 青木保, 「文化とナショナリズム― 一つの問題提起」, 『思想』 823, 1993, pp. 4~18. 여기에서 그는 주로 쇼와(昭和) 천황의 병세와 죽음, 헤이세이(平成) 천황의 즉위 등과 관계된 일련의 의례과정을 분석하고 있다.

12) H. Befu, "Nationalism and Nihonjinron," in Harumi Befu ed., *Cultural Nationalism in East Asia: Representation and Identity*, Berkerly: Institute of East Asian Studies, University of California at Berkerly. pp. 107~35.

13) 吉野耕作, 『文化ナショナリズムの社會學―現代日本のアイデンテイテイの行方』, 名古屋大學出版部, 1997 참조.

14) 에도 후기의 유학자이며 시인이자 역사가인 라이 산요(賴山陽, 1780~1832)를 가리킨다. 그의 『일본외사』는 막번시대 말기의 존양파들에게 널리 읽혀져 큰 영향을 미쳤다.

15) 에도 시대 중기의 국학자로서 일본국학 4대인의 한 명인 모토오리 노리나가(本居宣長, 1730~1801)를 가리킨다. 『고사기』(古事記)의 실증적 연구를 통해 고대정신을 극대화하고 일본정신을 명확히 하는 한편, 외래사상 특히 유교를 배척하고 복고사상을 설파하여 국학의 사상적인 기초를 닦았다.

16) 『농업정책학』에서 다음과 같이 주장하고 있다. "국가는 현재 생활하고 있는 국민으로만 구성된다고 말하기 어려우며, 사거한 우리들의 선조도 국민이 될 수 있다는 희망을 가져야 하며, 또한 국가는 영원한 것으로서 장래에 태어날 우리들의 자손도 국민이 되고, 그 이익을 보호해주어야 한다."(p. 293)

17) '이에'의 연속성 문제는 「田舍對都會の問題」(1907) 이후, 『明治大正史世相篇』(1931), 『日本農民史』(1931)를 거쳐 전쟁말기에 집필한 『先祖の話』(1946)까지 이어지고 있다.

18) Smith, Anthony D., 'The Problem of National Identity: Ancient, Medieval and Modern?" Ethnic and Racial Studies 17(3) 1994, pp. 358~65 참조.

19) 야나기타는 『故鄕七十年』(1959)에서 졸업 후에도 호즈미 시게노부를 방문했다고 썼다.

20) Hozumi, Nobushige, *Ancestor-Worship and Japanese Law*, 6th ed, Tokyo: Hokuseido Press, 1940, pp. 99~10(초판은 1912년).

21) 『定本柳田國男集』第二十四卷, p. 49.

22) 『定本柳田國男集』第二十五卷, p. 132.

23) 이때 제시한 세 분류안은 '눈에 비치는' 생활양식, '귀로 들을 수 있는' 생활해설, '감각에 호소하는' 생활관념이었다(『柳田國男全集』 28, pp. 274~75 참조).

24) 러일전쟁의 전비 부담으로 피폐해진 정촌(町村)의 재정을 재건하고, '행정촌'을 강화하기 위하여 공유림의 통합이나 신사의 합사, 소학교의 통합, 생활관습의 개량 등이 추진되었으며, 그 외에도 공덕심이나 향토애의 함양이 중시되고, 그 시책으로서 향토지 편찬, 사적 보존, 향토실(향토박물관) 설치, 향토 위인의 현양 등이 장려되었다.

25) 『柳田國男全集』 27, 2001, pp. 118~19.

26) 1929년 세계공황의 영향으로 사회불안이 가중되고, 만주사변을 전후하여 사상통제가 이루어지던 사회상황하에서 농림성이 주도하여 농산어촌의 경제와 사회의 구조를 쇄신하기 위하여 추진한 운동이다. 무엇보다도 '인보공조(隣保共助)의 정신을 적극적으로 활용하여 경제생활에 반영하고자 했다. 각 부현지사는 경제갱생촌을 지정하고, 자력갱생신념의 확립과 생산능력의 확충, 자급생활의 충실, 경제조직의 개선, 협동조직의 정비라는 목표를 내세운 경제갱생계획서를 작성하게 했고, 향토애의 함양과 농민의 자립갱생, 중견농민의 육성에 진력했다. 그런데 이 운동을 추진한 농림성 사무차관 이시구로 다다아쓰(石黑忠篤)와 경제갱생부장 시모히라(下平權一)는 야나기타와 함께 니토베가 주재했던 '향토회'의 구성원이었다.

27) 1930년에 '향토교육연맹'이 조직되어, 그 기관지인 『鄕土─研究と敎育』이 창간되었다. 잡지는 나중에 『鄕土科學』, 『鄕土敎育』으로 개칭된다. 문부성도 1932년에 '향토교육강습회'를 개최하고, 야마나시(山梨) 현에서 '종합향토연구'의 실험을 행하는 등 향토교육운동을 추진했다. 이는 메이지 초기의 지방개량운동과 연동하여 일어난 것으로 보는 것이 타당할 듯하다.

28) 「鄕土科學に就いて」, 『柳田國男全集』 28(2001), pp. 414~20.

29) 1890년을 전후하여 각지에 '동향'(同鄕)을 연결의 끈으로 삼는 조직이 탄생하고, 그 기관지에 「애국심」과 「애향심」의 일체화를 주장하는 기사가 많아지는 것을 볼 수 있다.

30) folklore는 일반적으로 민속이라는 말로 번역이 되는데, 메이지 시대 초기의

일본에서 민속이라는 말은 정부가 인민들을 통치하는 정책의 일환으로서 민정을 파악하기 위하여 사용한 '민정풍속'(民情風俗)의 약어로서, 지금과 같은 민간습속의 의미를 지닌 것이 아니라 매우 정치성을 띤 말이었다. 그러한 이유로 인해 야나기타도 당시에는 민속이라는 말의 사용을 회피했고, 그러한 정치성이 희박해졌다고 판단되었을 때(연대상으로는 1920년대 후반), 비로소 사용하기 시작했으므로 이 글에서도 그 시기에 맞춰 folklore라는 용어를 그대로 사용하기로 한다.

31) '야나기타 문고 장서목록'에 세비요의 주요 저서인 *Le Folklore de France* 전4권(1904~1907)이 들어 있다.

32) 川田順造, 「なぜわれわれは「傳承」を問題にするのか」, 『日本民俗學』193, 1993, pp. 15~21.

33) 岡正雄, 「民俗學と民族學」, 『異人その他―日本民族＝文化の源流と日本國家の形成』(言叢社, 1979), pp. 51~60.

34) 관립연구소란 1942년에 문부성직할연구소로 설치가 결정된 국립 '민족연구소'(1945년 폐지)이고, 공인 학회란 '일본민족학회'를 말한다.

35) 福澤諭吉, 『文明論之槪略』(岩波書店, 1995), pp. 40~41.

36) 陸羯南, 「日本文明進步の岐路」, 『陸羯南全集』(みすず書房, 1968〔初出 1888〕), pp. 395~401 참조.

37) 『定本』의 색인에 따르면, 이 시기에 종족은 13회, 인종은 23회, 민족은 49회 사용하고 있다.

38) 『後狩詞記』(1909), 『石神問答』(1910), 『遠野物語』(1910).

39) 제네바에서의 경험에서 가장 충격받은 것이 무엇보다도 '백인'들에 의한 인종차별이었음은 그 후에 발표된 여러 문장을 통해서 분명히 알 수 있다.

40) 야나기타가 남도를 지향하게 된 데는 제네바에서의 경험 외에, 미국의 일계이민배척문제도 일정한 영향을 미쳤던 것으로 보인다. 『朝日新聞』 논설 담당 시절에 그는 일계이민문제를 반복해서 논하고 있는데, 이 일계이민문제는 일본이 구미로부터 차별받으며, 국제적으로 열등한 지위에 처해 있음을 상기시켜주는 사건이었다.

41) スミス, アントニー, 高柳先男 譯, 『ナショナリズムの生命力』(晶文社, 1998), pp. 272~74 참조.

42) 같은 책, p. 59.

43) 『定本』의 색인을 살펴보면 '고유'라는 용어가 1931~1935년에는 22회, 1936~1940년에는 29회, 1941~1945년에는 43회, 1946~1950년에는 50회씩 사용되고 있다.

44) 「蝸牛考」, 『柳田國男全集』5, p. 122.

45) 「神道と民俗學」, 『定本柳田國男集』第十卷, p. 195.

46) 태어나서 처음 우지가미 신사에 가서 참배하는 것을 말하며, 이것을 하쓰미
야마이리(初宮參り)라고 한다.

47) 「神道と民俗學」, p. 201.

48) 『定本柳田國男集』第二十五卷, p. 253.

49) 같은 책, pp. 104~06.

오카쿠라 덴신과 일본미술사의 성립

1) '미술'이라는 용어의 등장에 관해서는 北澤憲昭, 『眼の神殿』(東京: 美術出版
社, 1989) 참조. 그리고 초기 서양미술사 소개에 관해서는 丹尾安典, 「日本に
おける西洋美術史─その歐化主義と國粹主義」, 『美術史論壇』1, pp. 35~53
및 佐藤道信, 「近代史學としての美術史學の成立と展開」, 辻惟先生還曆記念會
編, 『日本美術史の水脈』(東京: ペリカン社, 1992), pp. 145~71 참조

2) 岡倉天心, 「'書ハ美術ナラス'ノ論ヲ讀ム」, 『岡倉天心全集』3(東京: 平凡社,
1979), pp. 5~12 참조.

3) 岡倉天心, 「『國華』發刊ノ辭」, 『岡倉天心全集』3(東京: 平凡社, 1979), pp. 42
~28 참조

4) 高橋由一, 「西洋畵法の國家的社會的有用性」, 『高橋由一油畵史料』(靑木茂酒
井忠康編 『日本近代思想大系17─美術』(東京: 岩波書店, 1989), pp. 190~
93에서 재인용.

5) 호류지 몽전(夢殿) 관음보살에 대한 조사는 덴신이 일생 최대의 쾌거로 회고
하고 있다. 당시의 일화에 관해서는 岡倉天心, 「日本美術史」, 『岡倉天心全集
4』(東京: 平凡社, 1980), pp. 36~37 참조.

6) 東京國立博物館編, 『東京國立博物館百年史』(東京: 東京國立博物館, 1973),
pp. 291~306 참조

7) 『岡倉天心全集』8(東京: 平凡社, 1981), pp. 12~125 참조

8) 岡倉天心, 「支那古代の美術」, 『岡倉天心全集』3(東京: 平凡社, 1979), pp. 75
~80 참조.

9) 岡倉天心, 「支那南北ノ區別」, 『岡倉天心全集』3(東京: 平凡社, 1979), pp. 97~
101 및 「支那の美術」, 같은 책, pp. 191~215 참조.

10) 東京國立博物館編, 『東京國立博物館百年史』(東京: 東京國立博物館, 1983), p.
299 참조.

11) 특히 회화사 연구에 관해서는 宮崎法子, 「日本近代のなかの中國繪畵史研究」

『今, 日本の美術史學をふりかえる』(東京 : 東京國立文化財硏究所), pp. 140~53 참조.

12) 北澤憲昭, 「'日本美術史'という枠組み」東京國立文化財硏究所編 『今, 日本の 美術史學をふりかえる』(東京 : 東京國立文化財硏究所, 1999), pp. 22~31 및 Eric Hobsbawm, "Introduction: Inventing Traditions," in E. Hobsbawm and T. Ranger(eds.), *The Invention of Tradition*, (Cambridge, 1995), p. 1 참조.

13) 岡倉天心, 「日本美術史」, 『岡倉天心全集 4』(東京 : 平凡社, 1980), pp. 10~13 참조.

14) 선사시대 미술이 일본미술사의 영역에서 배제되었다가 포함된 경위에 대해 서는 木下直之, 「日本美術の始まり」, 東京國立文化財硏究所編, 『今, 日本の 美術史學をふりかえる』(東京 : 東京國立文化財硏究所, 1999), pp. 292~303 참 조.

15) 페널로사의 서양미술사 인식 및 시대구분에 관해서는 「歐米美術取調報告 書」, 村形明子編, 『ハーヴァード大學ホートン・ライブラリー藏アーネスト・F・フ ェノロサ資料』第1卷(東京 : ミュージアム出版, 1982), pp. 88~98 및 페널로사 사후인 1913년에 발간된 *Epoches of Chinese and Japanese Art* 〔森東吾譯 『東洋美術史綱(上・下)』(東京 : 東京美術, 1988)〕 그리고 덴신의 일본미술사 시 기구분과 서양미술사의 호환성에 관해서는 高木博志, 「日本美術史の成立・ 試論」, 『日本史硏究』400, pp. 74~98과 木下長宏, 「岡倉天心と日本美術史」, 『美術史論壇』9, pp. 326~43 참조.

16) 천황치세 중심의 시대구분에 대해서는 高木博志, 위의 논문, p. 98 참조.

17) 岡倉天心, 「日本美術史」, 『岡倉天心全集 4』(東京 : 平凡社, 1980), p. 15 참조.

18) 같은 책, pp. 159~67　참조.

19) 東京國立博物館編, 『東京國立博物館百年史』(東京 : 東京國立博物館, 1973), pp. 243~49 참조.

20) 같은 책, p. 265에서 인용.

21) 같은 책, p. 297 참조.

22) 岡倉天心, 「日本美術史編纂綱要」, 『岡倉天心全集 4』(東京 : 平凡社, 1980), pp. 375~505.

23) 「日本美術史綱要」 解題 『岡倉天心全集 4』(東京 : 平凡社, 1980), p. 533 및 關如 來, 「日本畫壇回顧 40年― 東京美術學校扮擾事件」, 『塔影』12권 10호 (1936.10.18).

24) 農商務省, 『稿本日本帝國美術略史』(東京 : 國華社, 1901), pp. 1~4 참조.

25) 같은 책, p. 14 참조

26) 岡倉天心, 「東洋の理想」, 『岡倉天心全集 1』(東京: 平凡社, 1980), pp. 3~132 참조.

27) 岡倉天心, 「日本美術史」, 『岡倉天心全集 4』(東京: 平凡社, 1980), p. 5 참조.

28) 橫山大觀·菱田春草, 「繪畵に就いて」, 『日本美術』 225(『菱田春草總合年譜』, pp. 152~55에서 재인용).

29) 高木博志, 앞의 논문 참조.

30) 이를 설명하면서 가라타니 고진(柄谷行人)은 서양에서 일본 미술공예품의 상업성을 지나치게 강조했다. 다시 말해 고진은 만국박람회와 일본미술원 화가들의 작품이 인기를 누린 데 대해 서양의 자포니즘에 담긴 상업적 의미를 과도하게 강조함으로써 덴신이 시카고만국박람회에서 보여준 순수미술에 대한 집착과 옹호를 제대로 설명하지 못했다. 가라타니 고진, 「미술관으로서의 역사」, 왕숙영 옮김, 『창조된 고전』(소명출판, 1999), pp. 299~321 참조.

일본 근대국민국가의 형성과 근대음악

1) 宮澤縱一, 「洋樂」, 『音樂大事典』(東京: 平凡社, 1982) 第5卷, p. 2639와 音樂之友社(編), 『新訂標準音樂辭典』(東京: 音樂之友社, 1991) 第5卷, p. 2036 참조.

2) 安田寬, 「日本における西洋音樂の受容過程」, 『음악이론연구』 제3집(서울대학교 서양음악연구소, 1998), p. 228.

3) 같은 논문, p. 230.

4) 같은 논문, p. 230.

5) 같은 논문, p. 232.

6) 中村理平, 『洋樂導入者の軌跡―日本近代洋樂史序說』(東京: 刀水書房, 1993), p. 243.

7) 에케르트는 1901년부터 대한제국 양악대장으로도 활동했는데, 우리나라 최초의 국가(國歌)인 「대한제국애국가」를 작곡하는 등, 1916년 서울에서 생을 마칠 때까지 한국 근대음악 발전에 많은 공헌을 했다.

8) 中村理平, 앞의 책, pp. 555~80.

9) 安田寬, 앞의 논문, p. 232.

10) 中村理平, 앞의 책, p. 208.

11) 安田寬, 앞의 논문, p. 240.

12) 中村理平, 『キリスト敎と日本の洋樂』(東京: 大空社, 1996), pp. 218~19.

13) 上原一馬, 『日本音樂敎育文化史』(東京: 音樂之友社, 1961), p. 260.

14) 같은 책, p. 260.

15) 같은 책, p. 263.

16) 같은 책, pp. 264~65.

17) 1949년 東京藝術大學 音樂學部로 바뀌어 오늘에 이르고 있다.

18) 堀內敬三·井上武四, 『日本唱歌集』(東京: 岩波書店, 1992), p. 241.

19) 安田寬, 앞의 논문, p. 242.

20) 堀內敬三·井上武四, 앞의 책, p. 242.

21) 우리나라에서 「나비야 나비야」는 "나비야 나비야 이리 날라 오너라……"로
    시작되는 「나비노래」로, 「안개인가 구름인가」는 "솔솔 부는 봄바람 쌓인 눈
    녹이고……"로 시작되는 「봄노래」로, 「반딧불이의 노래」는 한때 「애국가」와
    「졸업식 노래」로 애창되었다.

22) 堀內敬三·井上武四, 앞의 책, p. 243.

23) 같은 책, p. 193.

24) 「기미가요」 작곡자에 관한 설은 여러 가지가 있다. 하야시 히로모리 작곡설과
    해군군악 교사 에케르트 작곡설 그리고 또 다른 레이진인 오쿠 요시이사(奧
    好義) 작곡설, 하야시 히로모리와 오쿠 요시이사의 합작설, 하야시 히로모리
    의 아들과 오쿠 요시이사의 합작설 등이 그것이다. 발표 당시 관보(官報)에는
    하야시 히로모리 작곡으로 발표되었고, 교과서에도 하야시 히로모리 작곡으
    로 명기되었지만, 현재 어느 것도 정설로 받아들여지지 않고 있다.

25) 堀內敬三·井上武四, 앞의 책, p. 193.

26) 같은 책, p. 193.

27) 일제강점기 우리나라 사람들도 일본의 '의식창가'를 강제로 불러야만 했다.

28) 堀內敬三·井上武士, 앞의 책, pp. 250~51.

29) 金田一春彦·安西愛子(編), 『日本の唱歌(下)』(東京: 講談社, 1992), p. 125.

30) 같은 책, p. 153.

31) 같은 책, p. 136.

32) 같은 책, p. 16.

33) 같은 책, p. 166.

34) 이에 관한 자세한 내용은 이강숙·김춘미·민경찬, 『우리 양악 100년』(서울: 현
    암사, 2001), pp. 53~60 참조.

35) 같은 성격의 노래로 남한에서는 독립군가, 북한에서는 혁명가요, 중국의 조
    선족은 항일군가라고도 부른다.

36) 일본 대중가요의 대명사인 엔카(演歌)라는 용어는 여기서 유래했다. 처음에
    는 '연설을 대신하는 노래'라는 의미로 사용되었지만, 나중에는 정치성을 잃
    고 남녀간의 사랑과 이별을 담은 노래로 변해갔다.

37) 金田一春彦·安西愛子(編), 앞의 책, p. 197.

38) 일제 강점기 음악교육 내용에 관해서는 민경찬, 『한국창가의 색인과 해제』 (한국예술종합학교 한국예술연구소, 1997)와 오지선, 『한국근대 음악교육』(예솔, 2003) 참조.

39) 이강숙·김춘미·민경찬, , 『우리 양악 100년』(서울: 현암사, 2001) 참조.

40) 이 외에도 일본인이 애창한 노래의 장르로는 '동요'와 '대중가요'가 있는데, 이 둘은 모두 메이지 시대 이후에 만들어진 것들이다.

국민 속의 『마음』

1) 『마음』이 기본교재로 자주 등장하게 된 것은 1960년대부터라고 한다.(佐藤泉, 『漱石—片付かない『近代』』, 日本放送出版協會, 2002.)

2) 『마음』은 '교과서 고전(古典)' '장기 안정 교재(長期安定教材)' '국민 교재'라고도 불리고 있다.(高橋廣滿,「定番を求める心」,『漱石研究』, 第6號, 1996.5)

3) "어린애 같은 나는 고향을 떠났어도 여전히 마음의 눈으로 고향집을 그리며 바라보고 있었습니다. 거기에는 아직도 내가 돌아갈 수 있는 집이 있다는, 나 그네와 같은 마음에서 그리워하고 있었습니다. ……나는 열심히 공부하고 즐 겁게 지내다가 방학이 되면 돌아갈 수 있는 그 고향집을 자주 꿈에서 보았습 니다."(『漱石全集』 9卷, 岩波書店, 1994, pp. 164~65; 서석연 역, 『마음·그 후』 범우사, 1990, pp. 131~32). 이하 『마음』에서의 인용은 위 두 텍스트의 페이지 수만 병기한다.

"나는 언제나 학년말 시험이 끝나기가 무섭게 도쿄를 도망쳐 나왔습니다. 나로서는 고향이 정말 그리웠던 것입니다. 당신도 그런 기억을 갖고 있을 것 입니다만, 태어난 곳은 공기의 색깔이 다릅니다."(169. 135) "'실은 아버지가 살아 계실 때 네가 취직을 하면 얼마나 안심하실까 해서 말이다. ……저렇게 말씀도 잘하시고 정신도 말짱하시니 저럴 때 기쁘게 해드리는 것이 효도가 아니겠니.' 별볼일없는 나는 효도도 할 수 없는 처지에 있었다."(134. 107)

4) 고모리 요이치(小森陽一)는 「『こころ』を生成する『心臓』」(『成城國文學』1, 1985.3.)이라는 논문에서 기존의 『마음』론이 '윤리' '정신' '죽음'이라는 '부성 (父性)적 절대가치'를 중심화함으로써 일종의 국가 이데올로기 장치로서 기 능하고 있다고 지적했다.

5) 심한 신장병으로 빈사지경이었던 부친은 소설에서 실제로 죽은 것으로 그려 진 것은 아니지만, 천황의 죽음과 노기 장군의 순사를 알게 된 후, 급격히 병 세가 악화되어 '죽음에 걸쳐 있게' 되고 또한 장본인도 거듭해서 두 사람의 뒤 를 잇고 싶다는 의지를 표명하는 것으로 보아, 부친의 죽음도 텍스트의 논리

구조에서는 기정사실로 되어 있다고 할 수 있다. "아아, 아아! 천자(天子)님 도 결국 돌아가셨구나. 이제 나도……' 아버지는 그 다음 말을 잇지 못했다." (116. 93) 아버지는 가끔 헛소리를 하시기도 했다. "'노기 대장에게 미안하다. 정말로 뵐 면목이 없다. 아니오, 저도 바로 뒤를 따라……' 종종 그런 말까지 하실 정도였다. 어머니는 무서운 느낌이 드신 듯했다."(145. 116)

6) 『漱石全集』12卷, p. 507.

7) 작품에서 작자가 말한 대로 9월 들어 연일 비가 내려 국장행사에 차질이 생기 지 않을까 하는 염려는 국민적 관심사였다. "9월 들어 연일 비가 내려 쾌청한 날씨를 보지 못함. 국장 당일 날씨에 대해서는 전국의 만민이 하나같이 쾌청 을 기원하는 바임. 특히 과거의 통계에 의하면 9월 13일에 청천을 본 것은 불 과 한 번에 지나지 않는다 하여 심히 우려하였는바, ……그러나 국장 당일이 되어 아침부터 쾌청하게 개임. 오후에 점차 구름이 많아졌으나 비를 뿌리지는 아니하여 지장 없이 영구를 봉송할 수 있었던 것은 오로지 메이지 천황의 위 광(威光)에 천지가 감응한 결과이니……."(『明治天皇御大喪儀記錄』警視廳, 1912.3, pp. 249~50)

8) "스미다(隅田) 강 불꽃놀이 행사가 중지되다. 천자 아직 붕어하지 않았으므로 불꽃놀이를 금지할 필요가 없다. 영세민들 중에 이번 조치로 곤란을 겪는 사 람이 많을 것이다. 당국자의 몰상식은 정도를 넘는 수준이다. ……[이번 조치 는〕천자의 덕을 찬송하는 것이 아니라 오히려 손상시키는 행위이다."(「日記」 1912.11.20, 『漱石全集』20卷, p. 398.)〔 〕는 필자.

9) 『漱石全集』20卷, pp. 394~95.

10) 『漱石全集』22卷, p. 600.

11) 이것은 나쓰메가 러일전쟁 당시 독전(督戰)의 명목으로 잡지 『帝國文學』에 발표한 시이다. 『漱石全集』17卷, pp. 530~31.

12) 『漱石と天皇制』(有精堂, 1989), p. 106.

13) 「ノート」, 『漱石全集』21卷, p. 56.

"우리들은 야마토 정신 또는 사무라이 정신이라고 하는 것을 지금까지 입에 올렸지만, 그러나 오늘날까지 이것을 입에 올린 것은 나름대로의 필요가 있 었기 때문이리라."(『전후 문학계의 추세』, 『漱石全集』25卷, pp. 111~12)

"구마모토에 가서 구마모토 학생들의 경례를 받고 우선 이렇게 느꼈다. 일 찍이 그런 경례를 받아본 적이 없다. 상당히 예의바르거니와, 이는 무사도 정 신이 일반 가정에 남아 있기 때문일 것이다. 복종이라고 할까 장유유서(長幼 有序)라고 할까 착실하고 검소해서 도쿄의 서생들처럼 경박하고 오만하고 유 치한 구석이 없어 실로 훌륭한 기풍이다."(『명사가 본 구마모토』, 『漱石全集』25

卷, p. 251)

14) 『漱石全集』 25卷, p. 113.

15) 『漱石全集』 25卷, pp. 111~12.

16) 『漱石全集』 22卷, p. 461.

　　한편 노기는 "몸은 설사 무사시의 들판에 썩어 사라진다 해도 야마토(大和) 혼만큼은 남겨두리라"(身はたとひ武藏の野邊に朽ちぬとも留め置かまし大和魂)라는 하직의 노래를 남기고 죽은 요시다 쇼인의 '존왕(尊王)애국정신'을 숭상했다고 한다.

17) 『漱石全集』 10卷, p. 234.

18) 『漱石全集』 25卷, p. 68.

19) 宗像和重, 「『こころ』を讀んだ小學生―松尾貫一宛漱石書簡をめぐって」, 『文學』, 2001.8.

20) 宗像和重, 앞의 논문에서 재인용. "之ヲ一貫スルニ忠君愛國ノ精神ヲ似テシ, 快闊・勤勉・忠誠能ク職務ニ盡スベキ國民ノ堅實ナル氣風ヲ養成セントスルハ, 本書編纂ノ主眼トスル所ナリ."

21) 실제로 필자가 인터넷에서 조사한 『마음』에 관한 독후감 중에는 다음과 같은 것이 있었다. "좋은 책, 좋은 작가와 많이 접함으로써 나를 향상시키고 싶습니다. 감사합니다. 현대인은 경제중심, 자기중심의 물질주의라고 생각합니다. 그것에 비해 메이지 사람들은 천황을 중심으로 삼는 일종의 신앙을 지니고 있었다고 생각합니다. 물질주의와 대조적인 메이지 정신주의가 풍요로운 발상과 마음을 낳을 수 있을까 생각해봅니다." 이러한 독자의 반응은 작품 속에서 네 차례나 반복해서 나오는 "정신적으로 향상심이 없는 사람은 바보다"라는 말에 깊은 인상을 받았다는 것을 말해준다.

22) 「何故に大文學は出ざる乎」, 『國民之友』 1895.7 ; 『內村鑑三集』 明治文學全集 39(筑摩書房, 1967), p. 283.

23) 「戰後の文學―國民をして機運に乘ぜしめよ」, 『內田魯庵集』 明治文學全集 24(筑摩書房, 1978), p. 184.

24) 「戰後文界の趨勢」, 『漱石全集』 25卷, pp. 113~14.

25) 당시의 신문기사는 나쓰메의 해부를 담당한 주치의 마나베 가이치로(眞鍋嘉一郎) 도쿄대학 의학부 교수의 보고를 토대로 작성되었다.

26) 赤木桁平, 『近代作家硏究叢書140―夏目漱石』(日本圖書センター, 1993), p. 136.

27) カーライル, 老田三朗 譯, 『英雄崇拜論』(岩波文庫, 1949), p. 136.

28) 『漱石全集』 16卷, pp. 594~95.

제국의 국민문학과 '문화=번역'의 좌절

1) 그 노력이 가능했다던 시기는 조선학이 부흥하고 잡지 『문장』과 『인문평론』이 간행되던 시기와도 일치한다. 당시 조선의 문화상황은 특히 마르크스주의 탄압 및 전향 사태 이후에 팽배해진 일본의 민족주의(낭만주의) 풍조, 그리고 고노에 후미마로 내각의 전시개혁과 지식인들의 신체제운동과 밀접한 관련이 있다. 이 시기 조선의 문화는 일국사로 정리될 수 없으며 식민제국을 가로지르는 문화공간이 포착되어야 한다. 이에 대해서는 趙寬子, 「日中戰爭期の'朝鮮學'と'古典復興─植民地の'知'を問う」(『思想』 947호, 2003년 3월), 「徐寅植の歷史哲學 世界史の不可能性と'私の運命'」(『思想』 957호, 2004년 1월)를 보라. 고노에 내각의 전시개혁과 일본 좌파 지식인들의 신체제운동의 논리에 대해서는 米谷匡史, 「戰時期日本の社會思想─現代化と戰時變革」(『思想』 882호, 1997)를 보라.

2) 櫻本富雄, 『日本文學報國會』(靑木書店, 1995), pp. 15, 22. 이 책은 문화예술계 지식인들의 신체제운동에 대해 자세히 기록하고 있다.

3) 「朝鮮文化の將來」, 『文學界』 1939년, 1월호, pp. 271~79. 『경성일보』 1938년 11월 29일부터 12월 7일자에도 일본어로 게재되었다.

4) 신쿄극단(新協劇團)의 일본어 「춘향전」 서울공연과 이 좌담회를 계기로, 그 후 장혁주와 조선의 문학가 사이에서 언어문제를 둘러싼 논쟁이 벌어지는데, 이에 대해서는 윤대석, 「1940년을 전후한 조선의 언어상황과 문학자」, 『한국근대문학연구』 2003년 상반기(태학사) 참조.

5) 『文學界』 1940년 9월, p. 161.

6) 「朝鮮文化の將來」, p. 275.

7) 김태준 해제, 『原本春香傳』(학예사, 1939) 참조. 일본어판은 許南麒, 『春香傳』(岩波文庫, 1956), p. 174.

8) incommensurability는 토머스 쿤의 용어. 쿤은 과학혁명의 구조에서 'paradigm shift'를 설명할 때 그것이 진화·발전을 의미하지 않으며, 다른 패러다임 사이에는 커뮤니케이션 단절을 초래하는 약분불가능성이 있다고 했다.

9) 「춘향전」의 부흥운동은 남원지역에서도 있었다. 1931년부터 지역유지와 향리 출신이 중심이 되어 춘향제를 개최했다. 本田洋, 「韓國の地方邑における'鄕紳'集團と文化傳統─植民地期南原地意味における都市化と在地勢力の動向」(『アジア アフリカ言語文化硏究』 58卷, 1999年 9月, pp. 119~202)

10) ジュデイス バトラー, エルネスト ラクラウ, スラヴォイ ジジェク, 竹村和子·村山敏勝譯, 『偶發性·ヘゲモニー·普遍性: 新しい對抗政治への對話』(靑土社, 2002), p. 288. 글로벌화의 정치·경제적 상황에서 새로운 대항의 가능성을

사유하는 버틀러·지제크·라클라우 3인의 대화집. 필자는 그들의 사유에서 많은 힌트를 얻었다. 이하 방점은 원문에 따른다.

11) 村山知義, 「春香傳」, 『文學界』 1939年 1月, p. 139.

12) 버틀러가 말하듯이 개별적인 문화 사이에서 보편개념이 번역되는 것도 아니며, 문화들 사이에서 궁극적으로 융화하는 보편개념이 있는 것은 아니다. 그녀는 보편이 주장되는 것은 항상 소여의 문법 안에서, 인식 가능한 장소에서 행해지는 일련의 문화관습을 통해서라고 지적한다. 그녀는 또 말한다. 보편의 주장은 국제적인 문화적 합의(consensus)를 강요하고, 다양한 수사적·문화적 맥락 속에서 그것을 계속해서 번역하도록 만든다고. 그러한 맥락 속에서 보편의 의미나 위력이 형성되어간다고. 버틀러는 문화간의 교류가 그들 사이에 동일성을 구축해 나간다는 호미 바바의 견해를 전제하면서, 문화번역 그 자체를 수행적 구축적인 행위로서 재고하고 있다. 「보편적인 것들의 재연: 형식주의의 한계와 헤게모니」, 『偶發性·ヘゲモニー·普遍性: 新しい對抗政治への對話』 35, p. 55.

13) 『한국영화총서』(한국영화진흥조합, 1972). 1930년대 조선의 문예부흥을 대표하는 춘향전은 극단 토월회의 연극무대에서도 상연되었고 남원의 지방문화로서도 부흥되었다.

14) 신상옥 감독 부부가 북한에 납치되어 「춘향전」을 제작하고 탈출한 사건이 입증하듯이 북한에서도 「춘향전」의 재현에 공을 들이고 있는 것으로 보인다.

15) 「朝鮮文化の將來」, p. 277.

16) 같은 글, p. 277.

17) 같은 글, p. 279.

18) 林房雄, 『大東亞戰爭肯定論』, 番町書房, 1965.

19) 趙寬子, 「日中戰爭期の'朝鮮學'と'古典復興' 植民地の'知'を問う」 참조.

20) 이하의 인용은 村山知義, 「春香傳──朝鮮映畫株式會社のために」, 『文學界』 1939年 1月, p. 140.

21) 酒井直樹, 「他民族國家における國民的主體の制作と少數者(マイノリティ)の統合」, 『總力戰下の知と制度 1935〜1955年 ①』 岩波講座7: 近代日本の文化史(岩波書店, 2002), p. 20.

22) 정치적 허위를 하나의 진실로 만들지 않고는 견딜 수 없는 파시즘의 도덕적 결벽증에 대해서는 조관자, 「민족의 힘을 욕망한 〈친일내셔널리스트〉 이광수」, 『당대비평』 특별호 『기억과 역사의 투쟁』 2002년 4월, p. 339 참조.

23) 「朝鮮·滿洲を巡りて」, 『文學界』 1939年 9月, p. 177.

24) 같은 글, pp. 178〜79.

25) 같은 글, pp. 179~81.

26) 같은 글, pp. 178, 181.

27) 이하 무라야마의 인용은 같은 글, p. 183.

28) 「朝鮮文學についての一つの疑問」, 『新潮』 1940年 5月, pp. 9~10.

29) 인정식, 「조선문화의 특수상」, 『문장』 1940년 3월, pp. 146~152.

30) 玄永燮, 『朝鮮人の進むべき道』(綠旗連盟, 1938), pp. 157~58. 현영섭의 자기 부정의 논리에 대해서는 李昇燁, 「朝鮮人內鮮一體論者の轉向と同化の論理—綠旗連盟の朝鮮イデオローグを中心に」, 『二十世紀硏究』 第2號, 2001年 12月 참조.

31) 이런 조선어 폐지의 주장은 아주 예외적인 것이며 실질적으로 식민지를 압박하는 제국의 '목적의식'에 의해 조종되고 있었다. 그것을 마치 '철처일체'의 정책입론을 주장하는 조선인들의 사상적 한 갈래인 것처럼 확대해석한다면, 그것은 이론적 틀을 확보하려는 연구자의 욕구가 앞선 결과로 보인다.

32) 「朝鮮·滿洲を巡りて」, p. 179. 미타니 다이치로는 3·1운동 이후로 식민지의 지배자 스스로가 식민주의의 불의와 비능률을 깨닫고 있었다고 지적한다. 좌담회 「なぜ今ポ, ストコロニアリズムなのか?」(姜尙中 編, 『ポストコロニアリズム』作品社, 2001年, p. 10)에서의 발언 참조. 三谷太一郎, 『近代日本の戰爭と政治』, 岩波書店, 1997年 참조.

33) 임화, 「동경문단과 조선문학」, 『인문평론』 1940년 6월, pp. 40~41.

34) 淺見淵, 「朝鮮作家論」, 『公論』 1940年 5月, p. 245.

35) 임화, 앞의 글, pp. 42~48.

36) 같은 글, p. 49. 河上徹太郎의 후기는 『文學界』 1940.5, p. 240.

37) 한식, 「국민문학의 문제」, 『인문평론』 1941년 1월, pp. 49~55. 1941년 일본에서는 淺野晃, 『國民文學論』(高山書院), 『國民文學と世界文學』(河出書房) 등이 출판되었다.

38) 일본의 국민문학은 역사적으로 근대문학 초기, 전시기, 전후50년대에 걸쳐 세 차례 주창되었다. 한식의 설명대로 전시기의 국민문학은 두 갈래의 흐름을 보이는데 마르크스주의 전향자들은 주로 신체제운동의 주체 형성과 관련하여 '국민문학' 건설을 주장했다. 마르크스주의에 공감과 위화감을 느끼며 동인 활동(분가쿠카이, 일본낭만파)을 통하여 문단의 주류를 형성하던 문학가들은 시정신과 일본정신의 회복을 열망하여 '국민문학'을 주창했다. 그러나 이들이 서로 대립한 것은 아니며 천황제 국가의 문화적 통합을 함께 조성하고 있었다.

39) 조선인의 일본어문학은 식민제국의 문화적 가능성으로서 생산되었다. 그것

은 더이상 조선문학이나 일본문학의 어느 한 영역에 귀속되어 다루어질 수 없다고 본다. 정백수는 일본어와 조선어 양쪽의 글쓰기를 '이중언어 문학'이라 부르고 그것이 갖는 의미를 분석했다.(『한국 근대의 식민지체험과 이중언어 문학』, 아세아문화사, 2000) 한편 윤대석, 「1940년대 전반기 '국민문학'의 논리와 심리」(2003년 10월 도쿄의 조선문학연구회에서 발표한 박사논문 준비를 위한 보고서)는 "식민지 본국의 언어로 글을 쓰면서도 식민지의 기억과 현실의 언어를 글 속에 새겨 넣을 때에야 이중어 글쓰기라 할 수 있을 것"이라고 전제하며, 1940년대 조선인들이 수행한 국민문학이 식민지 본국에 대해 갖는 '반복과 차이'의 양상을 밝히고 있다.

40) ジュデイス バトラー, 앞의 책, p. 40.

41) 3인의 발언은, 『文學界』 1939년 10월, pp. 220~21.

42) 「クリテイシズムと認識論との關係」(學芸, 1938年 10月), 『戶坂潤全集』 제3권, p. 481.

43) 小森陽一, 「日本のコロニアリズム―帝國主義への構造的批判」, 『ポストコロニアリズム』(岩波書店, 2001), pp. 15~16은 '탈아=문명개화'를 감행한 일본이 서구 제국주의의 만국공법 논리를 모방하여 '자기식민지화'했으며, 이 사실을 감추고 망각함으로써 '식민지적 무의식'을 구조화했다고 말한다. 이에 대해 필자는 천황제 민족주의의 식민지 지배가 문화=보편의 가능성을 억압한 사실에 주목하여 일본의 자기식민지화의 모습을 읽어내려고 했다.

신화 속 고토(故土) 복원을 위한 유적 탐색

1) 우리는 또한 사회정치적 조건들이 변화하는 유행, 미적 취향(Bourdieu 1984), 그리고 소수 부유한 투자가들의 수집행위에 의존하고 있었다는 것을 인정해야만 한다. 19세기 말 아프리카, 중동, 남아메리카, 아시아 등 자기네 제국의 변두리에 살고 있던 '고상한 야만인'(noble savage)의 이미지에 매혹되었던 현상은 우리게게 지속적인 유산으로 남아 있다. 즉 지금도 '누군가'가 그리고 '무언가'가 소멸해가는 문화들과 민족들로 끊임없이 대상화되고 있는 것이다(Lutz and Collins 1993).

2) 마약이나 매춘과 마찬가지로 유물에 대한 세계적인 불법거래는 전적으로 수요와 공급이라는 경제논리를 따르고 있고, 따라서 도굴행위는 이를 감시하기 위한 인력, 경호원, 감시 카메라 장비가 턱없이 부족한 오지에서 성행하고 있다. 유물의 암거래는 각국의 관광문화산업의 발달을 위협하는 주요 요인이다. 건축물의 복원 목적은 본래의 위치에 기념물을 보존함으로써 모든 사람에게 역사체험의 공간을 제공하는 것이기 때문이다(Stone and Molyneux 1994).

3) 이러한 궁극적인 문화전쟁은 이전 소유자들, 개별 장인들, 부족의 지도자들과 또는 각국 정부에 의해 촉발되었다. 그들은 예술적이고 영적인 소유권 및 또는 성소, 조상의 유골, 천연/광물 자원, 고고학적 유적, 종교예술품, 게다가 수십 년 또는 한 세기 전부터 자신들의 허락이나 이해 없이 이루어진 기록물과 사진 들에 대한 토착민의 권리를 주장해왔다. 이러한 이질적인 세력들은 모두 실제 적인 물품 대신에 이전 식민지 지배자들의 상업적 취득을 위해 불법적으로 밀 매되고 약탈되고 혹은 착취된, 잃어버린 '보물'에 대한 금전적인 변상, 지적소 유권 혹은 사용료의 형식으로 보상받는 데 집중한다(Brown 2003).

4) 전전(戰前)의 일본사 서술에서 일본 천황가의 정복계보는 기원후 2세기에 발 생한 진구 황후(神功皇后)가 이끈 첫 번째 외국침략과 더불어 시작된다(Kuno 1967: 1-3). 비록 진구 황후와 그녀의 한반도 원정이 사실인가 허구인가 하는 논쟁이 1세기 넘게 계속되긴 했지만, 중요한 점은 그런 신화 역사적인 신성한 가계의 계보와 활동을 추정하는 데 있어 새로운 점령지인 만주와 한국에서 발 견된 고고학적 유적들과 시공간적으로 일치하도록 황실 기록을 다시 쓰는 작 업이 필수불가결한 것이었다는 사실이다(Pai 1999).

5) 오구마 에이치의 작업(小熊英二 1995)을 제외하고는 일본이나 한국에서 어떻 게 일본의 제국건설 계획, 근대 국가건설 기획과 과학적 탐구가 교묘하게 맞물 려 있는지를 정확히 이해하고자 한 연구는 드물다.

6) 모스는 근대 일본 고고학 및 민족학의 아버지로 존경을 받고 있다. 연체동물을 전공한 동물학자로서 그는 하버드 대학에서 루이스 애거시(Louis Agassiz)로 부터 교육을 받았다. 1877년, 그는 메이지 정부에 의해 도쿄대학 교수에 임용 되었다. 그는 그곳에서 첫 번째 표본실험실을 만들었다. 1877년 6월 도쿄를 향한 첫 기차여행에서 그는 오모리(大森) 패총(이후에 역이름이 됨)을 발견하 여 일본에서 첫 번째 층위적 발굴을 수행하게 된다(勅使河原彰 1995: 34). 1879년에 '오모리 패총'이라는 제목으로 발간된 그의 발굴보고서는 도쿄대학 출판부에서 발간된 첫 출판물로서 매우 의미 있는 작업이었다(Rosenstone 1988: 54-147). 모스는 또한 일본 미술사학자들 사이에서 최초의 체계적인 일 본 미술품과 공예품 수집가로 널리 알려져 있다. 그는 예술적 가치가 있는 스 케치들, 토기 분류, 그리고 도구와 물품들의 세부묘사 등의 매우 다양한 형식 으로 '일상생활'의 아름다움을 세계에 보여주었다. 그가 수집해 미국으로 가져 간 수많은 예술품과 민속품들은 그의 고향에 자리한 세일럼 피바디박물관 (Salem Peabody Museum)에 소장되어 있다.

7) 당시의 주요 전제는 인간의 심리적 제일성(齊一性)으로 신화, 종교, 의례, 도 덕, 생존양식, 기술, 그리고 친족체계와 같은 사회조직에 이르기까지 전세계적

으로 나타나는 유사점들과 광범위하게 병행적으로 이루어진 발달을 설명할 수 있다는 것이었다. 원시적인 관습, 예술과 종교에 대한 선입관은 '낙후된' 원주민을 '원시인'과 미개인으로 묘사했던 당시에 만연한 사회진화론과 식민지 인종주의의 이데올로기로부터 영향을 받아 형성되었다. 존 러복(John Lubbock 1873), 에드워드 타일러(Edward Tylor 1889), 루이스 헨리 모건(Lewis Henry Morgan)과 같은 인류학의 선구자들은 원주민이 가진 수렵·채집·유목 생활양식 같은 생존기술과 친족관계에 기초한 사회조직은 '미개'에서 야만과 문명을 향한 인류의 발달과정 중 과거에 해당하는 흔적들을 보여준다고 주장했다(Sanderson 1990). 그러므로 『황금가지』(Frazer 1981)로 명성이 높은 제임스 프레이저(James Frazer)와 같은 초기의 안락의자 인류학자들과는 달리 새로운 세대의 연구자들은 오지에서 야외 조사를 수행하는 것이 요구되었다.

8) 쓰보이 쇼고로(坪井正五郎)는 혜안이 돋보이는 예외적인 인물이었다(Pai 2004). 1880년대부터 시작하여 러시아 여행 중에 죽음을 맞이한 1913년까지 최소한 20여 년 동안 그는 '아이누 이전'의 선사시대 일본 인종으로 제시한 '코로포쿠르'(Koropokur)설을 굽히지 않았다(Pai 2004).

9) 동시에 오늘날 '일본인론' 연구의 확산에서 알 수 있듯이 다양한 피정복민족들을 그들의 확장되는 '다민족 제국'(Howell 2004) 속에서 관리하고 동화시키는 작업은 현재 문제가 되고 있는 일본인의 정체성에 대한 '딜레마'를 가져왔다 (Yoshino 1995).

10) 덴리(天理)대학의 월터 에드워즈(Walter Edwards)는 "일본에는 현재 천황의 무덤 즉 황실 구성원의 유해를 포함하고 있는 능으로 여겨지는 약 900개의 지점이 있다. 그러나 이들 고고학 유적 가운데 대략 250개는 기록된 역사의 시작보다 시기적으로 앞서며, 그것들과 황실 혈통과의 실제적 관계는 대부분 여전히 의심스럽다"고 했다(Edwards 2003: 11).

11) 메이지 정부의 매장유물의 관리와 분류에 관한 법률들은 모든 선사시대 유물과 고분 부장품을 두 기관, 즉 도쿄대학 인류학연구소와 도쿄·교토·나라의 제국박물관이 관리하도록 규정했다(勅使河原彰 1995). 따라서 궁내성은 선사시대 석기와 토기 편을 연구할 수 있는 자들을 독점하려고 했다. 메이지 시대의 복잡한 정치관계, 장대한 의례와 전시 행정, 그리고 '조작된' 문화상징에 관한 최근의 연구는 다음의 저자들을 참조하라(Fujitani 1996; Ruoff 2001; Vlastos 1998; 高木博志 2001; 佐藤道信 1999).

12) 세키노 다다시(關野貞), 하마다 고사쿠(濱田耕作), 우메하라 스에지(梅原末治), 하라다 요시토(原田淑人), 후지타 료사쿠(藤田亮策), 아리미쓰 교이치(有光敎一)와 같은 학자들에 의해 쓰인 전기들과 자서전들은 모두 한국 유물

들의 보존과 복원을 통해 이루어진 고고학 업적들이 한국에 대한 일본의 식민지 문화통치가 절정에 달했음을 보여준다는 데 이견이 없다(Pai 2000). 일제시대 전반에 걸쳐서, 조선총독부가 투자한 발굴작업은 방법론·발굴기술·기술장비 면에서 국제적 갈채를 받고 있던 일본 내에서의 그것보다 더 뛰어났던 것으로 널리 인정받았다(Reischauer 1939). '신성한' 무덤들이 여전히 연구자들에게 개방되지 않은 현상황을 감안할 때 한국에서 출토된 유물들은 여전히 더욱 '원형'(原形)에 가까운 '고식'(古式)의 유물로서 여겨지며 선별된 비교자료들로서 여전히 선호된다.

13) 야기는 한국으로 떠나기 6년 전, 토기형식과 고분과의 관계에 대한 중요한 논문을 발표했다. 그는 부장품의 종류에 따라 고분형식을 크게 '순수 일본형'과 '중한 양식'으로 구별했다. 당시에 한국과 중국에서는 체계적인 발굴이 이루어지지 않았기 때문에, 야기는 이러한 유물들의 정확한 연대를 측정할 방법이 없었다. 그러나 그는 '조선양식'의 존재 여부를 '외국'요소의 유입을 알려주는 표지로 간주했다. 또한 이 논문은 '민족 역사적' 자료의 중요성을 인용했던 초기의 고고학 연구들 가운데 하나라는 점에서 주목할 만하다. 논문에서 야기는 고분건축의 구조를 비교하기 위해 「위지동이전」(魏志東夷傳)의 역사적 전거(典據)를 이용하고 있기 때문이다(八木奘三郎 1894).

14) 도쿄 인류학회 회원들은 그들이 신봉했던 식민지 인종주의에 의거하여 한국인과 그들의 고고학적 유물들을 '좀 더' 원시적이고 오래된 것으로, 따라서 일본에서 발견된 어떤 것보다도 더 '원형'에 가까운 것으로 분류했다(Pai 2000). 이러한 미숙하고 젊은 대학원생 현지 조사원들은 자신들의 발견들을 도쿄 인류학회의 학술지에 보고했고, 이는 도쿄 사무소에 급히 전한 최신 고고학적 소식들을 논의하기 위해 매달 모였던 도쿄 인류학회 회원들의 호기심과 상상을 불러일으켰다.

15) 쓰보이가 영국에서 3년간의 해외연구를 마치고 돌아온 이듬해인 1893년에, 도리이 류조는 정부의 법령에 의해 일본열도에서뿐만 아니라 아시아 전역에서 발견된 모든 선사시대의 발견물들이 위탁되었던 도쿄인류학연구실(Tokyo Anthropological Research Laboratory)의 책임을 맡게 되었다. 따라서 도리이는 석기 및 골기, 토기, 청동기, 그리고 철기 수집물 등의 방대한 자료를 직접 보고 접할 수 있었다. 당시 유물들과 분묘 유적들의 재질 분석과 편년 작성을 위해 그와 함께한 연구 조교로 야기 소자부로와 오노 엔타로(大野延太郎)가 있는데 그들은 도리이와 함께 후기 메이지 시대의 가장 영향력 있는 세 명의 고고학자들로 손꼽힌다. 세 사람의 연구 출판물에는, 나중에 일본 선사시대에서 '주요한 민족적 표지들'로 여겨진 유물들과 토기의 형식 분

류 및 시대 구분에서 '민족지적' 비교의 시각을 개척했던 쓰보이의 방법론과
지적 영향력이 반영되어 있다(Pai 2004).

16) 그의 자서전(鳥居 1953)뿐만 아니라 그에 관한 여러 전기들(白鳥芳郎·八幡一
郎 1978)에는, 어떻게 그의 언어적 능력, 박물관 작업, 그리고 토착민들 사이
에서 생활한 경험들이 더 이른 시기 러시아 민족지적(鳥居 1925a) 자료들과
새롭게 발견된 고고학적 자료들을 비교분석하는 데 필요한 폭넓은 '문화적
비교'의 시각을 제공했는지를 보여준다.

17) 그의 세 차례 현지조사(1911, 1912, 1914)를 통해, 이전까지 알려지지 않았
던 석관묘, 고인돌 등을 스케치하고 촬영하고 기록했으며, 한국민족에 관한
인체측정학적 조사를 실시했다. 선사시대 고고학 연구와 관련해서, 그는 한
국과 만주의 신석기시대 석기들의 발견, 고인돌의 발견, 1904년에 통구의 고
구려 무덤들과 한왕조 낙랑유물들의 확인 등으로 신뢰를 받았다. 한국 고대
석조 유물들의 우수한 보존 상태와 많은 수량에 자극을 받아, 도리이는 고인
돌, 석관묘, 적석총을 그것들의 건축 기법, 재료, 기능을 바탕으로 체계적 형
식분류 방법을 고안해내려 노력했다(鳥居 1908, 1922).

18) '낙후된' 민족과 동북아시아의 고대문명은 일본의 없어진 고대 관습과 인종적
선조들에 대한 연구에 있어 '살아 있는' 주체이자 대상들이라는 도리이의 기
술(鳥居 1925a, b)은 극동 인종들 가운데 가장 앞선 민족들로서 자신들의 우
월성을 확신하고 싶었던 메이지 시대의 많은 지식인들의 공감을 얻었다(小熊
英二 1995).

19) 영어권에서 인종 기원에 관한 일본의 고고학적 논쟁을 간단하게 소개한 글로
는 마크 허드슨(Mark Hudson)의 "The Ruins of Imperial Identity"(1999)가
있다. 한양대학교 배기동은 일본의 최고 형질인류학자 하니하라 가즈로(埴原
和郎)가 편집한 『일본인의 기원』을 우리말로 번역했다.

20) 도리이의 뒤를 이은 다음 세대의 모험가들과 고고학자들은 실크로드를 따라
내륙으로 들어가 둔황과 투르판 같은 오아시스 유적을 탐험하여 나라시대 일
본의 고대 양식과 흡사한 불교 미술과 건축유물을 찾고자 했다.

21) 250쪽 분량의 이 기념비적인 보고서는 한국의 왕조사료에서 꾸준히 수집한
건축 형식과 양식에 대해서 상세한 기술과 함께 사진, 지도, 그림, 문헌자료
로 이루어져 있다.

22) 이것은 필자의 표현이 아니라, 마지막 조선총독부 박물관장이자 전 교토대학
교 교수였던 아리미쓰 교이치(1907~)의 표현이다(木曜クラブ 2003). 그는
고령임에도 불구하고 2001년 봄 교토의 고려미술관에서 필자와 두 번에 걸
친 장시간의 인터뷰에 아주 친절하게 응해주었다. 경주박물관 학예사를 시작

으로, 이후에는 조선고적조사 연구원으로 1930년대와 1940년대에 한국에서
연구한 그의 산 경험에서 나오는 증언은 발간된 식민지자료에서 얻을 수 없
는 상세한 정보와 풍부한 내용 면에서 놀랄 만한 것이었다. 필자는 교토대학
의 요시이 히데오(吉井秀夫) 교수와 목요클럽(일본고고학사) 회원들에게 그
들의 안내, 협조, 조사, 그리고 우리의 대화를 요약·편집해주신 것에 대해 감
사의 말을 전하고 싶다(木曜クラブ 2003).

23) 1917년 세키노 다다시는 프랑스 연구소 산하 명문 및 문학 아카데미
(Academie des Inscription et Belles Lettres, Institut de France)로부터 영예
의 '프리 스타니슬라 줄리앙'(Le Prix Stanislas Julien) 상을 받았다(關野克
1978). 그의 실측 원본, 지도, 사진들은 자신의 모교인 도쿄대학 건축학과 서
고에 보관되어 있다. 2005년에는 그가 아시아 지역 현지조사에서 수집한 사
진과 도면들이 도쿄대학 박물관에서 전시되었다.

24) 여기서 주목할 점은 비록 메이지 정부가 일본의 미술품과 공예품의 보존 및
조성과 관련해서 조언을 얻기 위해 어니스트 페넬로사를 고용하긴 했지만(山
口靜一 1982), 그는 보스턴의 부유한 미술품 수집가 윌리엄 스터지스 비글로
(William Sturgis Bigelow) 같은 부자친구들을 위해서뿐만이 아니라 자신이
소유하기 위해서 미술품을 사는 데 주저하지 않았다. 그는 일본에서 귀국한
후 보스턴미술관 수석 큐레이터로 고용되었고 나중에 자신이 수집한 방대한
양의 일본화를 이 미술관에 되팔았다. 현재 그의 논문, 강의 노트들은 그의
모교인 하버드 대학 호튼 도서관에 소장되어 있다. 불교로 개종한 그의 마지
막 소원은 일본에 묻히는 것이었다. 그의 무덤과 묘비는 교토 근교 비와(琵
琶)호 옆에 위치한 오쓰(大津) 시에 있다.

25) 유럽의 골동품 수집 전통을 토대로, 19세기 말에 출현한 미술사 및 건축사학
자들(Trigger 1989)은 진정성과 아름다움이 고대 유물들에 대한 회화 예술과
사진들을 통해 가시화된다고 믿었다(Roth et al. 1997). 마찬가지로 페넬로사
는 자신의 책 *The Epochs of Japanese Art*에서 나라(奈良)에서 가장 오래된
사찰의 불교 미술과 조각들은 고대 그리스−로마 시대에 필적하는 일본의 고
전적 유물 시대를 상징한다고 강조했다(Fenollosa 1913). 그러므로 나라의
미술과 건축은 1897년에 일본의 '국보' 제1호로 지정된 호류지(法隆寺)의 백
제관음상의 경우처럼 일본 고대의 가장 '진정한' 보고로서 19세기 말에 '재발
견된' 것이다.

26) 1919년, 일본에서 공포된 동일한 법규가 '사적·명승·천연기념물 보존법'으
로 명명되었다는 점은 주목할 만하다. 여기서 한국유적은 '고적'(고대의 유적)
으로, 일본유적은 '사적'(역사적 유적)으로 불렸다는 것은 한반도 유적이 일본

유적보다 선행하는 좀 더 '고식의' 원형이라는 점을 강조하는 것이다.

27) 20세기 초, 한국유물에 대한 극성스러운 일본의 관심이 야기한 가장 직접적인 결과는 한국·일본·유럽의 감정가와 소장가들 사이에서 일어난 한국유물에 대한 수요의 급증이었다. 따라서 신라의 보물, 삼국시대의 불상, 고려청자 등 가장 이국적인 유물들을 구하기 위한 무차별적인 도굴이 고고학 유적지에서 자행되었다(韓永大 1997). 1910년의 한일병합 때 이미 전문적이고 능숙한 도굴단이 나타나 있었다는 사실은 의심의 여지가 없어 보인다. 비록 일본인 골동품 수집가가 가장 부유한 고객이었다는 점을 부인하기 어렵다고 할지라도 전후 반일의 수사학에 묻혀 거의 언급되지 않았던 부분은 실제적인 도굴과 공급이 일본의 유물 거래자뿐만 아니라 대부분 한국인으로 구성된 전문적인 조직에 의해 이루어졌다는 점이다. 그러므로 그들의 도굴과 밀매행위는 서울·평양 같은 유명한 상업지역과 부산·신의주 같은 항구도시에 자리를 잡았던 골동품시장에 지속적으로 물건을 대주는 주요 공급원이었다.

28) 제2차 세계대전 당시 유럽에서 자행된 나치의 예술품 약탈에 대해 쏟아진 최근 여론의 관심에서 입증되듯이, 오늘날 정보화시대에서조차 도난 예술품의 출처와 원소유자를 추적하는 것은 쉽지 않은 작업이다(Greenfield 1996). 이와 유사한 상황이 한국인들에게서도 벌어지고 있다. 이들은 알려진 극소수 유물 반환사례가 자신들의 노력 덕분임을 강조하며 일본 내 한국유물의 위치를 밝히고자 애쓰고 있다(이구열 1996).

29) 식민시대 이전의 지배계급에게는 선사시대 혹은 '인종'에 대한 구체적인 의식이 없었기 때문에 필자는 일본과 그 밖의 해외에 있는 한국 문화유산의 반환 문제가 일본과 한국의 많은 학자들이 여전히 수행하고 있는 것처럼 고대 문헌이나 고고학적 유적들을 재검토하거나 재해석함으로써 해결될 수 있을 것 같지는 않다. 최근에 이러한 운동이 홍윤기(1995) 교수에 의해 주도되었는데, 그는 백제관음상을 비롯한 수많은 일본의 국보들이 사실은 '한국의' 것이라고 지적하는 데 엄청난 자부심을 느끼고 있는 듯하다. 그의 주장에 깔려 있는 논지는 이러한 불상들이 백제, 고구려, 또는 신라의 장인들, 즉 '한국'의 조상에 의해 제작되었으며, 어느 한 시기에 한반도에서 부정한 절차를 거쳐 옮겨졌음이 틀림없다는 것이다.